일 본 어 능 력 시 험

JLPT N2 독해

딱! 한 권

저자 JLPT연구모임

일 본 어 능 력 시 험

딱! 한 권 JLPT N2 독해

초판발행	2021년 6월 12일
1판 2쇄	2024년 8월 15일

저자	JLPT연구모임
책임 편집	조은형, 김성은, 오은정, 무라야마 토시오
펴낸이	엄태상
해설진	우선희, 김숙경, 송상훈
디자인	권진희
조판	이서영
콘텐츠 제작	김선웅, 장형진
마케팅	이승욱, 왕성석, 노원준, 조성민, 이선민
경영기획	조성근, 최성훈, 김다미, 최수진, 오희연
물류	정종진, 윤덕현, 신승진, 구윤주

펴낸곳	시사일본어사(시사북스)
주소	서울시 종로구 자하문로 300 시사빌딩
주문 및 교재 문의	1588-1582
팩스	0502-989-9592
홈페이지	www.sisabooks.com
이메일	book_japanese@sisadream.com
등록일자	1977년 12월 24일
등록번호	제 300-2014-92호

ISBN 978-89-402-9319-5 (13730)

머리말

　일본어능력시험은 N4와 N5에서는 주로 교실 내에서 배우는 기본적인 일본어를 어느 정도 이해할 수 있는 레벨인가를 측정하며, N1과 N2에서는 폭넓은 분야에서 일본어를 어느 정도 이해할 수 있는지, N3는 N1, N2와 N4, N5의 가교 역할을 하며 일상적인 장면에서 사용되는 일본어의 이해를 측정합니다. 일본어능력시험 레벨 인정의 목표는 '읽기', '듣기'와 같은 언어행동의 표현입니다. 언어행동을 표현하기 위해서는 문자·어휘·문법 등의 언어지식도 필요합니다. 즉, 어휘나 한자, 문법 항목의 무조건적인 암기가 아니라, 어휘나 한자, 문법 항목을 커뮤니케이션 수단으로서 실제로 활용할 수 있는가를 측정하는 것이 목표입니다.

　본 교재는 新일본어능력시험 개정안에 따라 2010년부터 최근까지 새롭게 출제된 기출문제를 철저히 분석하여, 일본어 능력시험 초심자를 위한 상세한 설명과 다량의 확인문제를 수록하고, 중·고급 학습자들을 위해 난이도 있는 실전문제를 다루었습니다. 또한 혼자서도 충분히 합격할 수 있도록, 상세한 해설을 첨부하였습니다. 시중에 일본어능력시험 수험서는 많이 있지만, 학습자들이 원하는 부분을 콕 집어 효율적인 학습을 할 수 있는 교재는 그다지 많지 않습니다.

　이러한 점을 고려하여 본 JLPT연구모임에서는 수년간의 분석을 통해 적중률과 난이도를 연구하여, 일본어능력시험을 준비하는 학습자가 이 책 한 권이면 충분하다고 느낄 정도의 내용과 문제를 실었습니다. 한 문제 한 문제 꼼꼼하게 풀어 보시고, 일본어능력시험에 꼭 합격하시기를 진심으로 기원합니다.

JLPT연구모임

① 교시　언어지식(문자·어휘·문법)/독해

문자·어휘

출제 빈도순 어휘 ➡ 기출어휘 ➡ 확인문제 ➡ 실전문제

1교시 문자·어휘 파트에서는 문제 유형별 출제 빈도순으로 1순위부터 3순위까지 정리하여 어휘를 제시한다. 가장 많이 출제되고 있는 する동사부터 닮은꼴 한자, 명사, 동사, 형용사, 부사순으로 어휘를 학습한 후, 확인문제를 풀어보면서 확인하고, 확인문제를 학습 후에는 실전문제를 풀면서 총정리를 한다. 각 유형별로 제시한 어휘에는 최근 출제 되었던 단어를 표기해 놓았다.

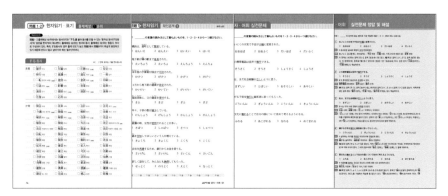

문법

기초문법 ➡ 필수문법 ➡ 필수경어 ➡ 확인문제 ➡ 실전문제

N2 필수문법과 경어를 학습하고 확인문제를 차근차근 풀며 체크할 수 있도록 다량의 문제를 실어 놓았으며, 처음 시작하는 초보자를 위해 시험에 자주 등장하는 N2 문법을 수록해 놓았다. 확인문제까지 학습한 뒤에는 난이도 있는 실전문제를 풀며 실전에 대비할 수 있도록 했다.

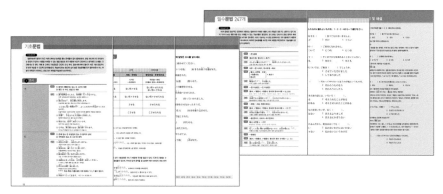

독해

독해의 비결 ➡ 영역별 확인문제 ➡ 실전문제

이제 더 이상 문자·어휘·문법에만 집중해서는 안 된다. 과목별 과락이라는 제도가 생기면서, 독해와 청해의 비중이 높아졌기 때문에 모든 영역을 균형있게 학습해야 한다. 본 교재에서는 독해의 비결을 통해, 글을 분석할 수 있는 노하우를 담았다. 문제만 많이 푼다고 해서 점수가 잘 나오는 것이 아니므로, 원리를 잘 파악해 보자.

② 교시 　청해

청해의 비결 ➡ 영역별 확인문제 ➡ 실전문제

독해와 함께 청해의 비중이 높아졌으며, 커뮤니케이션이 중시되었기 때문에 단어 하나하나의 의미를 꼼꼼히 듣는 방법보다는 상담·준비·설명·소개·코멘트·의뢰·허가 등 어떤 주제로 회화가 이루어지는지, 또한 칭찬·격려·질책·변명·걱정 등 어떤 장면인지 잘 파악해야 한다.

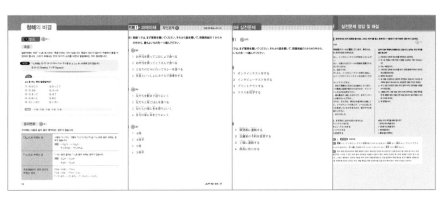

● 실전모의테스트 3회분 (영역별 2회분 + 온라인 종합 1회분)

질로 승부한다!

JLPT연구모임에서는 몇 년 동안 완벽한 분석을 통해 적중률과 난이도를 조정하여, 실전모의테스트를 제작하였다. 혼자서도 공부할 수 있도록 자세한 해설을 수록해 놓았다.

● 무료 동영상 해설 강의

1타 강사들의 명쾌한 실전모의테스트 해설 특강!!

언제 어디서나 꼼꼼하게 능력시험을 대비할 수 있도록 동영상 강의를 제작하였다. 질 좋은 문제와 명쾌한 해설로 실전에 대비하길 바란다.

차례

일본어능력시험 개요

① 시험과목과 시험시간

레벨	시험과목 (시험시간)		
N1	언어지식 (문자·어휘·문법)·독해 (110분)		청해 (60분)
N2	언어지식 (문자·어휘·문법)·독해 (105분)		청해 (50분)
N3	언어지식 (문자·어휘) (30분)	언어지식 (문법)·독해 (70분)	청해 (45분)
N4	언어지식 (문자·어휘) (25분)	언어지식 (문법)·독해 (55분)	청해 (40분)
N5	언어지식 (문자·어휘) (20분)	언어지식 (문법)·독해 (40분)	청해 (35분)

② 시험점수

레벨	배점구분	득점범위
N1	언어지식(문자·어휘·문법)	0~60
	독해	0~60
	청해	0~60
	종합배점	0~180
N2	언어지식(문자·어휘·문법)	0~60
	독해	0~60
	청해	0~60
	종합배점	0~180
N3	언어지식(문자·어휘·문법)	0~60
	독해	0~60
	청해	0~60
	종합배점	0~180
N4	언어지식(문자·어휘·문법)·독해	0~120
	청해	0~60
	종합배점	0~180
N5	언어지식(문자·어휘·문법)·독해	0~120
	청해	0~60
	종합배점	0~180

③ 합격점과 합격 기준점

레벨별 합격점은 N1 100점, N2 90점, N3 95점이며, 과목별 합격 기준점은 각 19점입니다.

④ 문제유형

Ⅰ. 언어지식(문자·어휘·문법) Ⅱ. 독해 Ⅲ. 청해

시험과목		큰 문제	예상 문항 수	문제 내용	적정 예상 풀이 시간	파트별 소요 예상 시간	대책
언어 지식 · 독해 (105분)	문자 · 어휘	문제 1	5	한자 읽기 문제	1분	문자 · 어휘 14분	총 105분 중에서 문제 푸는 시간은 87분 정도, 마킹에 8분 정도, 나머지 10분 동안 최종 점검하면 된다. 기존 시험보다 문제 수가 대폭 축소된 문자/어휘 문제를 빨리 끝내고, 새로워진 문법 문제에 당황하지 말고 여유를 가지고 예제문제를 확실하게 이해하고 문제풀이를 하면 새로운 문제에 바로 적응할 수 있을 것이다. 독해문제도 마찬가지다. 종합이해, 정보검색 등 새로워진 문제가 있지만, 시간에 쫓기지 말고 침착하게 문제를 풀어나간다면 좋은 결과를 얻을 수 있을 것이다.
		문제 2	5	한자 표기 문제	1분		
		문제 3	5	파생어와 복합어를 묻는 문제	2분		
		문제 4	7	문맥에 맞는 적절한 어휘 고르는 문제	3분		
		문제 5	5	주어진 어휘와 비슷한 의미의 어휘를 찾는 문제	2분		
		문제 6	5	제시된 어휘의 의미가 올바르게 쓰였는지를 묻는 문제	5분		
	문법	문제 7	12	문장의 내용에 맞는 문형표현 즉 기능어를 찾아서 넣는 문제	6분	문법 18분	
		문제 8	5	나열된 단어를 의미에 맞게 조합하는 문제	6분		
		문제 9	5	글의 흐름에 맞는 문법 찾아내기 문제	6분		
	독해	문제 10	5	단문(200자 정도) 이해	10분	독해 55분	
		문제 11	9	중문(500자 정도) 이해	15분		
		문제 12	2	같은 주제의 두 가지 이상의 글을 읽고 비교통합 이해	10분		
		문제 13	3	장문(900자 정도) 이해	10분		
		문제 14	2	700자 정도의 글을 읽고 필요한 정보 찾기	10분		
청해 (50분)		문제 1	5	과제 해결에 필요한 정보를 듣고 나서 무엇을 해야 하는지 찾아내기	약 7분 30초 (한 문항당 약 1분 30초)		총 50분 중에서 문제 푸는 시간은 대략 39분 10초 정도가 될 것으로 예상한다. 나머지 시간은 질문 읽는 시간과 문제 설명 시간이 될 것으로 예상한다. 새로운 시험에서 새로 도입된 질의응답은 난이도가 그다지 어렵지 않을 것으로 예상하지만 문제5는 긴 문장을 듣고 난 다음 그 내용을 비교하며 문제를 풀어야 하므로 꽤 까다로운 문제가 될 것이다. 평소에 뉴스 등을 들으면서 전체 내용파악을 하는 훈련을 해두면 그다지 어렵지 않게 풀어나갈 수 있을 것이다.
		문제 2	5 또는 6	대화나 혼자 말하는 내용을 듣고 포인트 파악하기	약 11분 30초 (한 문항당 약 1분 55초)		
		문제 3	5	내용 전체를 듣고 화자의 의도나 주장을 이해	약 7분 30초 (한 문항당 약 1분 30초)		
		문제 4	11 또는 12	짧은 문장을 듣고 그에 맞는 적절한 응답 찾기	약 6분 (한 문항당 약 30초)		
		문제 5	4	다소 긴 내용을 듣고 복수의 정보를 비교 통합하면서 내용 이해 하기	약 6분 40초 (한 문항당 약 1분 40초)		

문법 접속 활용표

〈활용형과 품사의 기호〉

활용형과 품사의 기호	예
명사	雪
동사 사전형	持つ・見る・する・来る
동사 ます형	持ちます・見ます・します・来ます
동사 ない형	持たない・見ない・しない・来ない
동사 て형	持って・見て・して・来て
동사 た형	持った・見た・した・来た
동사 의지형	持とう・見よう・しよう・来よう
동사 가정형	持てば・見れば・すれば・来れば
동사 명령형	持て・見ろ・しろ・来い
イ형용사 사전형	暑い
イ형용사 어간	暑い
イ형용사 て형	暑くて
ナ형용사 사전형	丈夫だ
ナ형용사 어간	丈夫だ
ナ형용사 て형	丈夫で
する동사의 명사형	散歩・運動・料理 등 [する]를 뒤에 붙일 수 있는 명사

〈접속방법 표시 예〉

[보통형]

동사	聞く	聞かない	聞いた	聞かなかった
イ형용사	暑い	暑くない	暑かった	暑くなかった
ナ형용사	上手だ	上手ではない	上手だった	上手ではなかった
명사	学生だ	学生ではない	学生だった	学生ではなかった

[명사수식형]

동사	聞く	聞かない	聞いた	聞かなかった
イ형용사	暑い	暑くない	暑かった	暑くなかった
ナ형용사	上手な	上手ではない	上手だった	上手ではなかった
명사	学生の	学生ではない	学生だった	学生ではなかった

JLPT

N2

読解

● 독해의 비결

독해의 비결

❶ 문장을 읽는 스킬을 습득하자

1. 예측하여 문장읽기

문장 속의 어휘나 구조에 따라 뒤에 어떤 내용이 전개될지를 미리 예측하는 힘을 길러보자. 특정 표현을 동반하는 부사나 문장의 흐름을 결정하는 접속사 등을 통해서도 뒤에 등장하는 내용을 예측할 수 있지만, 여기서는 문장의 구조나 표현에서 유추하는 기술을 소개하고자 한다.

✦ **키워드를 잡아라!**

▶ **키워드란?**
키워드는 그 문장의 테마가 될 주요 어휘를 가리킨다.

▶ **키워드는 주제 · 주장이 된다**
키워드는 그 문장의 테마가 되는 어휘로서 필자의 생각이나 주제, 나아가 주장 등을 서술할 때 반드시 쓰이게 된다. 따라서 키워드를 사용한 문장을 찾으면 주제나 주장까지도 유추할 수 있다.

▶ **키워드로 문장 전체를 예측한다**
키워드를 파악하고 소제목을 생각해 보는 것은 전체적인 글의 내용을 예측하는데 유용한 독해 방법이다.

▶ **키워드를 찾는 방법**
따라서 키워드는 그 문장의 제목 안에 들어갈 단어를 찾는다는 기분으로 유추한다. 주어나 주체가 되는 어휘, 반복적으로 사용되는 어휘가 키워드가 될 수 있으며, 명사(한자어) 위주로 보는 것이 포인트다.

예제 다음 물음에 답해 보세요.

「時は金なり」ということばを耳にしたことがあるだろう。これは単純に時間イコールお金と言っているのではなく、「時間はお金のように大切な価値があるので、無駄にしてはいけない」という教訓を言っているものだ。

ところで、実生活の中では本当に時間をお金に換算する場合がある。パートやアルバイトの時給がそのいい例だろう。ところが、ある一定の時間に対して支払うあるいは支払われる金額が高いと感じるか安いと感じるかは、どうも人によって違うようだ。ある病院で、カウンセリングだけしてもらった患者が病院の会計窓口ともめたことがある。これは、病院側が考える一定の時間に対する金額と、患者が自分のために割かれた時間にふさわしいと考える金額に差があることを示している例にほかならない。

問　この文章のタイトルとして最も適切なものはどれか。

1　治療と時間　　　2　お金と時間　　　3　治療と会計　　　4　患者と病院

정답 2

어휘 価値(かち) 가치 | 無駄(むだ)にする 낭비(허비)하다 | 教訓(きょうくん) 교훈 | 実生活(じっせいかつ) 실생활 | 換算(かんさん) 환산 | 支払(しはら)う 지불하다 | 金額(きんがく) 금액 | 患者(かんじゃ) 환자 | 割(さ)く 쪼개다, 할애하다

해석 '시간은 돈이다'라는 말을 들은 적이 있을 것이다. 이것은 단순히 시간=돈이다 라고 말하고 있는 것이 아니라, '시간은 돈과 같이 소중한 가치가 있기 때문에 낭비해선 안 된다'라는 교훈을 말하고 있는 것이다.

그런데 실생활 속에서 정말로 시간을 돈으로 환산하는 경우가 있다. 파트타임이나 아르바이트의 시급이 그 좋은 예일 것이다. 그러나 어느 일정의 시간에 대하여 지불하는 또는 지불되는 금액이 비싸다고 느끼는지, 싸다고 느끼는지는 아무래도 사람에 따라서 다른 것 같다. 어느 병원에서, 상담만 받은 환자가 병원의 수납 창구와 다툰 적이 있다. 이는 바로 병원 측이 생각하는 일정의 시간에 대한 금액과 환자가 자신을 위하여 할애받은 시간에 적합하다고 생각하는 금액에 차이가 있음을 나타내고 있는 예이다.

해설 위 문장에서 각 문장의 서두가 되는 부분의 주어(주체)가 되었던 명사와 반복적으로 사용된 명사를 표기하면 다음과 같다.

　　「**時は金なり**」ということばを耳にしたことがあるだろう。これは単純に**時間**イコール**お金**と言っているのではなく、「**時間**は**お金**のように大切な**価値**があるので、**無駄**にしてはいけない」という**教訓**を言っているものだ。

　　ところで、**実生活**の中では本当に**時間**を**お金**に**換算**する場合がある。パートやアルバイトの**時給**がそのいい例だろう。ところが、**ある一定の時間**に対して**支払う**あるいは**支払われる金額**が高いと感じるか安いと感じるかは、どうも人によって違うようだ。ある病院で、カウンセリングだけしてもらった**患者**が病院の会計窓口ともめたことがある。これは、病院側が考える一定の時間に対する**金額**と、患者が自分のために割かれた**時間**にふさわしいと考える**金額**に差があることを示している例にほかならない。

위 문장에서 보듯, 몇 개의 어휘를 제외하고 나면 절대적으로 '돈' '시간'이라는 어휘를 서술하고 있다는 것을 알 수 있다. 즉 '돈'과 '시간'이 문장에서 가장 중요한 키워드 역할을 하고 있다고 볼 수 있다. 따라서 두 키워드를 사용한 제목이 가장 적절할 것이다. 정답은 2번이다.

✿ 필자의 질문은 필자가 대답한다!

글이란 쓰는 사람과 읽는 사람이 같은 공간에서 이루는 대화가 아니다. 그러한 점에서 질문을 하는 필자는 그 질문의 대답을 알고 있으면서 일부러 질문하는 표현 방식을 택할 때가 있다. 그것은 자신이 말하고자 하는 부분을 강조하기 위한 작문 스킬이다. 따라서 질문한 문장이 있다는 것은 필자가 주장하고 싶은 내용이나 의견이 뒤 쪽에 등장한다는 뜻임과 동시에, 그 질문의 대답이 곧 필자의 생각이 될 수 있다는 점을 예측할 수 있다.

예제 다음 물음에 답해 보세요.

　人間は合理的な判断をするため、理性を使って考えている。が、理性のはたらきを拒み、満足感を得るために、時には感情によって行動したりもする。つまり、合理的思考を行うにあたって理性と感情は対立しているのだ。人はその過程において、合理的な思考を行うためには理性的でなくてはならないと思いがちだ。しかし、その理性には限界があるのではないだろうか。

問　この文章の次に書かれる内容として最も適切なものはどれか。

1　合理的思考の限界に関する内容

2　理性と感情の対立に関する内容

3　理性の限界に関する内容

4　合理的な判断に関する内容

3

어휘 合理的 합리적 | 判断 판단 | 理性 이성 | 拒む 거절(거부)하다 | 満足感 만족감 | 思考 사고 | 過程 과정 | 思いがちだ 생각하는 경향이 있다·생각하기 십상이다 | 限界 한계

해석 인간은 합리적인 판단을 하기 위하여 이성을 이용해 생각한다. 하지만, 이성의 작용을 거부하고, 만족감을 얻기 위해서 때로는 감정에 의해 행동하기도 한다. 즉, 합리적 사고를 함에 있어서, 이성과 감정은 대립하고 있는 것이다. 사람은, 그 과정에서 합리적인 사고를 하기 위해서는 이성적이지 않으면 안 된다고 생각하기가 쉽다. 하지만, 그 이성에는 한계가 있는 것은 아닐까?

해설 이 글의 테마(키워드)는 '이성과 감정'이 될 것이다. 마지막 문자에서 필자는 **'이성에는 한계가 있는 것은 아닐까?'** 라며 자문하고 있다. 이 자문 형식의 표현은 필자의 의도된 표현이라고 볼 수 있으며, 질문에 대한 대답과 관련된 내용이 그 뒤를 이을 것이라고 예측할 수 있고, 나아가 대답은 필자의 주장이 될 수도 있다는 것을 알 수 있다. '이성에는 한계가 있는 것은 아닐까?'에 대한 대답은 **'이성에는 한계가 있다'**일 것이며, 따라서 **'이성의 한계에 관한 내용'**이 올 것이라는 것을 예측할 수 있다.

✩ 궁금해 하라!

▶ **필자는 독자로 하여금 끝까지 읽기를 원한다**
필자는 독자의 호기심을 자극하는 문장형식을 갖는 경우가 많다. 그것은 독자로 하여금 끝까지 읽기를 바라는 의도가 숨어 있다.

▶ **왜? 언제? 누가? 무엇을?**
다음과 같은 의문부호는 문장과 문장과의 관계를 예측할 수 있는 방법으로 사용할 수 있다. 가벼운 예를 들어 보자.

> ┌→ A : 私はいつもこの時間になると散歩に出かける。(나는 언제나 이 시간이 되면 산책을 나간다.)
> 이 문장을 읽고 드는 의문점은 '하필이면 왜 이 시간일까?' 또는 '이 시간이란 몇 시를 말하는 걸까?'라는 것이다. 이것은 바로 뒤에 이 질문의 대답과 비슷한 내용이 서술될 가능성이 높다라는 것을 의미하는 것이다.
>
> └→ B : というのは、夕暮れの風景や涼しい風が楽しめるからだ。(그것은 노을의 풍경과 시원한 바람을 즐길 수 있기 때문이다.)

A와 B의 문장 사이에 또 다른 표현이나 문장이 있다고 하더라도, 미리 예측하고 있었더라면 B문장을 읽으면서 A와 B가 '**인과관계**'를 나타낸다는 것을 알 수 있다.
따라서 위와 같은 궁금증은 문장과 문장의 관계를 예측할 수 있는 좋은 소재이다.
마찬가지로 '그래서? 그랬는데? 그랬더니?'등과 같은 의문은 전체적인 흐름을 파악하는데 유용한 소재가 된다.

💬 예제 **다음 물음에 답해 보세요.**

> この冬、孫といっしょに映画を見に行った。なんでも、世界中でベストセラーになっている物語を映画化したもので、もう何篇も作られているほど人気のある映画なのだそうだ。なんとなく落ち着かなくてあたりを見回すと、映画館の中は、カップルや子供連れの家族でいっぱいだった。＿＿＿＿＿①＿＿＿＿＿

問 ＿＿＿＿＿①＿＿＿＿＿の部分に入る文を要約したものとして最も適切なものはどれか。

1 映画評論家から高い評価をえていること
2 まわりの観客に比べて自分は年をとっていること
3 原作の物語と映画の内容が違っていたこと
4 人気のある映画は料金が高かったこと

정답 2

어휘 なんでも 듣자하니, 아마도 | 物語(ものがたり) 이야기 | 映画化(えいがか) 영화화 | 見回(みまわ)す 둘러보다 | 子供連(こどもづ)れ 아이를 동반함

해석 이번 겨울, 손자와 함께 영화를 보러 갔다. 듣자하니 세계에서 베스트셀러가 된 소설을 영화화한 것으로 이미 몇 편 씩이나 만들어질 정도로 인기가 있는 영화라고 한다. 왠지 어수선해서 주위를 둘러보니 영화관 안은 커플과 아이와 함께 온 가족으로 가득 차 있었다.

해설

この冬、孫といっしょに①映画を見に行った。なんでも、②世界中でベストセラーになっている物語を映画化したもので、もう何篇も作られているほど人気のある映画なのだそうだ。なんとなく③落ち着かなくてあたりを見回すと、映画館の中は、④カップルや子供連れの家族でいっぱいだった。
　　　　　　⑤

---

①번에서 '어떤 영화를 보러 갔을까?'라는 궁금증을 ②의 밑줄에서 설명해주고 있다. ③번에서도 '왜 편안하지 못하지? 안 정이 안 되지?'라는 궁금증을 갖게 된다. ④의 밑줄만 가지고 ③의 이유라고는 볼 수 없으나, 그 위에 그 설명이 올 것이라 는 것을 예측할 수 있고 ④가 그 내용을 암시하고 있다고 볼 수 있다.

따라서 '손자와 함께 온 자신'과 주위의 '커플과 가족동반'이라는 표현에서 관객의 차이를 서술할 것이라는 예측을 할 수 있으므로 2번이 정답이다.

독해의 비결

2. 문장을 심플하게 읽기

문장 속의 어휘나 구조에서 주어나 서술어를 수식하는 형용사절과 부사절 등은 사실 전개와는 무관한 내용들이 많다. 단순히 사실전개만을 파악해야 한다면, 복잡한 문장구조를 단순화하여 밑줄을 그어 연결시키면 아주 간략한 문장으로 만들 수 있다.

> ✯ 수식어구와 절을 생략하라!
>
> ▶ **생략법**
> 생략법은 주어와 서술어를 파악하고 수식하는 문장을 생략하는 것을 말한다.
>
> > 問　夜になって楽しみにしていた雪祭りを見物した。人物や動物や建物などの形の氷の彫刻がたくさん並んでいた。どれもこれもすばらしい作品で目が覚めるようだった。
> >
> > 밤이 되어 기대하고 있던 눈 축제를 구경했다. 인물·동물·건물 등의 모양을 한 얼음조각이 많이 줄지어 있었다. 어느 것이나 훌륭한 작품으로 놀랐다.
>
> 위 문장은 3개의 문장으로 이루어져 있다. 각 문장의 수식어구와 절을 생략하여 주체와 서술어 위주로 정리하면 다음과 같다.
>
> 夜になって楽しみにしていた雪祭りを見物した。 – 눈 축제를 구경했다.
> 人物や動物や建物などの形の氷の彫刻がたくさん並んでいた。 – 조각이 줄지어 있었다.
> どれもこれもすばらしい作品で目が覚めるようだった。 – 놀랐다.

예제 **다음 물음에 답해 보세요.**

> 　今日、北海道地方で梅雨入りが発表されました。今年は平年に比べ、1週間ほど遅い梅雨入りとなりました。今後、低気圧がゆっくりと北上して北海道地方に停滞し、曇りや雨の日が多くなりそうです。スケジュールの変更などにご参考になさってください。

問　文の内容と合っているものはどれか。

1　今、北海道で雨が降っている。

2　北海道ではこれから雨の日が続く。

3　スケジュールを変更するべきだ。

4　梅雨は一週間で終わる見込みである。

정답 2

어휘 梅雨入(つゆい)り 장마가 시작됨 | 発表(はっぴょう) 발표 | 平年(へいねん) 평년 | 比(くら)べる 비교하다 | 低気圧(ていきあつ) 저기압 | 北上(ほくじょう)する 북상하다 | 変更(へんこう) 변경 | 参考(さんこう) 참고

해석 오늘 홋카이도지방에서 장마가 시작된다는 발표가 있었습니다. 올해는 평년에 비해 1주일 정도 늦게 장마가 시작되었습니다. 이후 저기압이 천천히 북상하여 홋카이도지방에 정체하여, 흐리고 비가 오는 날이 많아질 것 같습니다. 스케줄 변경 등에 참고 하세요.

해설 얼핏 익숙하지 않은 날씨에 관한 한자어가 다수 사용되어 어려워 보이는 듯 하지만, 위 문장에서 수식을 하는 요소를 생략한 문장을 정리하면 다음과 같다.

오늘 홋카이도 장마 발표 – 흐리고 비 오는 날 많음 – 스케줄 변경 등에 참고

라고 했으므로 '스케줄을 변경해야 한다'는 3번은 정답이 될수 없으며, '홋카이도에서 이제부터 비가 오는 날이 계속된다'는 2번이 정답이다.

✦ 문장의 요약

불필요한 부분을 빼고 문장을 심플하게 읽을 수 있게 되면, 문장 하나하나 다 나열하기 보다는 하나의 논점(키워드)에 맞추어 그 흐름에 맞는 부분을 요약하는 것이 좋다. 키워드를 이용하여 그 문장의 제목을 붙여준다는 느낌으로 요약을 하면 좋을 것이다. 이러한 연습은 추상도가 높은 문장일수록 그 효용이 크다.

예제 **다음 물음에 답해 보세요.**

　アメリカでは、ニューヨークやサンフランシスコなどの大都市を除いては、公共の交通機関があまり発達しておらず、自動車がおもな交通手段として使われている。目立った公共の交通機関といえば、長距離バスと汽車くらいだろう。ほとんどの一般家庭には車が最低でも1台、時には2～3台あることもあり、通学通勤や買い物などあらゆるシーンにおいて使われる。車は、生活に絶対かかせないものとなっているのだ。

問　この文章を要約したものとして最も適切なものはどれか。

1　アメリカでは、大都市を除いては交通の便がよくない。

2　アメリカでは、大都市と田舎で主要な交通機関が異なる。

3　アメリカの一般家庭は、公共の交通機関をよく利用している。

4　車はアメリカで暮らしていく上で欠かせないものである。

정답 4

어휘 大都市 대도시 | 公共 공공 | 発達する 발달하다 | 交通手段 교통수단 | 目立つ 눈에 띄다 | 長距離 장거리
最低 최저 | かかせない 빼놓을 수 없다

해석 　미국에서는 뉴욕과 샌프란시스코와 같은 대도시를 제외하고는 공공 교통기관이 그다지 발달되어 있지 않아 자동차가 주된 교통수단으로서 사용되고 있다. 눈에 띄는 공공교통기관으로 말할 것 같으면 장거리 버스와 기차 정도일 것이다. 대부분의 일반가정에는 차가 최소 1대, 때로는 2~3대가 있는 곳도 있고, 통학통근이나 쇼핑 등 모든 경우에서 사용된다. 차는 생활에 절대로 빼놓을 수 없는 것이 된 것이다.

해설 　이 문장을 요약해보자. 우선 전체적인 문장의 무대가 '미국'이라는 배경을 가지고 서술되고 있음을 파악해야 한다. 따라서 그 배경 위주로 정리하면 다음과 같다.

미국에서는 (문장의 무대)	┌ 1. 자동차가 주된 교통수단 │ 2. 공공 교통수단은 장거리 버스와 기차 │ 3. 차는 모든 경우에 사용 └ 4. 차는 생활에서 빼놓을 수 없는 것

1~4를 연결하면 다음과 같이 요약된다. - '미국은 자동차가 주된 교통수단이므로 차는 생활에 빼놓을 수 없는 존재이다.' 따라서 4번이 정답이다.

이러한 <u>요약문을 지문 옆에 적어 두거나</u>, 핵심표현에 밑줄을 표기하는 것은 <u>반복해서 읽는 것을 방지할 수 있고</u>, <u>흐름을 파악하는데 효율적이다.</u>

3. 동의어군을 만들어 보자(내용을 단순하게!)

일본어는 반복어휘를 기피하는 특징을 갖고 있으며, 같은 문장 안에 유사한 어휘나 비슷한 표현을 사용하는 경향이 있다. 따라서 얼핏 보기에는 2개, 3개의 문장으로 보이지만, 결국은 1개의 문장을 반복적으로 이야기하며, 표현만 바꾸는 경우가 많다.

따라서 여기서 말하는 동의어군이란, 사전적 의미의 동의어가 아닌 문맥상의 동의어를 가리킨다.

여기서 간단한 예를 들어보자.
· 彼は、**本**に限らずどんなものでも**読む**ことが好きだ。→ 그는 책뿐만 아니라, 어떤 것이든 읽는 것을 좋아한다.
· **字が書かれているもの**なら何でもかまわない。→ 글자가 쓰여진 것이라면 뭐든지 상관없다.
· 本がなければ、**取扱説明書**だって読んでしまう。→ 책이 없으면, 취급설명서까지 읽어버린다.

위의 세 문장 중 첫 번째 문장에만 '좋아한다'라는 어휘가 있지만, 두 번째, 세 번째 문장도 결국은 '읽는 것을 좋아한다'는 내용으로 요약할 수 있다. 이렇게 각 문장에서 연관이 있는 어휘나 표현을 묶은 것을 동의어군이라고 한다.

✦ 동의어군 찾기

예제 다음 물음에 답해 보세요.

　日本の経済大国化にともない、アジアを中心とする国々で、日本での就労を希望する者たちが後を絶たない。しかし、日本における外国人労働者の受け入れは「閉鎖的」と言われても仕方がなく、最近では一部の看護士や介護士も認めるようになったものの、受け入れを認めているもののほとんどは語学教師や技術者などといった専門的・技術的職種であり、単純労働者は原則として認めていない。そのため外国人不法就労者が年々増えつつあるのが現状だ。

問　上の文で、不法就労者の中に含まれると考えられるものはどれか。

1 日本での就労を希望する者たち
2 看護士や介護士
3 語学教師や技術者
4 単純労働者

정답 4

어휘 希望[きぼう]する 희망하다 | 閉鎖的[へいさてき] 폐쇄적 | 専門的[せんもんてき] 전문적 | 職種[しょくしゅ] 직종 | 単純労働者[たんじゅんろうどうしゃ] 단순 노동자 | 原則[げんそく] 원칙 | 不法[ふほう]
就労者[しゅうろうしゃ] 불법 노동자

해석　일본의 경제대국화와 더불어 아시아를 중심으로 한 나라 중, 일본에서 취업을 희망하는 사람들이 끊이지 않고
있다. 그러나 일본에서의 외국인 노동자의 수용은 '폐쇄적'이라고 해도 어쩔 수가 없고, 최근에는 일부 간호사와 간병인 등
도 인정하게 되었지만, 수용을 인정하는 것은 거의 어학교사와 기술자 등과 같은 전문적·기술적 직종이며, 단순 노동자는
원칙적으로 인정하지 않는다. 그 때문에 외국인 불법 노동자가 매년 늘어나고 있는 것이 현실이다.

해설　이 글에서 등장한 주요 어휘와 표현을 동의어군으로 만들어 보자.
'**일본에서 취업을 희망하는 사람**' = '**일본에서의 외국인 노동자**' = '**간호사 · 간병인 · 어학교사 · 기술자 · 전문적 직종**' =
'**단순 노동자**' = '**불법 취업자**' 등은 '**외국인 노동자**'라는 큰 범위에서 가리키는 표현을 모두 모아본 것이다. 문제에서는 '**불
법 노동자**'에 국한된 질문이므로 '**単純労働者は原則として認めていない**'라는 표현에서 4번이 정답이라는 것을 알 수
있다.

독해의 비결

4. 지시어 파악

지시어를 이해하는데 있어서 가장 큰 문제점은 '해석은 할 수 있다'는 것이다. 오히려 해석을 할 수 있기 때문에 전혀 이해를 못하고 있음에도 불구하고 이해하고 있다고 착각하고 방심하게 된다. 따라서 지시어는 철저하게 그 어휘가 무엇을 가리키는지를 찾아가도록 하자.

〈지시어가 목적어가 되는 경우〉

人間は多くの場合、直感的に判断し、それを実行する。

인간은 대부분의 경우 직감적으로 판단하고, 그것을 실행한다.

＊여기서 それ가 가리키는 것은 '직감적인 판단'이다.
위와 같이 지시어는 문장에서 주체 · 목적어가 될 뿐만 아니라 쓰임새에 따라서는 주어가 되기도 하고 이유 · 근거 · 목적 · 가정 등의 문장 전체를 가리키기도 한다. 따라서 지시어 자체가 중요한 것이 아니라 지시어가 가리키는 것이 무엇인지 파악하는 것은 문장을 이해하는데 중요하다고 할 수 있다.

〈어휘를 가리키는 경우〉

情報は読者が雑誌に一番求めるものだ。したがってこれは購入の際、重要な条件となる。

정보는 독자가 잡지에 가장 요구하는 것이다. 따라서 이것은 구입할 때 중요한 조건이 되는 것이다.

〈가리키는 말이 뒤에 오는 경우〉

これはとても無理だと、やったことのない仕事は始めからやろうとしない人がいる。

이것은 도저히 무리라고, 한 적이 없는 일은 시작부터 하려고 하지 않는 사람이 있다.

クレジットカードで購入した場合、返品というのは店の人だけでなくカード会社にも迷惑がかかる。このようなことが起こらないようにも衝動的な買い物は控えるべきだ。

신용카드로 구입한 경우, 반품이라고 하는 것은 업주뿐만 아니라, 카드 회사에도 폐를 끼치게 된다. 이와 같은 일이 일어나지 않도록 충동적인 쇼핑은 삼가야 한다.

예제 다음 물음에 답해 보세요.

人間は多くの場合、様々なことを直感的に判断し、それを実行する。しかしそれは、早急な判断だったと後から後悔する場合も少なくない。本当は、長い時間をかけてじっくり考えたほうが、より合理的に判断ができるということを誰もが知っている。これこそ失敗をさける最も適切な方法であるのに、それができない人がなぜこんなに多いのだろうか。

問　失敗をさける最も適切な方法としてあっているものはどれか。

1　直感的に判断し、行動すること

2　自分の判断を正しいと信じること

3　長い時間をかけるよりまず、行動に移すこと

4　直感的な判断による行動をさけること

독해의 비결

정답 4

어휘 直感的 직감적 | 判断 판단 | 実行する 실행하다 | 早急 시급, 조급 | 後悔 후회 | 場合 경우 | 合理的 합리적 | 失敗 실패 | 適切 적절함

해석 　인간은 대부분의 경우, 여러 가지 일을 직감적으로 판단하고 그것을 실행한다. 그러나 그것은 조급한 판단이었다고 나중에 후회하는 경우도 적지 않다. 사실은 오랜 시간을 들여 천천히 생각하는 편이 보다 합리적으로 판단할 수 있다는 것을 누구나가 알고 있다. 이것이야말로 실패를 피하는 가장 적절한 방법인데, 그것을 할 수 없는 사람이 왜 이렇게 많은 것일까?

해설 　이 문장에서 지시어가 가리키는 어휘를 보면 아래와 같다.

　人間は多くの場合、様々なことを直感的に判断し、それを、実行する。しかしそれは、早急な判断だったと後から後悔する場合も少なくない。本当は、長い時間をかけてじっくり考えたほうが、より合理的に判断ができるということを誰もが知っている。これこそ失敗をさける最も適切な方法であるのに、それができない人がなぜこんなに多いのだろうか。

따라서 '오랜 시간을 들여 생각하는 것'이 실패를 피하는 가장 적절한 방법이라는 것을 알 수 있다. 선택지에 그 정답이 없으므로 다시 한번 동의어군을 찾아 묶어 보았다.

　人間は多くの場合、様々なことを直感的に判断し、それを実行する。しかしそれは、早急な判断だったと後から後悔する場合も少なくない。本当は、長い時間をかけてじっくり考えたほうが、より合理的に判断ができるということを誰もが知っている、これこそ失敗をさける最も適切な方法であるのに、それができない人がなぜこんなに多いのだろうか。

즉 ▨은 '직감적 판단'을 가리키며 그것은 곧 '실패'를 가리키기도 한다. 그리고 그와 반대 개념으로 묶은 것이 ▨ 이다. 따라서, ▨가 '이것' → '적절한 방법' → '합리적 판단' → '논리적 생각'이므로 ▨ 을 부정하는 4번 '직감적 판단에 의한 행동을 피한다'는 '가장 적절한 방법'으로 볼 수 있는 것이다.

필자의 주장·의견·논점, 즉 글에서 가장 말하고자 하는 내용은 보통 결론부에 있다. 기승전결의 문장 구조를 띄는 일본어 문장의 특성상 가장 마지막 부분에 결론이 등장하는 것이 일반적이긴 하지만 물론 예외도 있다. 또, 문장에서 말하고 싶어하는 부분과 결론 부분을 강조하여 부각시키는 것도 문장의 특징이라고 볼 수 있다. 따라서 그에 맞는 특징적인 표현법을 통해서도 유추해 낼 수 있다.

✦ 문장 구조로 보는 결론 찾기

서두 결론 구조 문장		일반적인 결론 구조 문장
문제제기와 함께 그 결론을 서술	기	문제제기
결론에 이르기까지의 이유·목적·경과 등을 서술	승	결론에 이르기까지의 이유·목적·경과 등을 서술
비교나 비유 등을 통하여 결론을 뒷받침	전	비교나 비유 등을 통하여 결론을 뒷받침
결론의 재확인	결	결론의 재확인

위와 같이 시험에서는 소설 등의 장편의 글 보다는 비평과 주장, 설명 등의 글이 많다는 점을 감안한다면, 일반적인 구조의 문장이 주로 등장한다. 따라서 결론을 찾을 때는 마지막 단락에 집중하는 것이 좋다.

예제

A. 서두 결론 구조 문장

環境というのは大切にしなくてはならないものであり、環境問題は近年大きな問題になっている。

それは、道を注意して歩いてみるとよくわかる。道ばたにごみの山があるのだ。そのごみは、全て人間によって生まれたものだ。知らないふりをしようにも、それは、実は自分の部屋にごみを放置しているようなものだ。

ごみを放置すると、腐ったりカビが生えたりする。そしてそれは、家の外でも同じことだ。環境に良くないものを置き続ければ、木や花を殺し、公害を起こし、環境を壊す。

腐ったものがある部屋に住み続けることができないように、人間は、破壊された環境のもとで暮らし続けることはできない。それがわかれば、環境を大事にすることがどれほど重要なことかが見えてこよう。それに気づき、環境を大事にしようとする人が一人でも多くなることを願うばかりだ。

B. 일반적인 결론 구조 문장

最近道を歩いていると、道ばたにあるごみの山が目につく。そのごみは、全て人間によって生まれたものだ。知らないふりをしようにも、それは、実は自分の部屋にごみを放置しているようなものだ。

ごみを放置すると、腐ったりカビが生えたりする。そしてそれは、家の外でも同じことだ。環境に良くないものを置き続ければ、木や花を殺し、公害を起こし、環境を壊す。

腐ったものがある部屋に住み続けることができないように、人間は、破壊された環境のもとで暮らし続けることはできない。それがわかれば、環境を大事にすることがどれほど重要なことかが見えてこよう。

人はつい、自分の目に見えることばかりを考えてしまう。自分の家はきれいにできても、自然環境についてまでは考えが及びにくいのだ。しかし、環境問題は近年大きな問題になっている。それに気づき、環境を大事にしようとする人が一人でも多くなることを願うばかりだ。

問 二つの文章で共通して述べられている筆者の主張はどれか。

1 環境を大切にする人が増えてほしい。　　2 自分の家に放置しているゴミを捨ててほしい。

3 ゴミを減らし、環境を守ってほしい。　　4 自分の家のまわりだけでも、きれいにしてほしい。

독해의 비결

정답 1

어휘 環境 환경 | 放置する 방치하다 | 腐る 썩다 | 生える 자라다 | 壊す 망가트리다 | 破壊する 파괴하다 |
気づく 알아차리다, 깨닫다 | カビ 곰팡이

해석

A

　환경이라는 것은 소중히 해야만 하는 것이며, 환경문제는 최근 커다란 문제가 되고 있다. 그것은 길을 주의 깊게 걸어보면 알 수 있다. 길가에 쓰레기 더미가 있는 것이다. 그 쓰레기는 모두 인간에 의해서 생긴 것이다. 모른 척 하려고 해도, 그것은 실은 자신의 방에 쓰레기를 방치하는 것과 같은 것이다. 쓰레기를 방치하면, 썩거나 곰팡이가 피거나 한다. 그리고 그것은 집 밖에서도 마찬가지이다. 환경에 좋지 않은 것을 계속해서 둔다면, 나무와 꽃을 죽이고, 공해를 일으키고 환경을 망가뜨린다. 썩은 것이 있는 방에서 계속 살아 갈 수 없는 것처럼, 인간은 파괴된 환경 아래에서 생활해 나갈 수 없다. 그것을 안다면, 환경을 소중히 하는 것이 얼마나 중요한 것인가가 보일 것이다. 그것을 깨닫고, 환경을 소중히 하려고 하는 사람이 한 사람이라도 많아지기를 바랄 뿐이다.

B

　최근 길을 걷고 있으면, 길가에 있는 쓰레기 더미가 눈에 띈다. 그 쓰레기는 모두 인간에 의해서 생겨난 것이다. 모르는 척 하려고 해도 그것은 실은 자신의 방에 쓰레기를 방치하고 있는 것과 같은 것이다. 쓰레기를 방치하면, 썩거나 곰팡이가 피거나 한다. 그리고 그것은, 집 밖에서도 마찬가지이다. 환경에 좋지 않은 것을 계속 둔다면, 나무와 꽃을 죽이고, 공해를 일으키고, 환경을 망가뜨린다. 썩은 것이 있는 방에서 계속 살아갈 수 없는 것처럼, 인간은, 파괴된 환경 아래에서, 생활해 나갈 수는 없다. 그것을 안다면, 환경을 소중히 하는 것이 얼마나 중요한 일인가가 보일 것이다. 사람은 무심코, 자신의 눈에 보이는 것만을 생각하고 만다. 자신의 집은 깨끗이 할 수 있어도, 자연환경에 관해서 까지는 생각이 미치기 어려운 것이다. 그러나 환경문제는 최근에 커다란 문제가 되고 있다. 그것을 깨닫고 환경을 소중히 하려고 하는 사람이 한 사람이라도, 많아지는 것을 바랄 뿐이다.

해설　위 두 문장은 거의 같은 내용에 순서만을 바꾼 문장이다. 서두에 결론을 가져오는 경우는 승·전 부분에서 근거나, 예시 등을 통해서 자신의 근거를 뒷받침하고 마지막에 그 결론을 가볍게 다시 확인하는 것이 그 특징이다.

일반적 구조의 문장은 독자로 하여금 글의 흐름에(기승전결) 맞추어 결론이 등장하므로, 보다 쉽게 결론을 도출할 수 있으며, 조금만 주의 깊게 읽는다면 필자의 주장을 쉽게 찾을 수 있다. 또한 이렇게 문장의 구조로 판단할 때에는 문장의 단락(기승전결 부분) 즉 들여쓰기 부분을 파악해둠으로써 글의 흐름을 좀 더 정확하게 파악할 수 있다.

위 문제에서 문장 A는 서두 결론, B는 일반적 결론 문장이다. A와 B의 각각 첫 단락과 마지막 단락에서 공통적으로 쓰여지고 있는 문장 '환경을 소중히 하려고 하는 사람이 한 사람이라도 많아지는 것을 바랄 뿐이다'에서 판단하면, 환경을 소중히 하는 사람이 늘어나기를 바라는 필자의 생각을 알 수 있다. 따라서 정답은 1번이다.

필자는 자신이 이야기하고 싶어하는 부분을 부각하여 독자로 하여금 동감을 얻으려 하는 것이 일반적이다. 따라서 부각하고자 하는 부분은 강조의 형태를 띠게 되며 문체에서도 그 특징을 보인다.

「〜と思う・〜と考えられる・〜といえる」 등과 같이 가장 일반적인 문말 표현부터, 단정·추량·확신 등을 표현하는 문형을 포함하는 문말 표현 등을 사전에 암기하여 필자의 의중을 좀 더 정확하게 파악하도록 하자.

특히, 「〜かもしれない・〜ではないだろうか」 등 단정을 회피하는 우회적 표현 등에도 세심한 주의를 기울여 어떠한 의도로 이야기를 하고 있는지를 파악해야 한다. 간단한 연습을 해보자.

彼は行く。→ '그는 간다' 단정·사실

彼は行くだろう。→ '그는 갈 것이다' 추량 : 갈 것이라는 의도로 서술

彼は行くだろうか。→ '그는 갈 것인가(가지 않을 것이다)' 추량 : 가지 않을 것이라는 의도로 서술

彼は行かないだろう。→ '그는 가지 않을 것이다' 추량 : 가지 않을 것이라는 의도로 서술

彼は行かないだろうか。→ '그는 가지 않을까(갈 것이다)' 추량 : 갈 것이라는 의도로 서술

위와 같이 문장은 해석에 의존하기 보다는 필자가 어떠한 의중으로 서술하고 있는가를 파악하는 것이 중요하며, 그것은 그 이후 전개될 내용을 유추하고 파악하는데 도움이 된다.

독해의 비결

6. 정보검색을 위한 독해법

복잡한 구조의 문장을 단순하게 만드는 연습은, 문장에서 필요한 정보만을 골라 습득하는 정보검색 문제를 푸는 데 유용하다. 해설·주장·논설 등의 글보다는 어떠한 목적을 가지고 쓰이는 정보 전달문에서 더욱 효과를 볼 수 있다.

✮ 음독 한자로 보는 정보

앞서 단순화하여 글을 읽는 방법에서 한자어 명사와 서술어 위주로 글을 간략하게 만들었다면, 여기서는 명사 위주로 필요한 정보만을 습득하는 것을 배워보자.

♥ 招 待 状 ♥

　<u>3月5日</u>は<u>僕</u>の<u>誕生日</u>です。
　バースデーパーティをしますのでどうぞ いらしてください。
　<u>上手</u>ではありませんが<u>韓国風</u>の<u>料理</u>を<u>用 意</u>します。
　たくさんの<u>方</u>がきてくださるのを<u>楽</u>しみ にしています。

<u>2月22日</u>
<u>朴</u>より

<u>追伸</u>：<u>時間</u>は7<u>時</u>からです。
　　　<u>場所</u>は、<u>学生会館</u>です。
　　　<u>詳</u>しい<u>地図</u>は、<u>裏面</u>にあります。

♥ 招 待 状 ♥

일본어는 일본고유의 말이라고 하더라도 히라가나 보다 한자로 표기하는 어휘에 더 많은 정보를 담고 있다.
따라서 정보를 얻기 위한 독해는 음독 한자를 이용 하여 빠르게 속독하는 것이다.
왼쪽 문장은 생일 초대장이다. 한자만 정리하면, 다 음과 같다.

초대장
3월5일 나 생일
요리 준비
추신 시간 7시
장소 학생회관

라고 정리할 수 있으며, 문맥의 흐름에 전혀 영향을 주지 않는다.

✮ 문제로 보는 정보검색 문장

정보검색 문제는 간단히 말해 ○·X 문제이다. 문제의 선택지가 독해문(정보)에 해당하는가, 하지 않는가를 생 각하며 조건항목을 찾아 ○·X를 맞추는 문제라고 보면 된다. 다시 말해 독해문장에서 제공된 정보요소가 문제 의 선택지와 일치하는가를 확인하는 작업이라고 생각하면 된다. 따라서 선택지에서 필요로 하는 조건이나 정보 가 문장의 어디에 있는지 필요한 부분만 읽는다. 이때 앞서 말한 한자어에 주의하여 읽으면 좀더 빠르게 찾아낼 수 있다.

▶ 주의사항

（！ ☆ ＊ ▲ ∴ 注 … 『 』【 】 ‘ ’）（又は、或いは、及び、但し、～場合、しかし、～は除く）
위와 같이 중요 기호와 괄호, 주요 접속부사는 물론이고 예외조항을 두는 표현은 철저하게 확인해야 한다.

예제 **다음 물음에 답해 보세요.**

右のページは、ＡＢＣ大学の新入生募集に関するホームページの一部である。

問　韓国在住で韓国籍のホンさんは、ＡＢＣ大学に入学することを希望している。ホンさんが大学および入学に関する資料を請求するための方法として最もよいものはどれか。

1　必要事項および資料請求番号「2011051」をホームページで入力し、送料を銀行に振り込む。

2　0120-123-0101に電話をかけて、資料請求番号「2011051」をプッシュし、送料を郵送する。

3　資料請求番号「2011051」や必要事項などを書いて郵便で送り、送料を銀行に振り込む。

4　資料請求番号「2011051」や必要事項などを書いたものと送料を同封し、郵送して申し込む。

| 大学案内 | 学部・大学院案内 | 入試・入学 | 学生生活 | 国際交流 | キャリア・就職 | 教育・研究 |

ＡＢＣ大学の大学案内・各種学生募集要項等（大学院を除く）の請求方法は次のとおりです。
1. ホームページから請求する場合　　2. 電話で請求する場合　　3. 郵便局で請求する場合

1. ホームページから請求する場合

こちらをクリックし、必要事項を入力してお申し込みください。　　→　資料請求

2. 電話で請求する場合

1　0120-123-0101に電話してください。
2　音声ガイダンスにしたがって、番号をプッシュしてください。（資料請求番号は下記を参照）

3. 郵便局で請求する場合（10月上旬開始）

全国の郵便局に設置されている「全国 国公立大学・短期大学、私立大学・短期大学募集要項（願書）請求申込書」（郵便局用入学願書カタログ）に必要事項を記入の上、送料と払込手数料120円を添えて、最寄りのさくら銀行または郵便局の貯金窓口から申し込んで下さい。直接振り込む場合、送料のみさくら銀行岡沢支店1234−01−331　ＡＢＣ大学宛に振り込んでください。受付けから１週間程度で送付されます。

資料名	資料請求番号	送料(予定)
ＡＢＣ大学案内	2011001	200円
入学者選抜要項	2011002	240円
ＡＢＣ大学案内 ＋ 入学者選抜要項	2011011	340円
一般入試学生募集要項	2011021	200円
一般入試学生募集要項 ＋ ＡＢＣ大学案内	2011022	340円
ＡＯ入試募集要項	2011031	240円
ＡＯ入試募集要項 ＋ ＡＢＣ大学案内	2011032	340円
帰国子女募集要項	2011041	200円
私費外国人留学生募集要項 （ＡＢＣ大学案内を含む）	2011051	240円

＊海外からの申し込みは別途600円が追加されます。（送料と一緒に振り込むこと）
＊海外からの請求は郵便に限ります。メールでは受付けいたしかねます。一覧表をご参考の上、氏名、ご住所、連絡先、資料請求番号などをご記入の上、郵便でお送りください。

1、2、3の請求方法についてのお問合せ先

入試案内センター
TEL ： 0120-1234-0102　　窓口取扱時間　平日９：３０〜１８：００

정답 3

어휘 募集^{ぼしゅう} 모집 | 希望^{きぼう} 희망 | 請求^{せいきゅう} 청구 | 振り込む^{ふ こ} (계좌)입금하다 | 同封^{どうふう} 동봉 | 参照^{さんしょう} 참조 | 設置^{せっち} 설치 | 願書^{がんしょ} 원서 | 添える^そ 더하다 | 最寄り^{もよ} 가장 가까운 | 直接^{ちょくせつ} 직접 | 送付する^{そうふ} 송부하다 | 選抜^{せんばつ} 선발 | 別途^{べっと} 별도 | 追加^{ついか} 추가 | 一覧表^{いちらんひょう} 일람표

해석

| 대학안내 | 학부·대학원안내 | 입시·입학 | 학생생활 | 국제교류 | 커리어·취학 | 교육·연구 |

ＡＢＣ대학의 대학안내·각종 학생 모집 요강등(대학원을 제외)의 청구방법은 다음과 같습니다.

1. 홈페이지에서 청구하는 경우   2. 전화로 청구하는 경우   3. 우체국에서 청구하는 경우

1. 홈페이지에서 청구하는 경우

여기를 클릭하고, 필요사항을 입력해서 신청해주세요. → 자료청구

2. 전화로 청구하는 경우

1 **0120-123-0101**번으로 전화하세요.
2 음성 서비스 안내에 따라서, 번호를 눌러 주세요(자료청구번호는 아래 표를 참조)

3. 우체국에서 청구하는 경우 (10월 상순 개시)

전국의 우체국에 설치되어 있는 '전국 국공립대학·단기대학, 사립대학·단기대학 모집 요강(원서) 청구 신청서'
(우체국용 입학원서 안내책자)에 필요사항을 기입한 후에, 배송비와 지불수수료 120엔을 첨부하여, 가까운 사쿠라 은행 또는 우체국의 은행창구에서 신청해주세요. 직접 계좌이체 할 경우, 배송비만 사쿠라 은행 오카자와지점 1234-01-331 ＡＢＣ 대학 앞으로 송금해주세요. 접수로부터 1주일 정도 후에 배송됩니다.

자료명	자료청구번호	배송료(예정)
ＡＢＣ대학안내	2011001	240엔
입학자 선발요강	2011002	240엔
ＡＢＣ대학안내＋입학자 선발요강	2011011	340엔
일반 입시학생 모집요강	2011021	200엔
일반 입시학생 모집요강＋ＡＢＣ대학안내	2011022	340엔
AO 입시 모집요강	2011031	240엔
AO 입시 모집요강＋ＡＢＣ대학안내	2011032	340엔
귀국자녀 모집요강	2011041	200엔
사비외국인유학생 모집요강 (ＡＢＣ대학안내를 포함)	2011051	240엔

＊ 해외에서의 신청은 별도 600엔이 추가됩니다. (배송료와 함께 입금할 것)

＊ 해외에서의 청구는 우편에 한합니다. 메일을 통한 접수는 하지 않습니다. 일람표를 참고하신 후에, 성명, 주소, 연락처, 자료청구번호 등을 기입하신 후, 우편으로 보내주세요.

1, 2, 3의 청구방법에 관한 문의

입시 안내센터

TEL : **0120-1234-0102** 창구 취급 시간 평일 9 : 30～18 : 00

해설 문제의 조건을 정리해 보면, '외국인·외국에 거주'라는 자격조건과 '대학안내와 입학자료 청구'로 정리된다. 외국인이므로 '사비유학생 입학요강'에 해당하며, 외국에 거주하므로 우편으로 밖에 신청을 할 수 없는 점을 고려해야 한다. 따라서 홈페이지나 전화로의 신청을 할 수 없으므로 1번과 2번은 제외한다. 배송비는 동봉이 아니라 직접 은행에 송금한다라는 조항을 참고하여 3번이 정답이라는 것을 알 수 있다

❷ 편지·메일에서 자주 사용하는 표현

인사	• いつもお世話になっております。 늘 신세가 많습니다. • 時下ますますご清栄のこととお喜び申し上げます。 　시하(요즘) 날로 번창하심을 축하 드립니다. • ご無沙汰しておりますが、お変わりなくお過ごしのことと存じます。 　오랫동안 격조하였습니다만(연락을 못 드렸습니다만), 별고 없이 지내시리라 생각됩니다. • いつもご愛顧いただき、誠にありがとうございます。 　늘 아낌없이 보살펴 주셔서, 진심으로 감사드립니다.
본론	• さて、例の件ですが… 그런데(그건 그렇고), 일전의 건입니다만… • 早速ですが… 본론으로 들어가서 • ところでお申し越しの件でございますが… 그런데 말씀하신 건입니다만… • つきましては、ぜひご出席いただきたくご案内を申し上げる次第です。 　그런 고로(이에), 부디 참석해 주셨으면 해서 안내해드리는 바입니다.
요청·부탁	• 至急、見積書をご送付くださいますよう、ご依頼申し上げます。 　급히 견적서를 송부해주시기를 의뢰(요청) 드립니다. • なお、出欠のご返事は○月○日までにお知らせくださいますようお願い申し上げます 。 　아울러, 출결여부에 대한 답변은 ○월 ○일까지 알려주시기를 부탁드립니다 • 恐れ入りますが、ご返事は○月○日までにお願い致します。 　죄송합니다만, 답장은 ○월 ○때까지 부탁드리겠습니다..
끝인사	• まずはお礼まで。 우선은 감사인사를 드립니다. • 取り急ぎお知らせまで。 우선 급한대로(급히) 알려드립니다. • ご協力の程、何卒よろしくお願い申し上げます。 아무쪼록 협력 잘 부탁드립니다. • まずは謹んでご案内申し上げます。 우선은 삼가 안내 말씀 올립니다.
처음과 끝단어	• 拝啓 배계 (삼가 아뢴다는 뜻으로 편지 첫머리에 쓰는 말) • 敬具 경구 (편지 끝의 인사말, 拝啓와 대응해서 사용) • 前略 전략 (편지에서 계절 인사 등 형식적인 앞 글을 생략한다는 뜻으로 편지 첫머리에 사용) • 草々 총총 (편지 끝에, 바삐 썼다는 뜻으로 사용하는 인사말) ★ 편지에서 「前略」로 시작했으면, 「草々」로 맺음.

독해의 비결

❸ 독해에 꼭 필요한 문법

접속사·접속조사·부사 등 글의 접속에 사용되는 표현에 관한 것을 접속어라고 한다.

여기서는 N2레벨에서 꼭 외워두어야 하는 접속어를 정리했다.

접속어 / 순접

앞의 사항이 원인·이유가 되고, 그에 대한 당연한 결과가 뒤에 온다.

(〜に)したがって	따라서

- 月に空気は存在しない。したがって、そこには生物も存在しないと考えられている。
  달에 공기는 존재하지 않는다. 따라서 그곳에는 생물도 존재하지 않을 것이라 생각되고 있다.
- 健康保険に関する新しい法律が制定された。それにしたがって、毎月の保険料も変更された。
  건강보험에 관한 새로운 법률이 제정되었다. 그에 따라서 매월 보험료도 변경되었다.

〜ゆえ (〜が)ゆえに	그러므로, 따라서, 그런고로

- 新しい首相は国民に人気がある。ゆえに、今後の政策に大きな期待が寄せられている。
  새로운 수상은 국민에게 인기가 있다. 따라서 앞으로의 정책에 큰 기대가 모아지고 있다.
- 他のチームには務まらなかった。それゆえ、私たちにこの仕事が回ってきたというわけだ。
  다른 팀은 감당할 수 없었다. 그래서 우리들에게 이 일이 돌아온 것이다.
- パソコンスキルはいまや当たり前のように求められる。それがないがゆえに、就職できない人もいる。
  컴퓨터 능력은 이제는 당연한 듯이 요구된다. 그것이 없어서 취직을 못하는 사람도 있다.

(〜に)よって	따라서, 그럼으로써

- 多数決の結果、B案が採用された。よって、企画者の佐藤氏は新プロジェクトの責任者となる。
  다수결 결과, B안이 채용되었다. 따라서 기획자인 사토 씨는 새프로젝트의 책임자가 된다.
- できるだけ毎日運動をしたほうがよい。それによって、新陳代謝がよくなるのだ。
  되도록 매일 운동을 하는 것이 좋다. 그럼으로써 신진대사가 좋아질 것이다.

〜(な・の)わけで	〜한(의) 이유로

- このままでは会社の業績は悪化する一方だと判断しました。このようなわけで、今回の改革に踏み切らせていただきました。

  이대로는 회사 업적은 악화될 뿐이라고 판단했습니다. 이러한 이유로 이번 개혁을 단행하겠습니다.

- このたび、斉藤さんが東京本社に異動することとなりました。そんなわけで、ささやかですが、送別会を開きたいと思います。

  이번에 사이토 씨가 동경 본사로 이동하게 되었습니다. 그런 연유로 조촐하지만 송별회를 열고자 합니다.

〜のように	〜같이, 〜처럼

- 2階には社員食堂、カフェ、社員休憩室などがあります。以上のように、わが社では社員のための施設を充実させることに重点を置いています。

  2층에는 사원 식당, 카페, 사원 휴게실 등이 있습니다. 이와 같이 저희 회사에서는 사원을 위한 설비를 충실하게 하는 데에 중점을 두고 있습니다.

- A区では売れ行きのよくない商品ですが、B区では販売率を上げています。このように、地域によって販売率に大きく差があります。

  A구에서는 잘 팔리지 않는 상품이지만, B구에서는 판매율을 올리고 있습니다. 이처럼 지역에 따라서 판매율에 크게 차이가 있습니다.

〜のことから	〜의 근거로

- この添加物を長期間にわたって摂取した人の体調に変化が見られた。このことから、この添加物は使用しないほうがいいとの声が上がった。

  이 첨가물을 장기간에 걸쳐서 섭취한 사람의 몸 상태에 변화가 보였다. 이 일로 미루어 이 첨가물은 사용하지 않는 것이 좋다는 목소리가 높아졌다.

いずれにしても いずれにしろ いずれにせよ	어쨌든, 결국

- この案に賛成する者もいれば、反対する者もいる。いずれにしても(しろ・せよ)、今週末までには決着をつけなければならない。

  이 의견에 찬성하는 사람도 있고, 반대하는 사람도 있다. 어쨌든, 이번 달 말까지는 결론을 지어야만 한다.

- 会社まで2通りの行き方がある。しかしいずれにしろ(しても・せよ)、かかる時間は変わらない。

  회사까지 가는 방법이 두 가지 있다. 그러나 결국 걸리는 시간은 마찬가지다.

(〜は)ともかく とにかく 何はともあれ	어쨌든, 〜은 차지하고

- 今回の登山は、悪条件が重なり大変だった。だがともかく、無事に帰ってこられてよかった。

  이번 등산은 악조건이 겹쳐서 힘들었다. 하지만 어쨌든 무사히 돌아올 수 있어서 다행이었다.

- いろいろ言うつもりはありません。とにかく、早く終わらせていただきたいのです。

  이것저것 말할 생각은 없습니다. 어쨌든 빨리 끝내고 싶을 뿐입니다.

- 中学生の娘が夕食を作ってくれた。見た目はともかく、味はなかなかいける。

  중학생인 딸이 저녁식사를 만들어 주었다. 모양새는 어떻든 간에 맛은 꽤 괜찮다.

- ストレスを解消する方法はいろいろですが、何はともあれ、まずは寝ることが一番なのではないでしょうか。

  스트레스를 해결하는 방법은 여러 가지지만, 어찌됐든 우선은 자는 것이 가장 좋지 않을까요?

〜たところ(へ・に)	〜했더니, 때마침 그때에

- 部長に、この仕事を優先するように言われた。そこでそうしたところ、係長に文句を言われた。

  부장님이 이 일을 우선하라고 했다. 그래서 그렇게 했더니, 계장님에게 불평을 들었다.

- テストが思うようにできなかった。それで落ち込んでいたところに(へ)、友人から食事の誘いの電話がかかってきた。

  시험을 생각처럼 잘 보지 못했다. 그래서 풀이 죽어 있던 참에, 친구한테서 식사에 초대하는 전화가 걸려 왔다.

〜てこそ 〜て(こそ)はじめて	〜해서야 비로소

- 見習い期間は、店を閉めた後一人で勉強をするものだ。そうしてこそ、一人前になれる。

  수습 기간은 가게를 닫은 후 혼자서 공부해야 하는 법이다. 그래야 비로소 제 구실을 할 수 있게 된다.

- 自己満足だけではなく、他人に評価してもらえるようにならなければならない。そうなってこそはじめて、プロと言えるのではないだろうか。

  자기만족뿐만 아니라, 다른 사람에게도 평가받을 수 있게 되어야 한다. 그래야 비로소 프로라고 말할 수 있지 않을까.

앞의 내용과 대립하는 내용이 뒤에 온다.

とはいいながら とはいっても とはいえ とはいえども	그런데, 그렇다고 해도, 그렇다고 해서, ~라고 해도 ≒ そうはいっても(그렇다고 해도)・とはいえ(그렇다고 해서)

- 健康とダイエットのため、毎日ヨガに通っている。とはいいながら、寝る前にお菓子を食べている。

  건강과 다이어트를 위해, 매일 요가를 다니고 있다. 그런데 막 잠자기 전에 과자를 먹고 있다.

- 今回の選挙では、山田氏に投票した。とはいえ、山田氏を心から応援しているわけではない。

  이번 선거에서는 야마다 씨에게 투표했다. 그렇다고 해서 야마다 씨를 마음으로부터 응원하고 있는 것은 아니다.

- 健康のためにお酒をやめた。とはいっても、タバコはまだやめられないでいるが。

  건강을 위해서 술을 끊었다. 그렇다고 해도 담배는 아직 끊지 못하고 있지만.

- 係長がそんなことを言ったんですか。いくら上司とはいえども、その発言は許せません。

  계장님이 그런 말씀을 하셨어요? 아무리 상사라고 해도 그 발언은 용납할 수 없습니다.

~で(は)あるものの	~ 하지만 ≒ そうであるけれど(그렇기는 하지만)・ そうであるとはいえ(그렇다고 해도)

- 残された時間はあとごくわずかだ。そうではあるものの、観客たちはまだ期待を捨てられないでいる。

  남겨진 시간은 아주 조금에 불과하다. 그렇지만, 관객들은 아직 기대를 버리지 못하고 있다.

- 明日は、会社の忘年会だ。風邪気味ではあるものの、参加する予定だ。

  내일은 회사 망년회다. 감기 기운이 있기는 하지만, 참가할 예정이다.

~どころか	~은 커녕, 오히려

- お金を借りたいと言ったら、あっさり断られてしまった。それどころか、逆に貸して欲しいと言われてしまった。

  돈을 빌리고 싶다고 말했더니 단번에 거절당했다. 오히려 반대로 빌려 달라는 말을 듣고 말았다.

- この薬を塗れば治ると言われて、1週間塗り続けた。しかし治るどころか、悪化してきたようだ。

  이 약을 바르면 낫는다고 해서 일주일간 계속 발랐다. 그러나 낫기는커녕, 더 악화된 것 같다.

〜にしては 〜のわりには	〜치고는, 〜에 비해

- 国産ではなく、外国産のようだ。それにしては、ずいぶん値段が高い。

  국산이 아니라 외국산인 것 같다. 그것 치고는 가격이 꽤 비싸다.

- 電子辞書を安価で買った。値段のわりには、性能がいい。

  전자 사전을 싼 값에 샀다. 가격에 비해 성능이 좋다.

それにもかかわらず	그럼에도(불구하고) ≒ 그런데도(그럼에도)

- 寝坊をしないようにと、目覚ましを3つもセットした。それにもかかわらず、すっかり寝過ごしてしまった。

  늦잠을 자지 않도록 알람 자명종을 세 개나 맞춰놨다. 그럼에도, 완전히 늦잠을 자고 말았다.

それにしても	그건 그렇다 치고 ≒ 그것은 그렇다고 해도(그건 그렇다고 해도)

- 先日頼んだ書類を今日出してもらった。それにしても、どうしてこんなに時間がかかったのだろうか。

  일전에 부탁한 서류를 오늘 받았다. 그건 그렇다 치고 왜 이렇게 시간이 걸린 걸까.

두 개 이상의 내용을 대등하게 서술한다.

および	및, 과, 와 복수의 사물·일을 병렬해서 들거나, 다른 사물·사건을 덧붙여서 말한다.

- お申し込みの際には、印鑑および身分証明書をお持ちください。

  신청하실 때는 인감 및 신분증을 가지고 오세요.

ならびに	및, 또 앞, 뒤 두 개의 사항을 연결하는데 사용한다.

- 正社員ならびに非常勤社員の皆さんへお知らせします。

  정사원 및 비정규직 사원 여러분께 알립니다.

(なお)かつ	그 위에, 게다가, 또

- プレゼンテーションの基本は、わかりやすくかつ印象的なものでなくてはならない。

  프레젠테이션의 기본은 알기 쉬우면서 인상적인 것이어야 한다.

また	또

- 特急券は、自動券売機で購入できる。また、時間がないときは、電車の中でも購入が可能だ。

  특급권은 자동판매기에서 구입할 수 있다. 또 시간이 없을 때는 전철 안에서도 구입이 가능하다.

または	또는

- 答えとして最もふさわしいものを、AまたはBから選びなさい。

  답으로서 가장 적당한 것을 A 또는 B에서 선택하세요.

あるいは	혹은 ≒ または(또는)·もしくは(혹은)

- 申請書類は、簡易書留でお送りください。あるいは、直接持参してくださっても結構です。

  신청 서류는 등기로 보내 주세요. 혹은 직접 지참하셔도 괜찮습니다.

독해의 비결

접속어 　첨가

앞의 사항에 새로운 사항을 덧붙인다.

それに そのうえ それに加えて 更に	게다가, 그 위에, 더욱이, 한층 더(보다 더)

- 今朝からパソコンの動きが遅い。それに、インターネットにも接続できない。

  아침부터 컴퓨터 작동이 느리다. 게다가 인터넷에도 접속되지 않는다.

- このソフトの新しいバージョンは機能がずいぶんよくなっている。その上、旧型よりも値段が安い。

  이 소프트웨어의 새로운 버전은 기능이 꽤 잘 되어 있다. 게다가 구형보다도 가격이 싸다.

- 夕べから雪が降っている。それに加えて、今日は風が強い。

  저녁부터 눈이 내리고 있다. 더욱이 오늘은 바람이 강하다.

- 田中さんは、私たちをご馳走でもてなしてくれた。更に、食後には手作りのデザートまであった。

  다나카 씨는 우리들에게 식사를 대접해 주었다. 게다가 식후에는 수제 디저트까지 있었다.

접속어 　설명

이유와 설명 등을 보충한다.

ちなみに	덧붙여서 말하면, 이와 관련하여

- 私の家には、油絵があちこちに飾られている。ちなみに、その絵を描いたのは私の父だ。

  우리 집에는 유화가 여기저기 장식되어 있다. 덧붙이자면 그 그림을 그린 사람은 우리 아버지다.

ただし	단 ≒ しかし(그러나)

- このコンテストには、誰でも応募できる。ただし、同コンテストで入賞歴のある者を除く。

  이 콘테스트는 누구나 응모할 수 있다. 단, 동 콘테스트에서 입상 경력이 있는 사람은 제외한다.

なお	덧붙여, 또한

- お座席にお座りの際は、シートベルトをお締めください。なお、お手洗いはお座席の前方と後方、両方にございます。

  좌석에 앉으실 때는 안전 벨트를 매주세요. 덧붙여 화장실은 좌석 전방과 후방, 양쪽에 있습니다.

すなわち	즉 ≒ 言いかえれば(바꾸어 말하면)・つまり(즉)

- 日本語能力試験の受験者が今年は70万人を越えた。すなわちこれは、日本語を学習する人が世界的に増加していることを意味している。

  일본어능력시험을 치르는 수험자가 올해는 70만 명을 넘었다. 즉, 이것은 일본어를 학습하는 사람이 세계적으로 증가하고 있음을 의미하고 있다.

もっとも	다만, 그렇다고는 하지만, 하기는

- 会議では、反対意見を出した者もいた。もっとも、私と斉藤氏の二人だけだったが。

  회의에서는 반대의견을 낸 사람도 있다. 다만 나와 사이토 씨 두 명 뿐이었지만.

つまり	결국, 즉, 요컨대 ≒ すなわち(즉, 요컨대)

- 我が社の支社は、その８割以上が首都圏にあります。つまり、我が社は首都圏を中心に展開しているということです。

  저희 회사의 지사는 그 80%이상이 수도권에 있습니다. 즉, 저희 회사는 수도권을 중심으로 전개하고 있다는 것입니다.

～というのは	～라 하는 것은, 그 이유는

- ソウルの人口は増える一方だ。というのは、全国から人が集まってくるからにほかならない。

  서울의 인구는 증가하기만 한다. 그 이유는 전국에서 사람들이 모여들고 있기 때문임에 틀림없다.

- 人と話をするときの技術の一つに、「傾聴」というものがある。「傾聴」というのは、黙って相手の話に耳を傾けることである。

  사람과 이야기를 나눌 때의 기술 중 하나로, '경청'이라는 것이 있다. '경청'이라는 것은 말없이 조용히 상대방의 이야기에 귀를 기울이는 것이다.

독해의 비결

~というのも	왜냐하면

- 軽く運動をしただけなのに、全身筋肉痛になった。それというのも、ここ数年まともに運動らしい運動をしていないからだ。

  가볍게 운동을 했을 뿐인데 전신에 근육통이 왔다. 왜냐하면 요 근래 제대로 운동을 하지 않았기 때문이다.

- このクラスの全員が合格した。というのも、先生の指導がよかったからだ。

  이 클래스 전원이 합격했다. 왜냐하면 선생님의 지도가 좋았기 때문이다.

これでは このままでは	이대로는

- 期待されていた選手が怪我で入院してしまった。これでは、到底あのチームにはかなわない。

  기대했던 선수가 다쳐서 입원하고 말았다. 이대로는 도저히 저 팀에게는 당할 수 없다.

- 近年、魚介類の減少が著しい。このままでは、魚介類が絶滅しかねない。

  최근 어패류의 감소가 현저하다. 이대로는 어패류가 멸종할지도 모른다.

접속어 / 결론

결론을 서술하거나 요약한다.

要は	요는, 요컨대 ≒ 要するに(요컨대)

- 「案ずるより生むが易し」という言葉がある。要は、色々悩んでいないでやってみろということだ。

  '막상 해보면 생각보다 쉽다'라는 말이 있다. 요컨대 이것저것 고민하지 말고 해보라는 것이다.

要するに	요컨대, 결국 ≒ つまり(요컨대)

- レポートを見せると、教授は笑って親指を立てて見せた。要するに、合格ということだ。

  레포트를 보여주자 교수님은 웃으면서 엄지 손가락을 세워 보였다. 요컨대 합격이라는 뜻이다.

言い換えれば	바꿔 말하면, 다시 말하면

- 「自分に投資をする」という言い方がある。言い換えれば、自分のためにお金を使うことである。

  '자신에게 투자한다'라는 표현이 있다. 바꿔 말하면, 자신을 위해서 돈을 사용하라는 것이다.

접속어 / 화제 전환

화제를 바꾼다.

ところで	그런데(일단 말을 끊고 화제를 바꾼다) ≒ ときに(그런데)・それはそれとして(그건 그렇고)

- 先日は、どうもありがとうございました。ところで、今日はお願いがありまして、ご連絡いたしました。

  일전에는 너무 감사했습니다. 그런데 오늘은 부탁이 있어 연락 드렸습니다.

さて	다름이 아니라, 그건 그렇고 ≒ ところで(그런데)・一方(한편)

- 桜が美しいこの季節ですが、いかがお過ごしでいらっしゃいますか。さて、先月は、弊社の者が大変お世話になりました。

  벚꽃이 아름다운 이 계절에, 어떻게 지내고 계신지요? 다름이 아니라 지난달은 저희 회사 직원이 신세를 많이 졌습니다.

それはさておき	그건 그렇다 치고 ≒ ところで・それはそれとして(그건 그렇고)

- この問題はまだ解決できていない。それはさておき、問題はもう一つある。

  이 문제는 아직 해결되지 않았다. 그건 그렇다 치고 문제는 하나 더 있다.

そういえば それはそうと	그러고 보니

- さっきのプレゼン、よかったですよ。そういえば(それはそうと)、課長が出席していませんでしたね。

  조금 전 프레젠테이션 좋았어요. 그러고 보니 과장님이 출석하지 않았네요.

독해의 비결

一方（いっぽう）	한편

- Aに関（かん）しては、以上（いじょう）に述（の）べたとおりだ。一方（いっぽう）、Bに関（かん）して言（い）えば以下（いか）のようになる。

  A에 관해서는 이상 말한 대로다. 한편 B에 관해서 말하면 이하와 같다.

진술 부사

호응관계에 따라 뒤에 오는 내용을 한정하는 부사를 진술 부사라고 한다. 여기서는 N2레벨로 꼭 외워두어야 하는 진술 부사를 정리했다.

絶対（ぜったい）(に)	단연코, 꼭

- 親（おや）にどんなに反対（はんたい）されようとも、絶対（ぜったい）にアメリカに留学（りゅうがく）する。

  부모님이 아무리 반대해도, 꼭 미국에 유학할 것이다.

- 今回（こんかい）の試験（しけん）には、絶対合格（ぜったいごうかく）してみせる。

  이번 시험에는 꼭 합격하고 말테야.

必（かなら）ず	반드시

- 寝（ね）る前（まえ）には、毎日（まいにち）必（かなら）ず本（ほん）を読（よ）みます。

  자기 전에는 매일 꼭 책을 읽습니다.

- この大会（たいかい）で、いつか必（かなら）ず優勝（ゆうしょう）してみせる。

  이 대회에서 언젠가 꼭 우승해 보이겠다.

きっと	분명, 꼭

- この場所（ばしょ）へ、きっといつかまた来（き）てみせる。

  이 장소에 언젠가 꼭 다시 오고 말 테다.

- これはきっと、神様（かみさま）からの贈（おく）り物（もの）に違（ちが）いない。

  이것은 분명 신의 선물임에 틀림없다.

確（たし）か(確（たし）かに)	확실히, 분명히

- これは、確（たし）かに私（わたし）が彼女（かのじょ）に贈（おく）ったものだ。

  이것은 확실히 내가 그녀에게 준 것이다.

絶対(に)～ない	절대 ～ 않다

- こんなことが起きるなんて、絶対にあり得ない。

  이런 일이 일어나다니, 절대 있을 수 없다.

決して～ない	결코 ～ 않다

- 人のアイディアを使って入賞するなんて、決してほめられたことではない。

  남의 아이디어를 이용해서 입상하다니, 결코 칭찬받을 일은 아니다.

全然～ない	전혀 ～ 않다

- 新しい家はとても快適で、不自由なことなんて全然ありませんよ。

  새 집은 매우 쾌적해서 불편한 것 따위 전혀 없어요.

めったに～ない	좀처럼(특별한 경우 외에는 거의) ～ 않다

- 彼はとても温厚な人で、めったに怒ったりしない。

  그는 매우 온후한 사람으로 절대 화내거나 하지 않는다.

さっぱり～ない	전혀 ～ 않다

- この分野に関しては、僕はさっぱりわかりません。

  이 분야에 관해서는 저는 전혀 모릅니다.

たいして～ない	그다지 ～ 않다

- タクシーに乗ったが、電車で行くのとたいして時間は変わらなかった。

  택시를 탔지만 전철로 가는 것과 그다지 시간은 변함이 없었다.

とても～ない	도저히 ～ 할 수 없다 (무리다, 불가능하다)

- こんなに量があったら、とても全部は食べきれない。

  이렇게 양이 많으면 전부 먹는 것은 도저히 무리다.

- その作業は、素人ではとても不可能だ。

  이 작업은 아마추어로는 도저히 불가능하다.

到底~ない	도저히 ~ 할 수 없다 (무리다, 불가능하다)

- プロの選手でも難しい技を、私になど到底できるはずがない。

  프로 선수라도 어려운 기술을, 나 따위가 도저히 할 수 있을 리가 없다.

- 自分には到底無理だと思ってばかりいると、できることすらできなくなってしまう。

  자신에게는 도저히 무리라고만 생각하고 있으면 할 수 있는 것조차도 할 수 없게 돼버린다.

必ず(しも)~ない	반드시 ~ 라고는 할 수 없다 반드시 ~인 것은 아니다

- 辞書に載っていることが必ずしも正しいとは限らない。

  사전에 실려 있는 것이 반드시 옳다고는 할 수 없다.

- 学歴のある人が、必ず成功するわけではない。

  학력이 높은 사람이 반드시 성공하는 것은 아니다.

決して~ない	결코(절대) ~ 안 된다

- ここには、決して入ってはいけません。

  이곳에는 절대 들어오면 안 됩니다.

- そんな危ないことは、もう決してするんじゃない。

  그런 위험한 일은 이젠 절대 하는 게 아니야.

絶対~ない	절대 ~ 안 된다

- 今から言うことは、絶対他の人に言っては駄目ですよ。

  지금부터 말하는 것은 절대 다른 사람에게 말하면 안 돼요.

- この条件だけは、絶対譲ることはできない。

  이 조건만은 절대 양보할 수 없다.

たぶん~だろう(はずだ)	아마 ~ 일 것이다

- 佐藤さんが一緒なら、たぶん迷わず来られるだろう。

  사토 씨가 함께라면 아마 헤매지 않고 올 수 있을 것이다.

- その書類は、たぶんここに置いておいたはずだ。

  그 서류는 아마 여기에 놔 두었을 것이다.

おそらく〜だろう | 아마(필시, 어쩌면) 〜 일 것이다

- 今回の会議では、おそらく結論は出ないだろう。

  이번 회의에서는 아마도 결론은 나오지 않을 것이다.

さぞ〜だろう | 추측 건대, 틀림없이 〜 일 것이다

- 両親と10年以上も離れ離れになっていたなんて、さぞ寂しかったことだろう。

  부모님과 10년 이상이나 떨어져 지냈다니, 분명 외로웠을 거야.

きっと〜はずだ・〜だろう | 분명 〜 일 것이다

- 山田さんが担当したのだから、きっとプレゼンは成功しただろう。

  야마다 씨가 담당했으니까, 분명히 프레젠테이션은 성공했을 것이다.

確か(確かに)〜はずだ | 확실히(분명) 〜 일 것이다

- 例の店は、確かこの辺にあったはずだ。

  그 가게는 분명 이 주변에 있을 것이다.

- 斉藤さんは、確か中学のころはテニス部のはずだった。

  사이토 씨는 분명 중학교 때는 테니스부였었다.

まさか | 설마

- まさか私たちのチームが勝てるとは、夢にも思っていなかった。

  설마 우리 팀이 이기다니, 꿈에도 생각지 못했다.

- こんな結末が待っていたなんて、まさか誰も予想できなかっただろう。

  이런 결말이 기다리고 있었다니, 아마 누구도 예상하지 못했을 것이다.

よもや | 설마

- こんな日に限って、よもや失敗するようなことはあるまい。

  이런 날은, 설마 실패하는 일은 없을 것이다.

どうして | 도대체, 어째서, 왜

- どうしてこんな夢を見たのだろう。

  왜 이런 꿈을 꾼 것일까.

なぜ	왜

- 人はなぜ生きているのでしょうか。

  사람은 왜 살아가는 것일까요?

本当に	정말

- これは本当に彼が作ったものなのだろうか。

  이것은 정말 그가 만든 것일까?

いったい	도대체

- この地球上にはいったい何種類の生物がいるのだろう。

  이 지구상에는 대체 몇 종류의 생물이 있는 것일까?

はたして	과연 〜だろう·だろうか 등 의문의 의미를 가진 단어

- 果たして彼らは、無事に故郷へ帰ることができるのだろうか。

  과연 그들은 무사히 고향으로 돌아갈 수 있을까?

たとえ	설령 〜 라 할지라도 〜ても(でも·と)

- 例え結果が悪かろうと、まずはやるだけやってみようではないか。

  비록 결과가 나쁘더라도 우선은 하는 만큼 해봐야 하지 않겠는가.

もし	만약 〜 하면 〜ても(でも)·〜たら·〜と·〜なら·〜ば

- もし用意したもので足りなければ、こちらで立て替えておきます。

  만약 준비한 것으로 부족하면 저희쪽에서 대신 지불해 두겠습니다.

- もし今回の講座に参加できなくても、次回また応募しようと思っている。

  만약 이번 강좌에 참가할 수 없어도, 다음에 다시 응모하겠다고 생각하고 있다.

仮(かり)に	설령(가령) ~ 라 해도, 설령 ~ 하면 ~ても(でも)・~としたら・~なら

- 仮(かり)にリフォームをしたとしても、この家(いえ)はそう長(なが)くは持(も)たないだろう。
  가령 리폼을 했다고 해도 이 집은 그렇게 오래는 버티지 못하겠지.

万(まん)(が)一(いち)	만일 ~ 해도, 만일 ~ 하면 ~ても(でも)・~たら

- 万(まん)(が)一(いち)事故(じこ)が起(お)こったら、速(すみ)やかにサービスセンターまでお電話(でんわ)ください。
  만일 사고가 일어나면, 재빨리 서비스 센터로 전화 주세요.
- 万(まん)(が)一(いち)何(なに)かあっても、保険(ほけん)に入(はい)っているので安心(あんしん)だ。
  만일 무슨 일이 있어도 보험에 들었으니 안심이다.

せっかく	모처럼(애써) ~ 해도, 모처럼 ~ 라면 ~ても(でも)・~なら

- せっかくいい商品(しょうひん)を作(つく)っても、販売(はんばい)の仕方(しかた)によっては売(う)れないこともある。
  애써 좋은 상품을 만들어도, 판매 방법에 따라서는 팔리지 않는 경우도 있다.
- せっかく美術館(びじゅつかん)で働(はたら)くのなら、絵(え)に関(かん)する知識(ちしき)も深(ふか)めたいものだ。
  모처럼 미술관에서 일하는 것이니, 그림에 관한 지식도 쌓아야겠다.

まるで~のようだ	마치 ~ 같다

- パラパラと降(ふ)るその雪(ゆき)は、まるで粉砂糖(こなざとう)のようだった。
  펄펄 내리는 이 눈은 마치 설탕가루 같았다.

ちょうど~のようだ	마치, 흡사, 꼭 ~ 같다

- 空(そら)を見上(みあ)げると、ちょうど人(ひと)の形(かたち)のように見(み)える雲(くも)が浮(う)いていた。
  하늘을 올려다보니 마치 사람 모습처럼 보이는 구름이 떠 있었다.

ぜひ	꼭, 부디

- 来月(らいげつ)のセミナーには、ぜひ参加(さんか)させていただきたい。
  다음 달 세미나에는 꼭 참가하고 싶다.

どうか	어떻게든

- どうか、より住みやすい環境を作っていってほしいものだ。

  어떻게든 보다 살기 좋은 환경을 만들어 가고 싶을 뿐이다.

もしかすると もしかして　〜かもしれない もしかしたら	어쩌면 〜 일지도 몰라

- もしかすると、来月営業部が移転するかもしれない。

  어쩌면, 다음 달 영업부가 이전할지도 모른다.

ひょっとすると ひょっとして　〜かもしれない ひょっとしたら	어쩌면(혹시) 〜 일지도 모른다

- 彼はひょっとしたら、何かスポーツをしていたのかもしれない。

  그는 어쩌면, 뭔가 스포츠를 하고 있었을지도 모른다.

あるいは〜かもしれない	혹은, 아니면 〜 일지도 모른다

- 確かにそこに置いたはずなのに、誰かが持っていったらしい。あるいは、私の記憶が間違っているかもしれない。

  분명히 그곳에 두었는데, 누군가가 가지고 간 것 같다. 아니면 내 기억이 틀린 걸지도 몰라.

ぜひ	꼭, 부디 〜ください・〜いただきたい

- こちら、期間限定のお買い得商品です。ぜひ、この機会にお求めください。

  이쪽은 기간 한정 특매품입니다. 부디 이 기회에 구입하세요.

どうぞ	아무쪼록, 제발, 부디, 자 어서(승낙의 공손한 말씨)
	～ください

- どうぞ、おあがりください。

  자 들어오세요.

どうか	아무쪼록, 부디, 제발
	～ください・～いただきたい

- どうか、この願いを聞き入れてくださいませんでしょうか。

  부디, 이 부탁을 들어주지 않으시겠습니까?

なんて～だろう	어쩌면 그렇게 ～ 일까

- なんて美しい景色なのだろう。

  이 얼마나 아름다운 경치인가.

なんと～だろう	어떻게, 어찌, 얼마나 ～ 일까?

- なんと素晴らしい出来栄えだろう。

  얼마나 훌륭한 솜씨인가.

문말 표현

문말 표현을 알면, 필자의 생각을 쉽게 알 수 있다. 우선은 N2에서 반드시 외워두어야 할 문말 표현을 살펴보자.

문말 표현 1 (사실 · 확신 · 가능성 · 추측 · 전문)

～ではないか	～것은 아닌가(아닐까)
～ではないだろうか	

- 会議では批判ばかりではなく、前向きな意見を出すべきではないだろうか。

  회의에서는 비판뿐만 아니라 긍정적인 의견을 내야 하는 것이 아닌가.

～と思^{おも}われる ～と考^{かんが}えられる	～라는 생각이 든다

• 今回^{こんかい}は、彼^{かれ}の意見^{いけん}に従^{したが}うのが妥当^{だとう}かと思^{おも}われます。

이번에는 그의 의견에 따르는 것이 타당하다는 생각이 듭니다.

～と思^{おも}われている ～と考^{かんが}えられている ～と言^いわれている	～라고 여겨지고 있다

• 人類^{じんるい}は、アフリカ大陸^{たいりく}で誕生^{たんじょう}したと考^{かんが}えられている。

인류는 아프리카대륙에서 탄생했다고 여겨지고 있다.

～わけだ	(당연) ～ 것이다

• これだけの手間^{てま}をかけているのだから、質^{しつ}のいいものができるわけだ。

이렇게나 노력을 들였으니까, 질이 좋은 물건이 만들어질 것이다.

～ものだ	～하는 법이다

• あれだけひどく叱^{しか}られれば、普通^{ふつう}はひどく落^おち込^こむものだ。しかし、彼^{かれ}は何事^{なにごと}もなかったかのようにしている。

그렇게 심하게 혼나면, 보통은 완전 풀이 죽는 법이다. 그러나 그는 아무 일도 없었던 것처럼 하고 있다.

～にちがいない	～임에 틀림없다

• この建物^{たてもの}は、何^{なに}か歴史^{れきし}があるに違^{ちが}いない。

이 건물은 뭔가 역사가 있음에 틀림없다.

～ないわけじゃない	～하지 않는 것은 아니다

• 好^すきじゃないと言^いっても、まったく食^たべないわけじゃない。

좋아하지 않는다고 해도, 전혀 먹지 않는 것은 아니다.

～可能性^{かのうせい}がある	～ 할 가능성이 있다

• 早^{はや}く手^てをうたないと、周^{まわ}りにも被害^{ひがい}を及^{およ}ぼす可能性^{かのうせい}がある。

빨리 손을 쓰지 않으면 주변에도 피해를 입힐 가능성이 있다.

～恐^{おそ}れがある	～ 할 우려가 있다

- 中毒^{ちゅうどく}になる恐^{おそ}れがありますので、ご使用時^{しようじ}は必^{かなら}ず窓^{まど}を開^あけてください。

  중독이 될 우려가 있기 때문에 사용하실 때는 반드시 창문을 열어 주세요.

～かねない	～ 할수도 있다, ～ 일지도 모른다

- そんな言^いい方^{かた}をしたら、周^{まわ}りの人^{ひと}の誤解^{ごかい}を招^{まね}きかねない。

  그런 말투를 하면, 주변 사람들의 오해를 초래할 수 있다.

～とは限^{かぎ}らない	～ 할 수는 없다

- 有名^{ゆうめい}な料理^{りょうり}だからといって、全^{すべ}ての人^{ひと}にとっておいしいとは限^{かぎ}らない。

  유명한 요리라고 해도 모든 사람에게 있어서 맛있을 수는 없다.

～わけではない	～ 인것은 아니다

- なりたいからといって誰^{だれ}もがトップスターになれるわけではない。

  되고 싶다고 해서 누구나가 톱스타가 될 수 있는 것은 아니다.

～わけにはいかない	～ 할 수는 없다

- どんなに体調^{たいちょう}が悪^{わる}くても会社^{かいしゃ}を休^{やす}むわけにはいかない。

  아무리 몸 상태가 나빠도 회사를 쉴 수는 없다.

～ずにはすまない	～ 하지 않고는 끝나지 않는다 (～ 하지 않을 수 없다)

- 学校^{がっこう}でこんな事件^{じけん}が起^おきてしまっては、校長^{こうちょう}が責任^{せきにん}を問^とわれずにはすまない。

  학교에서 이런 사건이 일어나버려서는 교장에게 책임을 묻지 않을 수 없다.

～ものではない	～ 하는게 아니다(일의 본성・본질・습성)

- 外^{そと}に出^でるのが好^すきな私^{わたし}だが、家^{いえ}でのんびりするのも悪^{わる}いものではない。

  밖에 나오는 것을 좋아하는 나지만, 집에서 뒹굴 거리는 것도 나쁘지만은 않다.

～に越^こしたことはない	～ 하는 것이 제일이다 ～보다 나은 것은 없다

- 会議^{かいぎ}の資料^{しりょう}は、少^{すこ}し多^{おお}めに用意^{ようい}しておくに越^こしたことはない。

  회의 자료는 조금 여유 있게 준비해두는 것이 좋다.

~にすぎない	~ 에 지나지 않는다

- 地価が暴落した今、土地の権利書などはただの紙切れにすぎない。

  지가가 폭락한 지금, 토지의 권리서 등은 그저 종이 조각에 불과하다.

~に等しい	~ 와 같다

- そんな詐欺まがいのことをするとは、犯罪行為に等しい。

  그런 사기같은 짓을 하다니, 범죄행위와 다름없다.

~まい	~ 하지 않을 것이다

- まさか、そこまで大変な事態にはなるまい。

  설마 그렇게까지 힘든 사태가 되지는 않겠지.

~ということだ	~ 라고 한다

- 友達の話では、明日試験範囲の発表があるということだ。

  친구 이야기로는 내일 시험 범위 발표가 있다고 한다.

문말 표현 2 (의무·진행·허가·금지)

~べきだ	~ 해야 한다

- 子供の教育には、親だけでなく周りの大人たちも積極的にかかわるべきだ。

  아이의 교육에는 부모뿐만 아니라 주변 어른들도 적극적으로 동참해야 한다.

~必要がある	~ 할 필요가 있다

- 社会人になったら、社会生活で必要なマナーを身につける必要がある。

  사회인이 되면, 사회생활에서 필요한 매너를 몸에 익힐 필요가 있다.

~ざるをえない	~ 하지 않을 수 없다

- これだけ素晴らしい発表ができるとは、彼の努力を認めざるをえない。

  이렇게 훌륭한 발표가 가능하다니, 그의 노력을 인정하지 않을 수 없다.

～といい	～ 하는 것이 좋다

- 疲れがたまっているなら、ゆっくり休むといい。

  피로가 쌓여있다면, 푹 쉬는 것이 좋다.

～までもない	～ 할 것까지도 없다

- この話は皆さんもご存知ですので、改めて言うまでもありませんが…。

  이 이야기는 모두가 알고 계시므로, 다시 말할 것도 없지만….

～必要はない	～할 필요는 없다

- ここは日本ではないので、家に入るときに靴を脱ぐ必要はない。

  여기는 일본이 아니기 때문에 집에 들어갈 때에 구두를 벗을 필요는 없다.

～てはいけないことに なっている	～ 해서는 안 되는 것으로 되어 있다

- ここでは、タバコを吸ってはいけないことになっている。

  여기서는 담배를 피우면 안되게 되어 있다.

～べきではない	～ 해서는 안 된다

- 大切なことは、軽々しく人に話すべきではない。

  중요한 일은 경솔하게 사람에게 말해서는 안 된다.

～ことだ	～ 하는 게 중요하다, ～ 해야 한다

- やりたいと思ったら、悩んだりせずにまずはやってみることだ。

  하고 싶다고 생각한다면, 고민하거나 하지 말고 우선은 해 봐야 한다.

～てしかたがない	～ 해서 어쩔 수가 없다

- どこかで見た顔なのに思い出せなくて、気になってしかたがない。

  어딘가에서 본 얼굴인데 생각이 나지 않아서 너무 신경이 쓰여 죽겠다.

～てたまらない	～ 해서 참을 수 없다

- 体中を蚊に刺されてしまい、かゆくてたまらない。

  온몸을 모기에게 물려 버려서, 가려워서 참을 수가 없다.

問題10 ▶ 내용이해(단문)

문제유형 **내용이해(단문) (5문항)**

생활, 업무, 학습 등을 주제로 한 200자 정도의 설명문이나 지시문 등이 나온다.

포인트

① 문제를 풀기 전에 질문을 꼼꼼히 읽고, 묻는 내용을 정확하게 이해하는 것이 중요하다.

② 비즈니스 문서나, 설명문의 출제가 한 문항씩 있으리라 예상한다. 비즈니스 문서는 편지나 이메일의 형태로 출제되기 때문에 형식만 파악하고 있으면 그다지 어렵지 않다. 편지를 예로 들면, 위에서부터 날짜, 받는 사람, 보내는 사람, 건명(제목), 인사말 그리고 가장 중요한 그 문서의 취지 순으로 쓰는 경우가 많으므로 각각 대략 어디쯤에 위치하는지 기억해두자. 설명문도 문장에 나오는 숫자와 어려운 단어에 현혹되지 말고, 글의 개요를 파악하며 읽어나가면 쉽게 풀 수 있다.

학습요령

〈問題10〉에서는 주로 글의 개요를 이해할 수 있는 능력을 측정한다. 구체적으로는 글의 내용 자체를 이해하였는지를 묻는 문제, 글의 키워드를 이해하였는지를 묻는 문제, 글의 개요를 요약할 수 있는 능력을 묻는 문제 등이 있다. 우선은 가능한 한 많은 글을 읽고, 그 내용을 하나의 문장으로 정리하여, 글의 대략적인 내용을 확실하게 파악하는 연습을 하도록 하자.

問題10 次の文章を読んで、後の問いに対する答えとして最もよいものを、1・2・3・4から
一つ選びなさい。

(1)

　ヘッドフォンで音楽を聞きながら歩いている人を見ると、時々、大丈夫かな、と
思わせられることがある。周りの人に聞こえるくらい大音量で聞いている人もいる
が、これだと他の音が聞こえないので、例えば後ろから車が来てもわからない。そ
れに、長時間、耳の近くで大きな音を聞き続けると、小さい音が聞こえにくくなる
という調査結果もあるらしい。音楽を楽しむのはいいとしても、あまり大きな音で
聞くのはどうだろうか。

1 あまり大きな音で聞くのはどうだろうかと言っているのはなぜか。

1 大きな音が他の人の迷惑になるから。

2 危なくて、他の人を心配させるから。

3 危ないし、耳が悪くなるから。

4 小さい音が聞こえないから。

(2)

　最近は、コンピューターが使えたり、外国語が話せたり、社会に出てすぐに役に立つ能力（のうりょく）を身（み）につけることが大事にされている。そのため、多くの高校でこれらの授業が行われている。一方（いっぽう）で、古典（こてん）や歴史（れきし）などの科目は役に立たないから勉強する必要がないと言う人も増えているそうだ。しかし、コンピューターや外国語の学習以外に、他の科目も重要であることは変わらない。学校ではこれらをバランスよく学習させる工夫（くふう）が必要だろう。

2 　この文章の内容とあっているものはどれか。

1 　コンピューターや外国語の学習は、他の科目より役に立つ。

2 　コンピューターや外国語の学習より、他の科目の方が大事だ。

3 　社会ですぐに役に立つ科目と同じように、他の科目の学習も大事だ。

4 　古典（こてん）や歴史（れきし）などの科目は、実際（じっさい）の社会では必要ない科目だ。

(3)

　半分は冗談なのかもしれませんが、私が風邪をひいたり体の調子が悪かったりすると、みなさんは「えっ、薬屋のおくさんでも病気になるの？」とおっしゃいます。

　ええ、もちろん、薬屋だろうと、有名なお医者様だろうと、風邪もひけば、病気にもなります。むしろ、普通のご家庭より、風邪のウィルスなどが持ち込まれやすい環境にいるわけですから、（　　　　　）。

3　（　　　　　）に入るものとして、最もよいものは、どれか。

1　みなさんと同じくらい病気になりやすいのです。

2　みなさんと同じくらい病気になりにくいのです。

3　みなさんよりずっと病気になりやすいのです。

4　みなさんよりずっと病気になりにくいのです。

(4)

20XX年 9月 26日

ふじ　株式会社
営業部　御中

株式会社　アニー

営業課　中村　太郎

拝啓

　わが社ではこのたび、秋の展示会を開くことになりました。今回の展示会では、新製品をはじめ、わが社の全商品を展示する予定です。中でも薄型テレビ「ＰＳ４」は、きれいな画面・音で注目されている新製品です。お忙しいことと存じますが、この機会にぜひ皆様にお越しいただきたくご案内させていただきます。……

4 この手紙の中の会社について、正しいのはどれか。

1 「株式会社アニー」は、新型のテレビを作ったことを知らせている。

2 「ふじ株式会社」は、忙しいので展示会に行くことができない。

3 「ふじ株式会社」は「株式会社アニー」に新型のテレビを注文している。

4 「株式会社アニー」は「ふじ株式会社」を展示会に招待している。

(5)

　部屋を片付けるのが苦手な人は、物を持ちすぎていることが多い。片付けるポイントは、物に指定席を作ること。使ったらすぐ指定席に戻すようにすれば、あちこちに散らかることもなくなる。また、指定席のスペースを作るには、要らない物を捨てることも必要だ。自分の部屋に入る分だけを、見やすく、出しやすくしまうこと。こうすれば、足りない物もすぐわかるし、同じような物を買ったりするむだな買い物も防げるだろう。

（注）指定席：決められた場所のこと

5　部屋を片付けるためには、どうすればいいと言っているか。

1　要らない物を持たないで、物を置く場所を決める。

2　同じ物を買ったりする、むだな買い物をしない。

3　スペースを作るために、できるだけ物を捨てる。

4　むだな物を捨てて、いつもきれいに掃除をする。

(6)

　生物にはふしぎな力がある。例えば、植物は生きる力がとても強い。切り取った茎を土にさしておくだけで、あっという間に元の大きさに成長することもあるほどだ。動物にも似たことが起こる。トカゲのしっぽやカニのはさみは、なくなると新しく生えてくる。しかし、人間の指はなくなると、二度と元には戻らない。ただ、髪の毛や手の爪は切ってもまた伸びる。このように、生物には切り取られた体の一部を、元に戻す力があるのだ。

6　生物のふしぎな力とは、どんなことだと言っているか。

1　植物がとても早く成長できること

2　動物にも植物と同じ力があること

3　なくなった体の一部が元に戻ること

4　人間にない力を植物が持っていること

(7)

~安全な一人暮らしのために注意しましょう~

○ 家に帰ってドアを開けるときに

　一人暮らしをしていることがわかると危険です。まるで家族が待っているように『ただいま～』と言いながらドアを開けるようにしましょう。ほかにも、ドアを開ける前にベルを押し、誰かを訪ねてきたようにするのも効果があります。

○ 泥棒にあったら

　もしも、室内に泥棒がいたらどうしますか？　例えば、マンションでは泥棒の逃げ道は玄関のドア、または窓しかありません。早く泥棒が逃げられるようにし、追いかけないようにしましょう。

（注1）室内：部屋の中
（注2）逃げ道：逃げるための道

7 一人暮らしの人が安全のためにした方がいいことについて、文章の内容とあっているものはどれか。

1　家に遅く帰るときは、家族に部屋で待っていてもらうようにする。

2　危ないときすぐ逃げられるように、逃げ道を作っておくようにする。

3　泥棒にあったら早くドアを閉めて、泥棒が逃げられないようにする。

4　家に入るときには、家の中に誰か他の人がいるふりをするようにする。

(8)

20XX 年 9 月 26 日

JKLコーポレーション
営業部　御中
<small>おんちゅう</small>

やまと株式会社
<small>かぶしきがいしゃ</small>

田村

前略
<small>ぜんりゃく</small>

　先日は、来年度カレンダーのカタログを送っていただき、ありがとうございました。カタログを拝見して、『ミニカレンダー（32番）』に興味を持ちましたので、見本として3セットを送っていただけないでしょうか。新年に、お客様に配るカレンダーとしての利用を検討させていただきたいと思います。どうぞよろしくお願いいたします。
<small>きょう み</small>
<small>く ば</small>
<small>けんとう</small>

8　この手紙の中の会社について、正しいのはどれか。

1　「やまと株式会社」は「JKLコーポレーション」にカタログの見本をもらった。

2　「JKLコーポレーション」は、新年に配るカレンダーの種類を検討している。

3　「やまと株式会社」は、来年度にお客様にカレンダーを配ろうと思っている。

4　「JKLコーポレーション」は「やまと株式会社」にカタログを3セット送った。

(9)

　　私たち人間はコトバを使う動物です。コトバは音によって意味を表し、それを他の人間に伝達する手段ですが、音と意味はずいぶんと性質が違います。音は人間が耳で知覚することができるものなのに、意味は人間の頭の中だけに存在するものだからです。それなのに、同じ言語を使う人々は同じ音を聞けば同じ意味を理解することができるのですから、考えてみれば不思議なことです。

（町田健『ソシュールと言語学 コトバはなぜ通じるのか』講談社による）

（注）　知覚する：耳や目などを通して、物事を知る

9 　筆者は何が不思議だと述べているか。

1　コトバの意味が人間の頭の中に存在していること
2　同じ言語を使う人には音が同じように聞こえること
3　コトバの音と意味には大きな性質の違いがあること
4　頭の中にしかない意味が音によって相手に伝わること

(10)

20XX年 11月 18日

BNA株式会社
営業部　御中

株式会社さくら

営業課　木村

前略
　先日注文したマグカップ・ブルー500個ですが、本日到着しました。早速確認致しましたところ、うち200個がマグカップ・ブルーではなく、マグカップ・イエローでした。色違いなので、単なる手違いだと思いますが、お調べいただいた上、至急注文通りの品をお送り下さいますよう、お願いします。なお、注文したものが全て届き次第、誤送分をご返送させていただきます。よろしくお願い致します。

10　この手紙の中の会社について正しいものはどれか。

　1　「株式会社さくら」はマグカップ・ブルーを200個追加注文した。

　2　「BNA株式会社」はマグカップ・イエローの数を間違えて発送した。

　3　「BNA株式会社」は「株式会社さくら」に2色のマグカップを送った。

　4　「株式会社さくら」は「BNA株式会社」に間違って届いたマグカップを返送した。

문제 10 다음 글을 읽고 물음에 대한 답으로서 가장 적당한 것을 1·2·3·4에서 하나 고르시오.

(1)

헤드폰으로 음악을 들으면서 걷는 사람을 보면 가끔 괜찮을까 하고 생각하게 만드는 경우가 있다. 주변 사람들에게 들릴 정도로 큰 소리로 듣는 사람도 있는데 이렇게 들으면 다른 소리가 들리지 않기 때문에, 예를 들면 뒤에서 자동차가 와도 모른다. 게다가, 장시간 귀 가까이에서 큰 소리를 계속해서 들으면 작은 소리가 잘 들리지 않게 된다는 조사 결과도 있다고 한다. 음악을 즐기는 것은 좋다고 해도 너무 큰 소리로 듣는 것은 어떨까 하는 생각이 든다.

> **어휘** ヘッドフォン 헤드폰 | 時々 가끔 | 周り 주변, 주위 | 聞こえる 들리다 | 大音量 대음량, 큰 소리 | 例えば 예를 들면 | 調査結果 조사 결과 | 楽しむ 즐기다 | ～としても ～라(고) 하더라도, ～라(고) 해도

1 너무 큰 소리로 듣는 것은 어떨까 하는 생각이 든다고 말한 것은 왜인가?
　1 큰 소리가 다른 사람에게 피해가 되기 때문에
　2 위험하고 다른 사람에게 걱정을 끼치기 때문에
　3 위험하고 귀가 안 좋아지기 때문에
　4 작은 소리가 들리지 않기 때문에

정답 3

해설 밑줄 친 부분이 가리키는 내용을 찾는 문제는 문장 앞뒤 두 세줄 정도를 읽어보면 대부분 정답을 찾을 수 있다. 이 문제는 글의 가장 후반부에 밑줄이 있으므로 당연히 밑줄 앞부분을 읽으면 정답을 포함하는 문장이 있다. 문장의 앞부분을 보면 '뒤에서 자동차가 와도 모른다', '장시간 계속해서 큰 소리를 귀 가까이에서 들으면 작은 소리가 잘 들리지 않게 된다'고 했으므로 정답은 3번이 된다.

(2)

최근에는 컴퓨터를 사용할 수 있거나, 외국어를 할 수 있거나, 사회에 나가서 바로 도움이 되는 능력을 익히는 것이 중요하게 여겨지고 있다. 그 때문에 많은 고등학교에서 이러한 수업이 행해지고 있다. 한편에서는, 고전이나 역사 등의 과목은 도움이 되지 않기 때문에 공부할 필요가 없다고 하는 사람도 늘고 있다고 한다. 하지만, 컴퓨터나 외국어 학습 이외에 다른 과목도 중요하다는 사실은 변하지 않는다. 학교에서는 이러한 과목을 균형 있게 학습시킬 연구가 필요할 것이다.

> **어휘** 最近 최근 | 使う 사용하다 | 外国語 외국어 | 役に立つ 도움이 되다 | 能力 능력 | 身につける 익히다 | 大事 중요함, 소중함 | 授業 수업 | 行う 행하다 | 一方 한편 | 古典 고전 | 歴史 역사 | 科目 과목 | 増える 늘어나다, 증가하다 | 学習 학습 | 以外 이외 | 他 다른 것, 밖, 외 | 重要 중요 | 変わる 바뀌다, 변하다 | バランス 밸런스 | 工夫 궁리, 고안

2 이 글의 내용과 맞는 것은 어느 것인가?
　1 컴퓨터나 외국어 학습은 다른 과목보다 도움이 된다.
　2 컴퓨터나 외국어 학습보다 다른 과목이 더 중요하다.
　3 사회에서 바로 도움이 되는 과목과 마찬가지로 다른 과목의 학습도 중요하다.
　4 고전이나 역사 등의 과목은 실제 사회에서는 필요 없는 과목이다.

정답 **3**

해설 이런 단문 문제에서는 세세한 내용까지 질문하지 않는다. 질문과 선택지를 먼저 읽은 다음 본문을 읽는 것이 시간 절약에 도움이 된다. 필자의 생각이 요약된 문장은 「しかし」다음에 나와 있는 문장이다. '컴퓨터나 외국어 학습 이외에 다른 과목도 중요하다는 사실은 변하지 않는다. 학교에서는 이러한 과목을 균형 있게 학습시킬 아이디어가 필요할 것이다.'라고 말하고 있으나, 다른 과목보다 더 도움이 된다고는 하지 않았으므로 1번은 오답. 2번은 다른 과목이 더 중요하다고는 하지 않았으므로 오답. 4번은 본문에 없는 내용이므로 오답이다.

(3)

반은 농담일지도 모르지만, 제가 감기에 걸리거나 몸 상태가 안 좋거나 하면 모두들 "어? 약국 집 부인도 병이 나나?"하고 말씀하십니다.

네, 물론, 약국집 주인이건 유명한 의사건 간에 감기도 걸리고 병도 납니다. 오히려 보통 가정보다 감기 바이러스 등이 침투하기 쉬운 환경에 있으므로 여러분보다 훨씬 병이 나기 쉬운 것 입니다.

> 어휘 半分 절반 | 冗談 농담 | ～かもしれない ～일지도 모른다 | 風邪をひく 감기에 걸리다 | 調子 상태, 컨디션 | 薬屋 약국, 약방 | 奥さん 남의 부인을 높여 부르는 말 | 病気になる 병이 나다 | おっしゃる 「言う」의 존경어 | ～だろうと～だろうと ～건 ～건 간에 | ～も～ば～も ～도 ～이고 ～도 | むしろ 오히려 | 家庭 가정 | ウィルス 바이러스 | 持ち込む 가지고 들어오다 | 동사의 ます형 + やすい ～하기 쉽다 | 環境 환경

3 (   )에 들어갈 것으로서 가장 좋은 것은 어느 것인가?

1 여러분과 비슷한 정도로 병이 나기 쉬운 것입니다.
2 여러분과 비슷한 정도로 병이 잘 안나는 것입니다.
3 여러분보다 훨씬 병이 나기 쉬운 것입니다.
4 여러분보다 훨씬 병이 잘 안나는 것입니다.

정답 **3**

해설 (   )안에 들어갈 말을 고르는 문제는 전체적인 내용이 요약되어 있거나, 글에서 가장 중요한 부분을 고르는 형식이 많다. 이런 단문 문제에서는 가장 중요한 내용은 주로 글 마지막 부분에 오기때문에, 그 부분에 주목해야 된다. 여기서는 괄호 바로 앞의 문장에서 '물론 약국집 주인이건 유명한 의사건 간에 감기도 걸리고 병도 납니다'라고 했으므로, 병에 잘 걸리는 것이라고 말하고 있다는 것을 알 수 있다. 또한, 마지막 문장을 보면 '오히려 보통 가정보다 감기 바이러스 등이 침투하기 쉬운 환경에 있으므로'라고 했으므로 정답은 '여러분보다 훨씬 병이 나기 쉬운 것입니다'라고 하는 3번이 정답이다.

20XX년 9월 26일

후지 주식회사
영업부 귀하

주식회사 아니
영업과 나카무라 타로

배계

　저희 회사에서는 이번에 가을 전시회를 열게 되었습니다. 이번 전시회에서는 신제품을 비롯하여 저희 회사의 전상품을 전시할 예정입니다. 그 중에서도 평면 텔레비전 'PS4'는 깨끗한 화면 · 소리로 주목을 받고 있는 신제품입니다. 바쁘시리라 생각하지만, 이 기회에 부디 여러분께서 찾아 와 주셨으면 하는 마음에서 안내해 드립니다.……

| **어휘** 株式会社 주식회사 | 営業課 영업과 | 御中 귀중, 귀하(편지에서 상대방의 회사 이름 등 뒤에 붙이는 말) | 拝啓 배계(삼가 아뢴다는 뜻으로 편지 서두에 쓰는 말) | わが社 저희 회사 | このたび 이번, 금번 | 展示会 전시회 | 開く 열다 | ~ことになる ~하게 되다 | 商品 상품 | 薄型 박형(슬림형), 평판 | 画面 화면 | 注目 주목 | 新製品 신제품 | 存じる 「知る・思う」의 겸양어 | ぜひ 꼭, 제발 | 越す 「お越し」의 꼴로「行く・来る」의 높임말 | 案内 안내 |

4 　이 편지 속의 회사에 대해서 올바른 것은 어느 것인가?

1 　'주식회사 아니'는 신형 텔레비전을 만든 사실을 알리고 있다.
2 　'후지 주식회사'는 바쁘기 때문에 전시회에 갈 수가 없다.
3 　'후지 주식회사'는 '주식회사 아니'에 신형 텔레비전을 주문하고 있다.
4 　주식회사 아니'는 '후지 주식회사'를 전시회에 초대하고 있다.

정답 4

해설 　편지나 이메일로 이루어진 문장은 보낸 사람(회사)과 받는 사람(회사)을 먼저 파악해야 한다. 이 문제는 '주식회사 아니'가 '후지 주식회사'로 보낸 편지이므로, '주식회사 아니'가 '후지 주식회사'에 무엇인가를 요구하고 있음을 알 수 있다. '주식회사 아니'가 신제품 개발 사실을 알리는 편지가 아니라 전시회에 초대하고 있는 편지이므로, 1번이 아니라 4번이 정답이 된다. 2번과 3번 내용은 언급이 되어 있지 않으므로 정답이 될 수 없다. 정답은 반드시 글 안에서 찾아야 한다는 것을 명심하자.

(5)

방을 정리하는 게 서툰 사람은 물건을 너무 많이 가지고 있는 경우가 많다. 정리하는 포인트는 물건에 지정석(지정된 자리)을 만드는 것이다. 사용하고 나면 바로 지정석으로 되돌려 놓도록 한다면 여기저기에 어지럽혀지는 일도 없어진다. 또한, 지정석 공간을 만들려면 필요 없는 물건을 버리는 것도 필요하다. 자신의 방에 들어갈 양만큼을 잘 보이게, 꺼내기 쉽게 넣을 것. 이렇게 하면 부족한 물건도 바로 알 수 있고 똑같은 물건을 사거나 하는 쓸데없는 쇼핑을 막을 수 있을 것이다.

(주)指定席 : 정해진 장소를 말함

> **어휘** 片付ける 정리하다 | 苦手 서투름, 잘 못함 | ます형+すぎる 너무, 지나치게 ~하다 | 指定席 지정석 | 戻す 되돌리다 | あちこち 여기저기 | 散らかる 흩어지다, 널브러지다 | なくなる 없어지다, 사라지다 | スペース 스페이스, 공간 | 要る 필요하다 | 捨てる 버리다 | 足りない 부족하다 | むだ 헛됨, 쓸데없음 | 買い物 쇼핑, 물건 사기 | 防ぐ 막다, 방지하다

5 방을 정리하기 위해서는 어떻게 하는 것이 좋다고 말하고 있는가?
1 필요 없는 물건을 지니지 않고 물건을 둘 장소를 정한다.
2 똑같은 물건을 사거나 하는 쓸데없는 쇼핑을 하지 않는다.
3 공간을 만들기 위해 최대한 물건을 버린다.
4 쓸데없는 물건을 버리고 항상 깨끗이 청소를 한다.

정답 1

해설 방 정리의 포인트를 묻고 있으므로 첫째 줄의 '방 정리의 포인트'의 앞뒤를 보면 답을 찾을 수 있다. 우선 문장 첫째 줄에서 방 정리를 잘 못하는 사람의 문제점으로 '물건을 너무 많이 가지고 있다'는 것을 지적하며, 방 정리의 포인트로 '물건에 지정석을 만드는 것'이라고 말하고 있다. 따라서 정답은 1번이 된다. 선택지 2번은 방 정리를 잘 하게 되고 나서 나타나는 효과를 말하고 있으므로 오답. 공간을 만들려면 필요 없는 물건을 버리라고 했지 최대한 버리라고는 하지 않았으므로 3번도 오답. 깨끗이 청소하라는 언급도 없으므로 4번도 정답이 될 수 없다.

(6)

생물에는 신비한 힘이 있다. 예를 들면 식물은 살아가는 힘이 매우 강하다. 잘라낸 줄기를 땅에 꽂아 두기만 해도 눈 깜짝할 사이에 원래의 크기로 성장하는 경우도 있을 정도다. 동물에게도 비슷한 일이 일어난다. 도마뱀의 꼬리나 게의 집게는 없어지면 새롭게 자라난다. 하지만, 인간의 손가락은 없어지면 두 번 다시 원상태로는 돌아오지 않는다. 하지만, 머리카락이나 손톱은 잘라도 또 자란다. 이처럼 생물에는 잘린 신체의 일부를 원래 상태로 되돌리는 힘이 있는 것이다.

> **어휘** 生物 생물 | ふしぎ 이상함, 신기함 | 力 힘 | 植物 식물 | 生きる 살다 | 切り取る 잘라 내다 | 茎 줄기 | さす 꽂다, 찌르다 | あっという間に 눈 깜짝할 사이에 | 元 원래, 이전 | 成長 성장 | 動物 동물 | 似る 닮다, 비슷하다 | 起こる (어떤 일이) 일어나다 | トカゲ 도마뱀 | しっぽ 꼬리 | カニ 게 | はさみ 가위, 집게 | 生える 자라다 | 二度と 두 번 다시 | 髪の毛 머리카락 | 爪 손톱 | 伸びる 자라다, 성장하다, 길어지다

6 생물의 신비한 힘이란 어떤 것이라고 말하고 있는가?

    1 식물이 매우 빨리 성장할 수 있는 것

    2 동물에게도 식물과 같은 힘이 있는 것

    3 없어진 몸의 일부가 원래로 돌아오는 것

    4 인간에게 없는 힘을 식물이 가지고 있는 것

정답 3

해설 글의 첫 번째 줄 문장에서 질문 내용이 있고, 그 다음에 바로 그 예를 여러 가지 열거하고 있으므로 쉽게 답을 찾을 수 있는 문제다. '잘라낸 줄기를 땅에 꽂아두기만 해도 눈 깜짝할 사이에 원래의 크기로 성장하는 경우도 있을 정도이다', '도마뱀의 꼬리나 게의 집게는 없으면 새롭게 자라난다', '머리카락이나 손톱은 잘라도 또 자란다'에서 정답이 3번임을 쉽게 알 수 있다. '이처럼 생물에는 잘린 몸 일부를 원래 상태로 되돌리는 힘이 있는 것이다'라는 마지막 문장은 전체 문장을 정리하는 역할을 하고 있으므로 3번이 정답임을 다시 한 번 확인할 수 있다.

(7)

~안전한 독신 생활을 위해 주의합시다~

○ 집에 돌아와 문을 열 때

  혼자 살고 있다는 것을 알게 되면 위험합니다. 마치 가족이 기다리고 있는 것처럼 '다녀왔습니다'라고 하면서 문을 열도록 합시다. 이 밖에도 문을 열기 전에 벨을 눌러서 누군가를 찾아 온 것처럼 하는 것도 효과가 있습니다.

○ 도둑을 만나면

  만일 실내에 도둑이 있으면 어떻게 하겠습니까? 예를 들면 아파트에서는 도둑이 도망갈 길은 현관문, 또는 창문 밖에 없습니다. 빨리 도둑이 도망갈 수 있도록 하고, 뒤쫓아 가지 않도록 합시다.

(주1) 室内(しつない) : 방 안

(주2) 逃(に)げ道(みち) : 도망가기 위한 길

어휘 安全(あんぜん) 안전 | 一人暮(ひとりぐ)らし 혼자 삶, 독신 생활 | 注意(ちゅうい) 주의 | 危険(きけん) 위험 | 押(お)す 누르다, 밀다 | 訪(たず)ねる 찾아가(오)다, 방문하다 | 効果(こうか) 효과 | 泥棒(どろぼう) 도둑 | 逃(に)げ道(みち) 도망갈 길 | 逃(に)げる 도망가다 | 追(お)いかける 쫓아가다

---

7 혼자 사는 사람이 안전을 위해 하는 편이 좋은 일에 대해, 글의 내용과 맞는 것은 어느 것일까?

    1 집에 늦게 돌아갈 때는 가족에게 방에서 기다리고 있어 달라고 한다.

    2 위험할 때 바로 도망갈 수 있도록 도망갈 길을 만들어 두도록 한다.

    3 도둑을 만나면 빨리 문을 닫아서 도둑이 도망가지 못하도록 한다.

    4 집에 들어갈 때에는 집안에 누군가 다른 사람이 있는 척을 하도록 한다.

정답 4

해설 글의 내용과 맞는 것을 묻는 문제이므로 전체를 다 읽어 봐야 한다. 우선 혼자 살 때의 주의 사항이므로 1번은 정답이 될 수 없다. 2번은 자기가 도망가기 위한 길이 아니라 도둑이 도망갈 길을 만들어 두라고 말하고 있으므로 오답. 3번도 도둑이 도망가지 못하도록 하는 게 아니라 빨리 도망갈 수 있도록 하라고 했으므로 정답이 될 수 없다. 글의 첫 부분을 보면 '가족이 기다리고 있는 것처럼 '다녀왔습니다'라고 하면서 문을 열도록 합시다'라는 내용이 있으므로 4번이 정답임을 알 수 있다.

(8)

20XX년 9월 26일

JKL코퍼레이션
영업부 귀하

야마토 주식회사
다무라

전략
일전에는 내년도 달력의 카탈로그를 보내주셔서 대해 감사 했습니다. 카탈로그를 보고, '미니 달력(32번)'에 흥미를 느꼈습니다. 이에 견본으로 3세트를 보내주실 수 있으신지요? 새해에 손님분들께 나누어 드릴 달력으로써 이용할지 검토하고 싶습니다. 아무쪼록 잘 부탁드리겠습니다.

> **어휘** コーポレーション 코퍼레이션, 주식회사 | 営業部 영업부 | 御中 귀중, 귀하(편지에서 상대방의 회사이름 등의 뒤에 붙이는 말) | 株式会社 주식회사 | 前略 전략 | 先日 일전, 요전 | カレンダー 달력 | カタログ 카탈로그 | 拝見する 「見る(보다)」의 겸양어 | 興味 흥미 | 見本 견본 | 配る 배포하다, 나누어주다 | 検討 검토

8 이 편지 속의 회사에 대해서 올바른 것은 어느 것인가?
1 '야마토 주식회사'는 'JKL코퍼레이션'으로부터 카탈로그 견본을 받았다.
2 'JKL코퍼레이션'은 새해에 배포할 달력의 종류를 검토하고 있다.
3 '야마토 주식회사'는 내년에 손님에게 달력을 나누어 주려고 생각하고 있다.
4 'JKL코퍼레이션'은 '야마토 주식회사'에게 카탈로그 3세트를 보냈다.

> **정답** 3
> **해설** 편지나 이메일로 이루어진 글은 보낸 사람(회사)과 받는 사람(회사)을 먼저 잘 파악해야 한다. 이 문제는 '야마토 주식회사'가 'JKL코퍼레이션'으로 보낸 편지이므로 '야마토 주식회사'가 'JKL코퍼레이션'에 무엇인가를 요구 또는 부탁을 하고 있음을 알수 있다. '야마토 주식회사'는 카탈로그는 받았지만 견본은 아직 받지 않은 상태이며, 견본을 보내달라고 하고 있으므로 1번은 오답. 새해에 달력을 배포할 계획이 있는 회사는 '야마토 주식회사'이므로 2번도 오답. 'JKL코퍼레이션'은 '야마토 주식회사'에게 카탈로그 3세트를 보내지 않았기 때문에 4번도 정답이 될 수 없다. 글의 마지막 부분을 보면 '야마토 주식회사'가 신년에 손님에게 달력을 배포할 계획을 가지고 있음을 알 수 있으므로 정답은 3번이 된다.

(9)

우리들 인간은 말을 사용하는 동물입니다. 말은 소리에 의해서 의미를 표현하고 그것을 다른 인간에게 전달하는 수단입니다만, 소리와 의미는 매우 성질이 다릅니다. 소리는 인간이 귀로 지각할 수가 있는 것인데, 의미는 인간의 머리 속에만 존재하는 것이기 때문입니다. 그런데도 같은 언어를 사용하는 사람들은 같은 소리를 들으면 같은 의미를 이해할 수가 있기 때문에 생각해 보면 신기한 일입니다.
(마치다 켄 『소쉬르와 언어학 말은 왜 통하는걸까』 고단샤)
(주) 知覚する : 귀와 눈을 통해서 세상사를 알다

> **어휘** コトバ(言葉) 말 | 動物 동물 | 表す 표현하다 | 伝達 전달 | 手段 수단 | 性質 성질 | 音 소리 | 知覚 지각 | 存在 존재 | 言語 언어 | 理解 이해 | 不思議 불가사의, 이상한, 신기한

9

필자는 무엇이 신기하다고 말하고 있는가?
1 말의 의미가 인간의 머리 속에 존재하고 있는 것
2 같은 언어를 사용하는 사람에게는 소리가 비슷하게 들리는 것
3 말의 소리와 의미에는 큰 성질의 차이가 있는 것
4 머리 속에 밖에 없는 의미가 소리에 의해서 상대에게 전해지는 것

정답 4

해설 필자는 본문 둘째 줄에서 '소리와 의미는 아주 성질이 다릅니다'라고, 소리와 의미는 다른 것이라고 전제하고 있다. 그리고 그 이유를 '소리는 인간이 귀로 지각할 수가 있는 것인데, 의미는 인간의 머리 속에만 존재하는 것이기 때문입니다'라고 말하고 있다. 그러나 본문 넷째 줄에서 '그럼에도 같은 언어를 사용하는 사람들은 같은 소리를 들으면 같은 의미를 이해할 수가 있기 때문에'라고 머리 속에 밖에 없는 의미가 소리가 되어 상대방에게 의미가 전해지는 것이 신기한 점이라고 말하고 있다. 그러므로 4번이 정답임을 알 수가 있다.

(10)

2016년 11월 18일

BNA주식회사
영업부 귀하

주식회사 사쿠라
영업부 기무라

전략
일전에 주문한 머그컵 블루 500개가 금일 도착했습니다. 바로 확인을 했더니, 그 중 200개가 머그컵 블루가 아니라 머그컵 옐로였습니다. 색상만 다르기 때문에 단순한 착오라고 생각합니다만, 조사해보신 후에 서둘러 주문한대로 물건을 보내주시길 바랍니다. 또한, 주문한 물건이 모두 도착하는 대로 잘못 보내신 분량을 반송해드리겠습니다. 잘 부탁드리겠습니다.

어휘 株式会社 주식회사 | 営業 영업 | 御中 귀중(편지 등에서 상대편 회사 이름 뒤에 붙임) | 前略 전략 | さて (화제를 바꿀 때) 각설하고, 그건 그렇고 | 先日 일전 | 注文 주문 | 本日 오늘, 금일 | 到着 도착 | 早速 당장, 바로 | 確認 확인 | ~たところ ~하니까, ~했더니 | 色違い 색깔이 다름 | 単なる 단순한 | 手違い 착오, 실수 | ~た上 ~한 후에 | 至急 지급, 급히 서두름 | ~通り ~대로 | 品 물건, 상품 | なお 또한 | 全て 모두, 전부 | ます형+次第 ~하는 대로, ~하는 즉시 | 誤送 잘못 보냄 | 返送 반송

10

이 편지 속의 회사에 대해 올바른 것은 어느 것인가?
1 '주식회사 사쿠라'는 머그컵 블루를 200개 추가 주문했다.
2 'BNA주식회사'는 머그컵 옐로의 개수를 잘못 발송했다.
3 'BNA주식회사'는 '주식회사 사쿠라'에 2가지 색깔의 머그컵을 보냈다.
4 '주식회사 사쿠라'는 'BNA주식회사'에 잘못 배달된 머그컵을 반송했다.

정답 3

해설 편지나 이메일 형식으로 된 글은 보낸 사람(회사)과 받는 사람(회사)를 먼저 잘 파악해야 한다. 이 문제는 '주식회사 사쿠라'가 'BNA주식회사'에 보낸 편지이므로 '주식회사 사쿠라'가 'BNA주식회사'에 무엇인가를 요구하고 있음을 알 수 있다. '주식회사 사쿠라'는 머그컵 블루 500개를 주문했으므로 1번은 오답. 주문한 물건이 제대로 도착하는 대로 잘못 배달된 물건을 반송하겠다고 했으므로 4번도 오답. 2번은 '주식회사 사쿠라'가 머그컵 블루만 주문했는데, 'BNA주식회사'가 노란색과 파란색의 두 가지 색깔의 머그컵을 보냈으므로 정답이 될 수 없다. 따라서 정답은 3번이 된다.

문제유형 내용이해(중문) (9문항)

비교적 평이한 내용의 평론, 해설, 수필 등 500자 정도의 지문을 읽고 인과 관계와 이유, 개요나 필자의 의견 등을 이해할 수 있는지를 묻는 문제

포인트

① 첫 단락은 이야기하고자 하는 주제, 중간 단락은 주제에 관한 설명(이유, 구체적인 사례, 체험담), 마지막 단락은 결론으로 구성된다. 이것이 기본적인 구성이다. 각 단락에서 말하고자 하는 것은 하나이므로 그 단락이 무슨 이야기를 하고 있는지 파악하면 된다. 그 다음은 접속표현 등에 주의해서 단락과 단락 관계를 잘 파악하면 어렵지 않게 글 전체에서 말하고자 하는 것을 알 수 있을 것이다.

② 질문을 먼저 읽고(선택지를 먼저 보면 혼동하기 쉬우므로 먼저 보지 말 것), 질문 내용에 주의하면서 본문을 읽어 나가면 된다.
   * 〈필자가 가장 말하고자 하는 것·생각은 무엇인가?〉〈필자가 생각하는 _____는 무엇인가?〉와 〈내용과 맞는 것은 무엇인가?〉의 정답 혹은 정답의 힌트는 글의 후반에 있다.

③ 한 지문당 3문항이 출제되지만, 대체로 글의 초반부~중반부에 1~2문항, 후반부에 1문항 식으로 위에서 아래로 순서대로 출제된다고 생각하면 된다.

문제 유형을 살펴보면, 다음과 같다.

(a) 「～はなぜか (～은 왜일까?)」 「～の理由は何か (～의 이유는 무엇인가?)」
「～との関係は？(～와 ~의 관계는?)」 과 같은 이유·인과 관계를 묻는 문제

(b) 필자의 의견을 묻는 「筆者の考えと合っているものはどれか (필자의 생각과
일치하는 것은 어느 것인가?)」 와 같은 문제

(c) 밑줄 부분에 관해 묻는 문제 등이 출제된다. 각각 형식이 겹치는 경우도 있다.
「筆者が～と考えるのはなぜか (필자가 ~라고 생각하는 것은 왜인가?)」 등.

우선은 각각의 문제 유형을 잘 숙지하고, 묻는 내용과 이야기의 주제를 잘 파악하면
서 본문을 읽어가는 것이 좋다.

問題11 次の文章を読んで、後の問いに対する答えとして最もよいものを、1・2・3・4から
　　　　一つ選びなさい。

(1)

　　いつか使うかもしれないと思って、捨てられない物が結構あると思う。しかし、
①そう思っている物に限って、それを使う日はなかなかこない。思い切って捨てた
り、部屋に置く物を少なくすると、意外と気持ちがスッキリするものだ。
まず、捨てる前には「捨てる」という決断をする。実は、この決断というものが精
神的に良い影響を与えるのだ。どうしたらいいか分からない、決められないという
状態が続くと、心はどんどん元気がなくなっていく。決断をすることによって心も
整理され、気持ちが良くなる。そして、決断力がアップするという効果も出てく
る。
　　また、物が多いことが人間にかなりのストレスを与えている。物だけではなく、
情報や選択肢など、多ければ多いほど悩みは多くなる。人間はこれまで、物や選
択肢を増やすために必死になってきたが、現代がストレス社会といわれる原因は②
そこにあるのではないだろうか。何もないほうが、むしろスッキリとするものであ
る。
捨てるのがもったいないという人は、人にあげたり、売ったりしても良いだろう。
なぜだか元気がでない、イライラするという人は、一度、部屋の中を思いっきり片
付け、物を少なくしてみると良いかもしれない。

1 ①<u>そう思っている</u>とあるが、どう思っているのか。

    1   人間は誰でも、捨てられない物がたくさんあるものだ。

    2   今は必要なくても、いつか必要になるはずだ。

    3   迷ってばかりでは、捨てることを決断する日はこない。

    4   思い切って捨てれば、心もスッキリするはずだ。

2 ②<u>そこ</u>とは何か。

    1   決断力がないために、元気がなくなっていること

    2   部屋の整理をしても心の整理ができないでいること

    3   物を減らすことの重要性を考えてこなかったこと

    4   物を増やそうとばかりしてきたこと

3 この文章で筆者が言いたいことは何か。

    1   物が増えすぎたということが、現代社会の大きな問題点だ。

    2   捨てようと決めることが心の回復に役立ち、ストレスも減る。

    3   売ることもできるのに、捨てることしか考えないからストレスになる。

    4   心を元気にするためには、物を少なくすることしか方法がない。

(2)

　　たくさんの人が行き来する駅で、大きなかばんを持った海外からの旅行者を見かけた。ガイドブックを片手に、とても不安そうな様子をみて、思わず「なにかお困りですか。」と①英語で声をかけた。

「京都へ行くホームには、どう行ったらいいの？」

「ああ、それなら八番ホームかな。」

と言いながら、『大丈夫だろうか。知らない国で、日本語もできない。ここは人が多いし、道に迷ってしまうかもしれない。途中まで案内してあげよう。』そう思って、②「では、私について来てください。」と言った。このくらいの英語ならなんとかわかる。

　　困ったとき親切にしてもらうのはうれしい。私にもそんな経験がある。イタリアの田舎で道に迷い、バスもタクシーも見つからなかったとき、言葉もわからない私に親切にしてくれたおばさんがなつかしい。あのおばさんにしてもらったように、少しは私もいいことができたかなと考えながら、③いい気分で家へ帰ってきた。

　（注）行き来する：行ったり来たりする

4 ①英語で声をかけたとあるが、何のために声をかけたのか。

　　1　重い荷物を持ってあげるため

　　2　外国人に道案内をするため

　　3　旅行者を助けてあげるため

　　4　京都への行き方を聞くため

5 ②「では、私について来てください。」と言ったのはどうしてか。

　　1　旅行者が日本へ来たのは初めてだから。

　　2　旅行者と英語で話してみたかったから。

　　3　京都へ行くホームがどこにあるか、教えてほしかったから。

　　4　旅行者が八番ホームまで行けるかどうか、心配だったから。

6 ③いい気分で家へ帰ってきたとあるが、どうしていい気分だったのか。

　　1　困ったときに親切にしてもらって、うれしかったから。

　　2　自分の話す英語で、外国人を案内することができたから。

　　3　自分も、困っている旅行者の役に立つことができたから。

　　4　親切にしてくれたイタリアのおばさんを思い出したから。

(3)

　人はほめられたり期待されたりすると、もっとがんばってみようという気持ちになるようだ。子育てにおいても、学校教育の中でも、仕事の世界でも①それが言えるだろう。

　この子はできるはずだと信じられること、期待されることによって、実際に能力が伸びる現象を、「ピグマリオン効果」と言う。期待すること、ほめることが本人の「やる気」を引き出すのだ。たとえば、幼児のお母さんたちに「一般に子供は何歳ぐらいで一人で靴がはけるようになると思いますか」「自分で服が着られるようになるのは何歳ぐらいだと思いますか」などと聞いてみる。他のお母さんより早い時期にそれができるようになると思っているお母さんの子供は、実際に早い段階でそのことができるようになる傾向が見られるという。これも「ピグマリオン効果」と言えるだろう。

　②本人の負担になるような期待やほめすぎは考えものだが、「どうせだめなんだ」と決めつけるより、有望だと信じること、期待することの大切さを教えてくれる言葉ではないだろうか。

（注1）現象：観察される事実
（注2）幼児：小さい子供
（注3）負担：重いと感じるもの
（注4）有望：望みがあること

7 ①それは何を指しているか。

1 がんばってほしいと期待されている気持ちになること
2 がんばるから期待してほしいという気持ちになること
3 期待されているからがんばりたいという気持ちになること
4 期待しているからがんばってほしいという気持ちになること

8 ②本人の負担になるような期待やほめすぎは考えものだとは、どういう意味か。

1 無理なことでも「できるはずだ」と期待することは必要だという意味
2 無理なことでも「できるはずだ」と期待することはよくないという意味
3 少しのことでもたくさんほめてあげれば、負担が少なくなるという意味
4 少しのことでもたくさんほめてあげることを考えたほうがいいという意味

9 本文によれば、「ピグマリオン効果」を期待している言葉として最もよいと考えられるものはどれか。

1 「これ、うちの会社にとって大切な仕事なんだよ。でも、君ならできるはずだよ。」
2 「あれ、94点だったの？ 残念だったね。次のテストでは満点とろうね。」
3 「あなたはもう4歳なんだから、一人で服が着られないなんてだめよ。がんばってね。」
4 「このクラスの人たちはみんな明るいね。先生はこのクラスが大好きよ。」

(4)

　私たちは良く眠れたとき、気分も良く、その日の仕事もはかどります。反対に良く眠れなかったときは、思考力が落ちたり元気が出なかったりと、1日中イライラしてしまうことがあります。それほど、良い睡眠というのは私たちの生活に欠かせないものです。

　良く眠るというのは具体的にどのような状態かというと、まずは布団に入ったらすぐに眠れるというのが第一条件になるでしょう。眠ろうとしたとき、なかなか眠れないとイライラするものです。そして、途中で目が覚めないこと。夜中に目が覚めてしまう、いわゆる二度寝というのは気分が優れません。目が覚めたらまだ寝る時間があって嬉しかったという経験もあると思いますが、実はそれは「良く眠れた」という状態ではないのです。二度寝をした結果、結局は寝坊をしてしまったということも多いのではないでしょうか。

　良く眠るためには、生活習慣の見直しが必要です。寝る直前まで食事をしたり、ゲームをしたりすることは避けなければなりません。実際の時間ではなく、体内時計というものが大きく左右するからです。また、部屋の環境を整えることもポイントです。部屋の明るさや音、布団の状態などが睡眠に影響するのです。そして、その日の悩みやストレスなどはなるべく忘れて、しっかり眠ろうと意識するだけでも違ってきます。

10 生活に欠かせないとあるが、それはなぜか。

1 考える力や元気が出ないと、仕事がはかどらないから

2 その日を良い1日にできる効果があるから

3 その日が悪い1日になってしまう原因になるから

4 寝ようとしても寝れない状態になるとイライラしてしまうから

11 この文章によると、良く眠れた状態とはどれか。

1 朝、目覚まし時計が鳴るまで、一度も起きられなかった。

2 目が覚めて時計を見たら、まだ夜中の3時だった。

3 とても眠くて、いつの間にか電気をつけっぱなしで寝ていた。

4 電気を消したら、会社で上司に怒られたことを思い出した。

12 この文章では、良く眠るためにはどうしたらいいと言っているか。

1 ゲームをするなら寝る2時間前にはやめること

2 実際の時間を見て寝るのではなく、寝たいときに寝ること

3 寝る前には、嫌なことを考えないようにすること

4 1日の出来事は全て忘れて、寝ることだけを意識すること

(5)

　イギリスの小学校では、①メディアについて考える授業が取り入れられている。
　「ステレオタイプ_(注1)の説明ができる人は？」
　先生の問いかけに、いっせいに手があがった。
　「ある決まったイメージで、人とかものについて言うこと。」自信たっぷりに男の子が答えた。
　「コンピューターゲームのコマーシャル_(注2)に、男の子しか出てこないのはおかしいわ。わたしだってやっているのに。」と女の子。
　「コマーシャルに出てくる家族は、きまって優しいお父さんとお母さん、かわいい男の子と女の子。おまけに、みんなとても幸せそう。でも、②それって変じゃない？」と、別の女の子が疑問を投げかけた。
　生徒たちは、「メディアの中の現実」と「自分たちが住む現実」とを比べることで、メディアが映し出す世界を、新たに認識し直す作業をしているのだ。コマーシャルは、商品を売るために「作られた」ものであり、現実そのものではないこと。「男の子らしさ・女の子らしさ」とか「幸せな家族」というイメージは、子どもたちの周りにあふれているが、それらが必ずしも「本当のこと」ではないこと。授業では、それを子どもたちに気づかせていった。
　日本に住むわたしたちも、日々、さまざまなメディアに接しながら暮らしている。わたしたちもまた、文字の読み書きや文章の読解に加えて、メディアについて学ぶ必要があるのではないだろうか。

（菅谷明子『メディア・リテラシー』岩波新書による）

（注1）メディア：テレビ、ラジオ、新聞、雑誌など
（注2）コマーシャル：ここではテレビで放送される宣伝・広告のこと

13 生徒たちは、①メディアについて考える授業の中で何をするか。

1 良いコマーシャルには何が必要なのかを考える。

2 メディアの長所と短所について話し合う。

3 ステレオタイプの意味について意見を交わす。

4 コマーシャルに対する疑問点を言い合う。

14 ②それって変じゃない？とあるが、何が変なのか。

1 ある決まったイメージで、人やものについて言うこと

2 ゲームのコマーシャルには、男の子しか出てこないこと

3 コマーシャルには、いつも同じような家族が出てくること

4 コマーシャルに出てくる家族が、自分より幸せそうなこと

15 メディアについて学ぶ必要がある理由として、筆者の考えに最も近いものはどれか。

1 どのメディアが優れているのかわからないと、良いコマーシャルは作れないから。

2 私たちは読み書き読解の能力はあるのに、メディアを活用する能力に欠けるから。

3 メディアによって作り出された世界が、本当のことだと勘違いする恐れがあるから。

4 現実の世界を知るには、メディアが映し出す世界をよく理解する必要があるから。

(6)

　今日は、元中学教師で、現在は大学講師の松田さんを紹介します。中学教師時代には校内暴力で荒れた学校を立て直し、野球部を5回も日本一に導いた松田さん。「自立型人間」を育てるのが何より大事だと松田さんは言います。その指導方法の特徴は、まず具体的な目標を書かせることです。それに向けて自分の問題点をはっきりさせ、解決策を考えさせるのです。こうして、自ら考えて行動する人間を育成するのが松田さんのやり方です。

　松田さんは、さらに職場での上司と部下の関係についても語っています。

　「ここに川があるとしましょう。この川をいっしょに渡ろう、というのが先輩と後輩の関係。でも、上司と部下は違う。川の向こう側に部下がいて、上司は部下をこちら側に渡って来させなければならない。そのときに、やさしい声をかけていたら、部下のやる気は起こらない。部下の能力を高めてやろうと思ったら、川のこっちと向こうとの対立関係を恐れてはいけない。そのためには、部下を正しく評価すると同時に、欠点もはっきり言うべきなんです。」

　松田さんは、「リーダーは、とにかく社員たちに関わってやることが重要だ」と言います。「褒めるのもオーケー、叱るのもオーケー。とにかく関わってやること。それが大事なんだ」。大人が子供を育てるときでも、教師が生徒を教えるときでも、上司が部下に接するときでも、基本的には同じだと言うのです。

16 自立型人間とは、ここではどんな人間を指すか。

1 具体的な目標を持っている人間

2 自分で目標を立て、問題を解決する人間

3 暴力を恐れず、チームを指導できる人間

4 自分の問題点をよく知っている人間

17 松田さんが重視する職場での上司と部下の関係とは、どれか。

1 上司と部下がおたがいに協力し合っていこうとする関係

2 上司と部下がお互いに能力を高め合おうとする関係

3 上司が部下との間に距離を置いている関係

4 上司が部下との対立を恐れない態度で接する関係

18 松田さんが重要だと考える上司の態度は、どれか。

1 できるだけ多く部下と接する機会を作る。

2 笑ったり怒ったり、できるだけ感情的に部下と接する。

3 家族や先生のように、できるだけ親しく部下と接する。

4 感情をおさえて、できるだけ冷静に部下と接する。

문제 11 다음 글을 읽고 물음에 대한 답으로서 가장 적당한 것을 1·2·3·4에서 하나 고르세요.

(1)

언젠가는 쓸지도 모른다고 생각해서 버리지 못하는 물건이 꽤 있으리라 생각한다. 하지만 ①그렇게 생각하고 있는 물건에 한해서 그것을 쓰는 날은 좀처럼 오지 않는다. 과감하게 버리거나, 방에 두는 물건을 적게 하면 의외로 기분이 상쾌해지는 법이다.

우선 버리기 전에 '버린다'라는 결단을 한다. 사실은 이 결단이라는 것이 정신적으로 좋은 영향을 주는 것이다. 어떻게 하면 좋을지 모르겠다, 결정할 수 없다고 하는 상태가 계속되면 마음은 점점 기력을 잃어간다. 결단을 함으로써 마음도 정리되고 기분이 좋아진다. 그리고 결단력이 상승하는 효과도 나타난다.

또 물건이 많은 것이 인간에게 상당한 스트레스를 준다. 물건뿐만 아니라, 정보나 선택지 등 많으면 많을수록 고민은 많아진다. 인간은 지금까지 물건이나 선택지를 늘리기 위해서 필사적이었지만 현대가 스트레스 사회라고 일컬어지는 원인은 ②그것에 있는 것은 아닐까? 아무것도 없는 편이 오히려 상쾌한 법이다.

버리는 것이 아깝다는 사람은 다른 사람에게 주거나 팔거나 해도 좋을 것이다. 왠지 기운이 안 나고 초조하다고 하는 사람은 한번 방 안을 과감하게 정리해서 물건을 적게 해보면 좋을지도 모른다.

어휘 思い切って 과감히 | スッキリする 상쾌하다 | 決断 결단 | 精神的 정신적 | どんどん 점점 | 整理される 정리되다 | 情報 정보 | 片付ける 치우다, 정돈하다

1 ①그렇게 생각하고 있다고 했는데 어떻게 생각하고 있는 것인가?
　　1　인간은 누구라도 버리지 못하는 물건이 많이 있는 법이다.
　　2　지금은 필요하지 않아도 언젠가 필요해질 것이다.
　　3　망설이기만해서는 버리는 것을 결단하는 날은 오지 않는다
　　4　과감하게 버리면 마음이 상쾌해질 것이다.

정답 2
해설 바로 앞 문장 '언젠가 쓸지도 모른다고 해서'에서 2번이 정답이라는 것을 알 수 있다.

2 ②그것이란 무엇인가?
　　1　결단력이 없기 때문에 기력을 잃어 가는 것
　　2　방 정리를 해도 마음의 정리가 되지 않는 것
　　3　물건을 줄이는 것의 중요성을 생각하지 않았던 것
　　4　물건을 늘리려고만 해 왔던 것

정답 4
해설 밑줄 바로 앞 문장 '인간은 지금까지 물건이나 선택지를 늘리기 위해서 필사적이었지만'에서 4번이 정답이라는 것을 알 수 있다.

3 이 글에서 필자가 말하고 싶은 것은 무엇인가?

　1 물건이 너무 늘어난 것이 현대 사회의 큰 문제점이다.
　2 버리려고 결정하는 것이 마음의 회복에 도움이 되고 스트레스도 줄어든다.
　3 팔 수도 있는데 버리는 것밖에 생각하지 않으니까 스트레스가 된다.
　4 마음을 건강하게 하기 위해서는 물건을 적게 하는 것밖에 방법이 없다.

정답 2

해설 글 전체에서 버리는 것에 대해 언급하고 있으며, 버림으로써 정신적으로 좋은 영향을 주고 아무것도 없는 것이 상쾌하다고 했으므로 정답은 2번이다.

(2)

많은 사람이 오가는 역에서 큰 가방을 든 외국에서 온 여행객을 봤다. 가이드 북을 한 손에 들고 굉장히 불안해하는 모습을 보고 나도 모르게 "무슨 곤란한 일이라도 있으세요?"라고 ①영어로 말을 걸었다.
"교토로 가는 플랫폼에는 어떻게 가면 돼요?"
"아, 교토라면 8번 플랫폼일 거에요"
라고 말을 하면서도 '괜찮을까. 알지도 못하는 나라에서 일본어도 못하고. 여기는 사람도 많고 길을 잃을지도 몰라. 도중까지 안내해 주자.' 그런 생각이 들어서 ②"그럼 저를 따라 오세요"라고 말했다. 그 정도의 영어라면 어느 정도 할 수 있다.
곤경에 처했을 때 (누군가가)친절을 베풀어 주는 것은 기분 좋은 일이다. 나도 그런 경험이 있다. 이탈리아의 시골에서 길을 잃고, 버스도 택시도 보이지 않았을 때, 말도 모르는 나에게 친절하게 대해준 아주머니가 그립다. 그 아주머니가 내게 해주었던 것처럼, 조금은 나도 좋은 일을 했나 라는 생각을 하면서 ③기분 좋게 집으로 돌아 왔다.

(주1) 行き来する : 왔다 갔다 하다

어휘 行き来 왕래 | 駅 역 | 海外 해외 | 旅行者 여행하는 사람 | 見かける 눈에 띄다 | ガイドブック 가이드 북, 안내 책자 | 片手 한 손 | 様子 모습 | 思わず 나도 모르게, 그만 | 困る 곤란하다, 골치 아프다 | 声をかける 말을 걸다 | ホーム 플랫폼 | 迷う (길을) 잃다, 헤매다 | 途中 도중 | 案内 안내 | ついて来る 뒤따라 오다 | なんとか 어떻게든, 그럭저럭 | 経験 경험 | 田舎 시골 | 見つかる 찾게 되다, 발견되다 | 言葉 말 | なつかしい 그립다, 정겹다

4 ①영어로 말을 걸었다고 했는데 무엇 때문에 말을 걸었는가?

　1 무거운 짐을 들어 주기 위해
　2 외국인에게 길 안내를 하기 위해
　3 여행자를 도와주기 위해
　4 교토 가는 법을 묻기 위해

정답 3

해설 밑줄 친 부분이 가리키는 내용을 찾는 문제는 밑줄의 앞뒤 두 세 줄 정도 읽어 보면 거의 답이 나온다. ①의 밑줄 바로 앞에 보면 "뭔가 곤란한 일이라도 있으세요?"라고 필자가 질문을 하고 있으므로 정답은 3번이 된다. 필자가 도와주겠다는 의사 표현을 한 후에 외국인이 교토 가는 방법을 묻고 있으므로, 길 안내를 하기 위해 영어로 말을 건 것은 아니다. 2번은 정답이 될 수 없다. 1번 선택지에 관한 내용은 나와 있지 않으며, 교토 가는 방법을 물은 쪽은 외국 관광객이므로 4번도 정답이 될 수 없다.

5 ②'그럼 저를 따라 오세요'라고 말한 것은 왜인가?

1 여행자가 일본에 온 것은 처음이기 때문에
2 여행자와 영어로 이야기해보고 싶었기 때문에
3 교토에 가는 플랫폼이 어디에 있는지 가르쳐 주기를 바랬기 때문에
4 여행자가 8번 플랫폼까지 갈 수 있을지 없을지 걱정되었기 때문에

정답 4

해설 질문 자체가 '그럼 저를 따라 오세요'이기 때문에 밑줄 앞 부분에 그 이유가 나와 있다는 것은 쉽게 예상할 수 있다. 밑줄 윗부분을 보면 필자가 '알지도 못하는 나라에서 일본어도 못하고. 여기는 사람도 많고 길을 잃을지도 몰라.도중까지 안내해 주자'라는 내용이 나온다. 따라서 정답은 4번이 된다. 여행자가 일본에 처음 왔는지는 본문 내용만 보고서는 알 수 없으므로 1번은 오답. 영어로 외국인과 이야기하고 싶었다는 내용도 없으므로 2번도 오답. 교토 가는 방법을 필자가 가르쳐 주고 있으므로 3번도 정답이 될 수 없다.

6 ③기분 좋게 집에 돌아왔다고 했는데 어째서 기분이 좋았던 것인가?

1 곤경에 처했을 때 친절을 베풀어 주어서 기뻤기 때문에
2 자기가 말한 영어로 외국인을 안내할 수 있었기 때문에
3 자기도 곤경에 처한 여행자를 도울 수 있었기 때문에
4 친절하게 대해준 이탈리아 아주머니가 생각났기 때문에

정답 3

해설 밑줄의 바로 앞 부분을 보면「あのおばさんにしてもらったように,少しは私もいいことができたかなと考えながら(그 아주머니가 내게 해 줬던 것처럼, 조금은 나도 좋은 일을 했나 라는 생각을 하면서)」라고 되어 있으므로 정답은 3번이 된다. 1번은 필자가 과거에 이탈리아에서 경험한 이야기이므로 오답. 2번에 관한 언급은 제시문 어디에도 없으므로 역시 오답. 4번은 자신에게 친절하게 대해 준 이탈리아 아주머니 생각을 하며 자신도 외국인에게 베풀었다는 내용이므로 필자가 기분이 좋아진 직접적인 이유가 될 수 없다.

(3)

사람은 칭찬을 받거나 기대를 받거나 하면 더 힘내야지 하는 기분이 드는 것 같다. 육아에 있어서도, 학교 교육 속에서도, 직업 세계에서도 ①그것을 말할 수 있을 것이다.

이 아이는 할 수 있을 것이라고 믿는 것, 기대를 받음으로써 실제로 능력이 신장되는 (주1)현상을 '피그말리온 효과'라고 한다. 기대하는 일, 칭찬하는 일이 본인의 '의욕'을 이끌어내는 것이다. 가령 (주2)유아의 엄마들에게 '일반적으로 아이는 몇 살 정도에 혼자서 신발을 신을 수 있게 된다고 생각합니까?', '혼자서 옷을 입을 수 있게 되는 것은 몇 살 정도라고 생각합니까?'등으로 물어 본다. 다른 엄마보다 이른 시기에 그 일을 할 수 있게 된다고 생각하는 엄마의 아이는 실제로 빠른 단계에서 그 일을 할 수 있게 되는 경향이 보인다. 이것도 '피그말리온 효과'라고 말할 수 있을 것이다.

②본인에게 (주3)부담이 되는 기대나 과도한 칭찬은 생각해 볼 일이지만, '어차피 안 될 거야'라고 단정하는 것보다, (주4)유망하다고 믿는 것, 기대하는 것의 중요성을 가르쳐 주는 말이 아닐까?

(주1) 現象げんしょう : 관찰되는 사실
(주2) 幼児ようじ : 어린 아이
(주3) 負担ふたん : 벅차다고 느끼는 것
(주4) 有望ゆうぼう : 희망이 있는 것

> **어휘** ほめる 칭찬하다 | 期待きたい 기대 | もっと 더, 더욱 | がんばる 힘내다 | 子育こそだて 양육 | 〜において 〜에 있어서 | 学校教育がっこうきょういく 학교 교육 | 信じんじる 믿다 | 実際じっさい 실제 | 能力のうりょく 능력 | 伸のびる 늘다, 신장되다 | 現象げんしょう 현상 | 効果こうか 효과 | やる気き 의욕 | 引ひき出だす 이끌어내다 | 幼児ようじ 유아 | 一般いっぱん 일반 | 靴くつ 신발 | はく (신발을) 신다 | 時期じき 시기 | 段階だんかい 단계 | 傾向けいこう 경향 | 本人ほんにん 본인 | 負担ふたん 부담 | 考かんがえもの 생각해 볼 일 | どうせ 어차피 | 決きめつける 일방적으로 단정하다 | 有望ゆうぼう 유망 | 教おしえる 가르치다

7 ①그것은 무엇을 가리키고 있는가?

1 힘내줬으면 좋겠다고 기대를 받고 있는 기분이 드는 것
2 힘낼 테니 기대해줬으면 좋겠다는 기분이 드는 것
3 기대를 받고 있으니까 힘내고 싶다는 기분이 드는 것
4 기대하고 있으니까 힘내줬으면 좋겠다는 기분이 드는 것

정답 3

해설 밑줄 친 부분이 가리키는 내용을 찾는 문제는 밑줄의 앞뒤 두 세줄 정도 읽어 보면 거의 답이 나오는데, 이 문제도 「それ(그것)」가 가리키고 있는 부분을 찾는 문제이므로 밑줄 앞 문장을 읽어보면 쉽게 답을 알 수 있다. 「人はほめられたり期待されたりすると、もっとがんばってみようという気持ちになるようだ(사람은 칭찬을 받거나 기대를 받거나 하면 더 힘내야지 하는 기분이 드는 것 같다)」라는 문장을 통해 정답이 3번임을 알 수 있다.

8 ②본인에게 부담이 되는 기대나 과도한 칭찬은 깊이 생각해 볼 일이다란 어떤 의미인가?
1 무리한 일이라도 '할 수 있을 것이다'라고 기대하는 일은 필요하다는 의미
2 무리한 일이라도 '할 수 있을 것이다'라고 기대하는 일은 좋지 않다는 의미
3 작은 일이라도 칭찬을 많이 해주면 부담이 적어진다는 의미
4 작은 일이라도 칭찬을 많이 해주는 것을 생각하는 편이 낫다는 의미

정답 2

해설 이 문제는 질문 안에 답이 나와 있다고 볼 수 있다. '본인에 부담이 되는 기대나 과도한 칭찬은 깊이 생각해 볼 일이다'라는 것은 과도한 기대와 칭찬은 좋지 않다는 것이므로 2번이 정답이 된다.

9 본문에 의하면 '피그말리온 효과'를 기대하는 말로서 가장 좋다고 생각되는 것은 어느 것인가?
1 "이거, 우리 회사에 있어서 중요한 일이야. 하지만 자네라면 할 수 있을 거야."
2 "어, 94점이었어? 아쉽네. 다음 시험에서는 만점 받자."
3 "너는 이제 4살이니까 혼자서 옷을 못 입는다는 것은 말이 안 돼. 힘내서 혼자 입어 봐."
4 "이 반 사람들은 모두 밝네. 선생님은 이 반이 너무 좋아."

정답 1

해설 '피그말리온 효과'가 무엇인지를 파악해야 풀 수 있다. '피그말리온 효과'란 '할 수 있을 거라고 남들로부터 기대를 받으면, 실제로 능력이 신장되는 현상'이므로 여기에 해당하는 것을 찾으면 된다. '중요한 일이지만 할 수 있을 것이다'라고 말하고 있는 1번이 '피그말리온 효과'에 해당하므로 정답이다. 2번은 '94점이라는 좋은 점수를 받았음에도 불구하고 칭찬보다는 아쉽다'라고 말하고 있으므로 오답. 3번은 기대하고 있다기보다는 다그치고 있기 때문에 정답이 될 수 없다. 4번은 밝은 사람들을 좋아한다는 화자의 개인적 취향이 나와 있을 뿐이므로 정답이 될 수 없다.

(4)

우리들은 푹 잤을 때 기분도 좋고, 그날의 일도 잘 풀립니다. 반대로 잘 못잤을 때는 사고력이 떨어지거나 기운이 나지 않거나 하루종일 초조해져버리는 경우가 있습니다. 그만큼 좋은 수면이라는 것은 우리들의 생활에 없어서는 안되는 것입니다.

잘 잔다는 것은 구체적으로 어떤 상태인가 하면, 우선 잠자리에 들면 바로 잠이 든다는 것이 제 1조건이 되겠죠. 자려고 했을 때 좀처럼 잠들지 못하면 초조해지는 법입니다. 그리고 도중에 깨지 않을 것. 밤중에 잠이 깨는 이른바 한번 깼다 다시 자는 것은 기분이 상쾌하지 않습니다. 잠시 깼는데 아직 잘 시간이 있어서 기뻤던 경험도 있겠지만, 실은 그것은 '푹 잘 잔'는 상태는 아닌 것입니다. 한번 깼다가 다시 잔 결과 결국은 늦잠을 자버린 일도 많지 않나요?

잘 자기 위해서는 생활 습관의 재검토가 필요합니다. 자기 직전까지 식사를 하거나 게임을 하는 것은 피해야 합니다. 실제 시간이 아니라 체내 시계라는 것이 크게 좌우하기 때문입니다. 또한 방의 환경을 갖추는 것도 포인트입니다. 방의 밝기나 소리, 이불의 상태 등이 수면에 영향을 주는 것입니다. 그리고 그 날의 고민이나 스트레스 등도 되도록 잊고 확실히 자려고 의식하는 것만으로도 달라집니다.

어휘 思考力が落ちる 사고력이 떨어지다 | 元気が出ない 힘이 나지 않다 | 睡眠 수면 | 欠かせない 빠뜨릴 수 없다 | 眠る 자다 | 具体的 구체적 | 状態 상태 | 布団に入る 잠자리에 들다 | 途中 도중 | 目が覚める 잠이 깨다 | 夜中 한밤 중 | 寝坊をする 늦잠을 자다 | 生活習慣 생활 습관 | 避ける 피하다 | 左右する 좌우하다 | 整える 정돈하다, 갖추다 | 明るさ 밝기

10 생활에 없어서는 안되는 것 이라고 했는데 그것은 어째서인가?
　　1 사고력이나 기운이 나지 않으면 일이 진척되지 않기 때문에
　　2 그 날을 좋은 하루로 만들 수 있는 효과가 있기 때문에
　　3 그 날이 안 좋은 하루가 되어버리는 원인이 되기 때문에
　　4 자려고 해도 잘 수 없는 상태가 되면 초조해져버리기 때문에

정답 2

해설 바로 앞 문장을 보면 잠을 푹 잤을 때 기분도 좋고 그 날의 일도 잘 풀린다고 했으므로 정답은 2번이 된다. 1번과 3번은 잠을 잘 못잤을 경우에 일어나는 현상이며, 4번은 질문에 벗어나 있다.

11 이 글에 의하면 잘 잔 상태란 어떤것인가?
　　1 아침에 알람시계가 울릴 때까지 한번도 깨지 않았다
　　2 잠이 깨서 시계를 봤더니 아직 새벽 3시였다
　　3 매우 졸려서 어느샌가 불을 켜놓은 채로 자고 있었다
　　4 불을 껐더니 회사에서 상사에게 혼난 것이 생각났다

정답 1

해설 두 번째 단락「良く眠るというのは具体的にどのような状態かというと(잘 잔다는 것은 구체적으로 어떤 상태인가 하면)」이후의 문장에서 도중에 깨지 않고 자는 것이 잘 잔다는 것이라는 것을 알 수 있으므로 1번이 정답이다.

12 이 글에서 잘 자기 위해서는 어떻게 하면 좋다고 하는가?
　　1 게임을 한다면 자기 2시간 전에는 그만 둘 것
　　2 실제 시간을 보고 자는 것이 아니라 자고 싶은 때 잘 것
　　3 자기 전에는 싫은 일을 생각하지 않도록 할 것
　　4 하루동안 있었던 일은 모두 잊고 자는 것만 의식할 것

정답 3

해설 마지막 단락에서「良く眠るためには～(잘 자기 위해서는~)」에서 언급하고 있다. 선택지에서는 3번이 정답이다.

(5)

영국의 초등학교에서는 ①(주1)미디어에 대해서 생각하는 수업을 도입하고 있다.
"스테레오 타입에 대한 설명을 할 수 있는 사람은?"
선생님의 질문에 일제히 손이 올라갔다.
"어떤 정해진 이미지로 사람이나 사물에 대해서 말하는 것", 자신만만하게 남자 아이가 대답했다.
"컴퓨터 게임 (주2)광고에 남자아이들 밖에 안 나오는 것은 이상해. 나도 게임하는데."라고 여자 아이가 말했다.
"광고에 나오는 가족은 항상 다정한 아빠하고 엄마, 귀여운 남자 아이와 여자 아이. 게다가 모두 굉장히 행복해 보여. 하지만 ②그거 좀 이상하지 않아?"하고 다른 여자아이가 의문을 던졌다.
학생들은 '미디어 속의 현실'과 '자신들이 사는 현실'을 비교함으로써 미디어가 보여주는 세계를 새롭게 재인식하는 작업을 하고 있는 것이다. 광고는 상품을 팔기 위해 '만들어진' 것이고, 현실 그 자체는 아니라는 것. '남자아이다움 · 여자아이다움'이라든지 '행복한 가족'이라는 이미지는 아이들 주변에 넘쳐나고 있지만, 그것이 반드시 '사실'은 아니라는 것. 수업에서는 그 사실을 아이들에게 깨닫게 했다.
일본에 사는 우리도 매일 다양한 미디어를 접하며 살아가고 있다. 우리들도 또한 글자의 읽고 쓰기나 문장의 이해에 더해 미디어에 대해 배울 필요가 있는 것이 아닐까?

(스가야 아키고 『미디어 리터러시』 이와나미 신쇼)

(주1) メディア : 텔레비전, 라디오, 신문, 잡지 등
(주2) コマーシャル : 여기서는 텔레비전에서 방송되는 선전·광고를 말함

어휘 イギリス 영국 | 小学校 초등학교 | メディア 미디어 | 授業 수업 | 取り入れる 도입하다 | ステレオタイプ 스테레오 타입 | 問いかけ 질문 | いっせいに 일제히 | ある 어느, 어떤 | 自信 자신감 | たっぷり 충분히, 많이, 듬뿍 | 答える 대답하다 | おかしい 이상하다 | だって ~도 | 家族 가족 | きまって 늘, 언제나, 항상 | 優しい 상냥하다 | かわいい 귀엽다 | おまけに 게다가 | 幸せ 행복 | 変 이상함 | 疑問 의문 | 投げかける 던지다 | 生徒 학생 | 現実 현실 | 比べる 비교하다 | ~ことで ~함으로써 | 映す 비추다 | 世界 세계 | 認識 인식 | ます형+直す 다시 ~하다 | 商品 상품 | 売る 팔다 | 周り 주변, 주위 | あふれる 넘쳐나다 | 必ずしも ~ない 꼭, 반드시 ~인(한) 것은 아니다 | 気づく 깨닫다 | さまざま 다양함 | 接する 접하다 | 暮らす 생활하다 | 学ぶ 배우다

13 학생들은 ①미디어에 대해서 생각하는 수업 중에 무엇을 할까?
1 좋은 광고에는 무엇이 필요한 것인지를 생각한다.
2 미디어의 장점과 단점에 대해서 서로 이야기한다.
3 스테레오 타입의 의미에 대해서 의견을 주고 받는다.
4 광고에 대한 의문점을 서로 말한다.

정답 4

해설 밑줄 친 부분이 가리키는 내용을 찾는 문제는 앞뒤의 2~3줄 정도, 혹은 그 단락을 읽어 보면 거의 답이 나온다. 이 문제는 밑줄 친 아래 부분에서 정답을 찾을 수 있겠다. 선생님이 스테레오 타입의 설명을 요하는 질문을 던지자 학생들은 컴퓨터 게임의 광고의 모순점에 대해서 서로 이야기하고 있는 내용이 있으므로 정답은 4번이다.

14 ②그것은 이상하지 않은가? 라고 있지만 무엇이 이상한 것인가?
1 어떠한 정해진 이미지로 사람과 사물에 대해서 말하는 것
2 게임 광고에는 남자 아이 밖에 나오지 않는 것
3 광고에는 항상 비슷한 가족이 나오는 것
4 광고에 나오는 가족이 자기보다 행복한 것 같은 것

정답 3

해설 지시어는 주로 앞에 있는 문장의 중복을 방지하기 위해서 사용하기 때문에 밑줄 친 바로 앞 문장의 내용이 정답이 되는 경우가 많다. 이 문제도 밑줄 친 앞 문장에서 으레 '다정한 아빠하고 엄마, 귀여운 남자 아이와 여자 아이', 게다가 모두 행복한 듯한 모습이 현실과는 다르기 때문에 이상하다고 말하고 있으므로 정답은 3번이다.

15 미디어에 대해서 배울 필요가 있는 이유로써 필자의 생각에 제일 가까운 것은 어느 것인가?
1 어느 미디어가 우수한지 모르면 좋은 광고는 만들 수 없으니까.
2 우리들은 읽고 쓰고 독해의 능력은 있는데, 미디어를 활용하는 능력이 부족하니까.
3 미디어에 의해서 만들어진 세계가 사실인 것이다라고 착각할 우려가 있으니까.
4 현실 세계를 알기 위해서는 미디어가 나타내는 세계를 잘 이해할 필요가 있으니까.

정답 3

해설 필자의 생각을 묻는 문제는 마지막 부분에 정답이 있는 경우가 많다. 이 문제도 본문 아래에서 다섯 째 줄에 '남자아이다움, 여자아이다움이라든지 행복한 가족이라는 이미지는 아이들 주변에 넘쳐나고 있지만 그것이 반드시 사실인 것이 아니라는 것을 수업에서는 아이들에게 깨닫게 했다' 라는 내용에서 정답이 3번임을 알 수가 있다.

(6)

오늘은 전직 중학교 교사이자 현재는 대학 강사이신 마츠다 씨를 소개하겠습니다. 중학교 교사 시절에는 교내폭력 때문에 시끄러웠던 학교를 다시 일으켜 세우고, 야구부를 5번씩이나 일본 최고의 팀으로 이끈 마츠다 씨. '자립형 인간'을 키워내는 일이 무엇보다도 중요하다고 마츠다 씨는 말합니다. 그 지도방법의 특징은 우선 구체적인 목표를 쓰게 한다는 점입니다. 그 목표를 위해 자기자신의 문제점을 확실하게 하고 해결책을 생각하게 하는 것입니다. 이렇게 해서, 스스로 생각하고 행동하는 인간을 육성하는 것이 마츠다 씨의 방법입니다.

마츠다 씨는 이어서 직장에서의 상사와 부하의 관계에 대해서도 이야기하고 있습니다.

'여기에 강이 있다고 칩시다. 이 강을 함께 건너자고 하는 것이 선배와 후배의 관계. 하지만 상사와 부하는 다릅니다. 강 건너편에 부하가 있으면, 상사는 부하를 자기가 있는 쪽으로 건너오게 해야 합니다. 그럴 때 다정한 목소리로 말을 건다면 부하의 의욕은 생기지 않습니다. 부하의 능력을 높여 주겠다는 생각을 한다면 강의 이 쪽과 저 쪽의 대립관계를 두려워해서는 안 됩니다. 그러기 위해서는 부하를 올바르게 평가함과 동시에 결점도 확실하게 말해야 합니다.'

마츠다 씨는 '리더는 어쨌든 사원들에게 관심을 두는 것이 중요하다'고 말합니다. '칭찬하는 것도 괜찮고 혼내는 것도 괜찮습니다. 어쨌든 관심을 둘 것. 그게 중요합니다'. 어른이 아이를 키울 때도, 교사가 학생을 가르칠 때도, 상사가 부하를 접할 때도 기본적으로는 마찬가지라는 하는 것입니다.

어휘 元 이전, 전, 전직ㅣ教師 교사ㅣ講師 강사ㅣ紹介 소개ㅣ校内 교내ㅣ暴力 폭력ㅣ荒れる 거칠어지다, 험악해지다ㅣ立て直す 다시 일으켜 세우다ㅣ野球部 야구부ㅣ日本一 일본 제일ㅣ導く 이끌다ㅣ自立 자립ㅣ育てる 기르다ㅣ何より 무엇보다ㅣ大事 중요함ㅣ指導 지도ㅣ方法 방법ㅣ特徴 특징ㅣ具体的 구체적ㅣ目標 목표ㅣ～に向けて ~을 위해서ㅣ解決策 해결책ㅣ育成 육성ㅣやり方 방식ㅣさらに 더욱이ㅣ職場 직장ㅣ上司 상사ㅣ部下 부하ㅣ語る 이야기하다ㅣ川 강ㅣ渡る 건너다ㅣ先輩 선배ㅣ後輩 후배ㅣ関係 관계ㅣ違う 다르다ㅣ向こう 맞은편, 건너편ㅣ側 쪽, 편ㅣ声をかける 말을 걸다ㅣやる気 의욕ㅣ起こる 일어나다ㅣ能力 능력ㅣ高める 높이다ㅣ対立 대립ㅣ恐れる 두려워하다ㅣ正しい 옳다, 바르다ㅣ評価 평가ㅣ同時 동시ㅣ欠点 결점ㅣ関わる 관계하다ㅣ重要 중요함ㅣ褒める 칭찬하다ㅣ叱る 혼내다

16 자립형 인간이란 여기에서는 어떤 인간을 가리키는가?

  1 구체적인 목표를 가지고 있는 인간
  2 <u>스스로 목표를 세우고 문제를 해결하는 인간</u>
  3 폭력을 두려워하지 않고 팀을 지도할 수 있는 인간
  4 <u>스스로의 문제점을 잘 아는 인간</u>

정답 2

해설 중문 독해는 독해 지문 하나에 여러 개의 문제를 풀어야 한다. 이때 각 문제의 답은 문장 첫 부분부터 차례로 나와 있다. 예를 들어 이 문제처럼 하나의 글에 3개의 문제를 풀어야 하는데, 글이 3개의 단락으로 나누어져 있는 경우에는 각각의 문제가 각각의 단락에 순서대로 대응한다고 보면 된다. 다시 말하면 9번 문제의 답은 첫 번째 단락에, 10번 문제의 답은 두 번째 단락에, 11번 문제의 답은 세 번째 단락에 있다고 보면 된다. 따라서 지문을 다 읽고 문제를 한꺼번에 풀기보다는 한 문제 한 문제씩 풀어가는 것이 더 효과적이다. 9번 문제의 경우, 밑줄 바로 아래 문장에 자립형 인간을 키우기 위한 마츠다 씨의 지도 방법의 특징이 나와 있다. '우선 구체적인 목표를 쓰게 한다는 점, 목표를 위해 문제점을 확실히 하고 해결책을 생각하게 한다'는 내용으로부터 정답이 2번임을 알 수 있다.

17 마츠다 씨가 중시하는 직장에서의 상사와 부하의 관계란 어느 것인가?

1 상사와 부하가 서로 협력해 가고자 하는 관계
2 상사와 부하가 서로의 능력을 높이고자 하는 관계
3 상사와 부하 사이에 거리를 두고 있는 관계
4 상사가 부하와 대립을 두려워 하지 않는 태도로 대하는 관계

정답 4

해설 두 번째 단락을 보면 '상사와 부하의 관계'에 대해서 자세히 서술되어 있다. 1번은 선후배관계, 3번은 대립관계를 거리를 두라는 것으로 착각해서는 안된다. 또한 2번도 서로의 능력을 높이는 것이 아니라 상사가 부하의 능력을 높이려는 생각이 있다면 어떻게 해야 하는가가 쓰여 있으므로 정답이 될 수 없다. 단락 끝부분에 나오는 '대립관계를 두려워해서는 안 된다'는 내용과 '결점도 확실하게 이야기하라'는 내용이 나오므로 정답은 4번이 된다.

18 마츠다 씨가 중요하다고 생각하는 상사의 태도는 어느 것인가?

1 가능한 한 많이 부하와 접할 기회를 만든다.
2 웃는다든지 화내든지 가능한 한 감정적으로 부하와 접한다.
3 가족이나 선생님처럼 가능한 한 친하게 부하와 접한다.
4 감정을 억누르고 가능한 한 냉정하게 부하와 접한다.

정답 1

해설 마지막 단락을 보면 마츠다 씨는 '어쨌든 사원에게 관심을 갖는 것이 중요하다'라고 말하고 있다. 따라서 1번이 정답이 된다. 2번의 '웃는다든지 화내든지 한다'는 관심 표현의 예로써 들고 있을 뿐, 감정적으로 대하라는 의미는 아니므로 오답. 3번, 4번에 대한 언급은 전혀 되어있지 않다.

|M|E|M|O|

문제유형 통합이해 (2문항)

비교적 평이한 내용의 복수지문(합계 600자 정도)을 읽고, 비교하고 종합적으로 이해할 수 있는지 묻는 문제

포인트

① 신문의 칼럼, 기사, 상담 등의 같은 주제에 대한 A와 B의 의견을 두 가지 이상 읽고 답하는 비교ㆍ종합 이해의 문제이다. 비교하고 종합적으로 이해해야 한다면 어려운 문제일 것 같지만 글 자체는 그다지 어렵지 않기 때문에, 질문과 선택지를 잘 파악하고 나서 글을 체크 해 가면 수월하게 답할 수 있다.

② 질문과 선택지를 읽은 뒤 본문을 읽어야 한다. 출제되는 질문 경향은 다음과 같다.
  * 주제에 대한 A와 B의 의견 비교
    A와 B의 의견이 어떻게 다른가? 예를 들어 찬성/반대, 부정적/긍정적 의견은 무엇인가? 선택지를 보고 나서, 의견을 말할 때 사용하는 문말 표현에 주의해서 읽어야 한다. 또 한가지 「AもBも…」라는 선택지는 정답이 아닐 경우가 많으므로 이 선택지를 피해서 답을 고르면 된다.
  * A 또는 B에 언급되고 있는 것은 무엇인가? 양쪽에 다 언급되고 있는 것은 무엇인가? 선택지를 먼저 읽고 본문 중에 선택지에 쓰인 부분이 나오면 그것을 체크하면서 읽으면 나중에 A와 B의 비교를 하기 쉽다.
  * 주제에 관한 질문에서 정답이 A에 있는지 B에 있는지 모르는 문제는 질문을 먼저 읽고, 그 질문과 관계있는 부분을 체크하면서 본문을 읽어야 한다. 정답은 A와 B에 반반씩 답이 있어 이 두 개를 통합시켜 답해야 하는 문제도 있다.

〈問題12〉는 같은 주제에 관해 2~3개의 문장을 서로 비교하여 읽은 후,「二つの文章で触れられていることは何か (두 개의 문장에서 언급하고 있는 것은 무엇인가?)」「共通の意見は何か(공통되는 의견은 무엇인가?)」「それぞれの立場は賛成か反対か (각각의 입장은 찬성인가 반대인가(긍정적인가 부정적인가))」 등으로 주제에 관해 의견을 비교하는 문제와,「~に関する、A(または)Bの主張はどれか (~에 관한 A(또는 B)의 주장은 어느 것인가?)」「二つの文からわかる~は何か(두 개의 문장에서 알 수 있는 ~은 무엇인가?)」 라는 식으로 한 쪽의 글 혹은 양 쪽 모두의 글에서 언급하고 있는 사실에 대해 묻는 문제가 출제된다.

問題12 次のＡとＢは、食の文化に関するコラムである。ＡとＢの両方を読んで、後の問い
に対する答えとして最もよいものを、1・2・3・4から選びなさい。

(1)

Ａ

　　寿司といえば、今や世界中の人たちに愛されている。しかしその歴史を見ると、寿司が世界中で受け入れられるまでにはちょっと時間がかかったという。というのは、今まで生魚を食べる習慣がなかった国の人たちには、食べるのに少々抵抗があったためだ。

　　そこで、生魚の代わりにアボカドやスモークサーモンを中に入れて売り出したところ、これがアメリカ人の口に合い大ヒット。そこから、回転寿司などという新しいスタイルの食べ方とともに流行になっていったという。

　　どんな形であれ、自分たちの国の料理がこうやって世界中の人たちに食べてもらえるのは嬉しい限りだ。今は、「すっぱくてとても食べられない！」と言われている梅干しも、いつか世界に注目される日が来るかもしれない。

（注1）アボカド：メキシコ、中央アメリカ原産の果物。サラダやサンドイッチなどに使われる
（注2）スモークサーモン：魚材料のひとつ。サケの燻製
（注3）回転寿司：寿司を小皿に載せて、ベルトコンベアで店内を回転させ、客にそこから自由
　　　　に食べてもらう形式の寿司店

Ｂ

　　２月１日、「鶏肉のトッポギ炒め」というインスタント食品が全国で販売開始された。「トッポギ」とは韓国の代表的な間食の１つで、細長い餅や野菜などを甘辛いソースで炒めたものだ。韓国好きの日本人の間ではすでに人気の食品だが、輸入品でないトッポギが日本のスーパーで売られるのはこれが初めてだ。

　　去年から、日本の若者の間で韓国ドラマや歌謡曲の人気が急上昇しているが、それにともなって、韓国の食の文化も日本に広がりつつあるようだ。宮廷料理や高級カルビといったものもいいが、現地の一般人の食するものを手軽に食べられるようになったのは嬉しいことだ。

　　世界には、まだまだ知られていない食品が隠されている。これからも、日本人の口に合う食品をどんどん見つけ出していってほしいものだ。

1 <u>寿司が世界中で受け入れられるまでにはちょっと時間がかかった</u>とあるが、それはなぜか。

　1　回転寿司が流行ではなかったから

　2　材料に生の魚を使っていたから

　3　すっぱくてとても食べられなかったから

　4　日本の食の文化が伝わっていなかったから

2 AとBで共通して述べられていることは何か。

　1　自国では生産できない食料品を、他国から輸入する国が増えたこと

　2　大衆文化とは、ドラマや歌謡曲だけでなく食の文化も含んでいること

　3　その国にしかなかった食品が、今では他の国でも好まれていること

　4　料理に工夫をすることで、他国の人の好みに合わせることができること

問題12 次のＡとＢは、学校と塾に関して書かれた文章である。ＡとＢの両方を読んで、後
の問いに対する答えとして最もよいものを、1・2・3・4から選びなさい。

(2)

A

　中学生くらいになると、塾に通い始める生徒が増える。塾に通うことで、学校の
授業の理解度を高め成績を上げようというのだ。

　しかし、最近の塾傾向は生徒たちの学校に対する態度にそのまま影響する。生徒
たちは塾で「お客様」として受けているサービスを、ついそのまま学校にも要求し
てしまうのだ。

　例えば、授業で分らないことがあったときは自分で質問したり調べたりできなけ
れば、学校教育にはついていかれない。それが、先生が一人一人に丁寧に教えてく
れれば分かるのに、それをやってくれないからいやだ、と学校に反発してしまう生
徒がいるのだ。もちろん教師の教え方にも問題はあるだろう。しかし、勉強の仕方
よりも成績を上げる方法を一から十まで教えてくれる塾が、生徒たちが自分で考え
質問する力を奪っているということのほうが、もっと深刻な問題だと私は思うので
ある。

B

　一昔前は、小学校の1学級あたりの生徒数は50人前後だった。それが、現在では
少子化の影響で20人に満たないところも多いという。しかし、その影響で教師の
負担が減ったかというとそうではない。「席につけない生徒」等のために授業がま
ったく進まない、という学校も少なくない。こんな状況では、当然授業で習ったこ
とは身につかず、落ちこぼれも出てくる。そこで大多数の生徒たちが利用している
のが、学習塾だ。最近では、塾の先生が学校での悩みを聞いてくれたり遠足があっ
たりと、第2の学校のような存在になってきている。学校教育の中で落ちこぼれて
しまった生徒は、ここで息を吹き返す。学校との違いは、建物の雰囲気だけではな
いだろう。学校はそこに気づき、塾を敵視したりせず、学べるところは学んでいく
姿勢を見せるべきではないだろうか。

（注1）落ちこぼれ：ここでは、授業についていけない生徒
（注2）息を吹き返す：だめになりそうだったものが立ち直る

3 学校についてAとBで共通して述べている意見はどれか。

1 学校嫌いの生徒たちが増えてきている。

2 学校の教師は教え方に問題がある。

3 学校教育は、生徒が自分で考え質問する力を奪ってしまう。

4 学校の授業だけでは、習ったことが理解できない生徒もいる。

4 Aの筆者とBの筆者は、塾に対してどのように述べているか。

1 Aは主に塾の良い面を述べているが、Bは主に塾の悪い面を述べている。

2 Aは主に塾の悪い面を述べているが、Bは主に塾の良い面を述べている。

3 AもBも、主に塾の良い面を述べている。

4 AもBも、主に塾の悪い面を述べている。

問題12 次の文章は、「相談者」からの相談とそれに対する。AからBからの回答である。三つの文章を読んで、後の問いに対する答えとして最もよいものを、1・2・3・4から選びなさい。

(3)

相談者

　私は今、アメリカの語学スクールに留学中です。春には大学に入学しようと準備中だったのですが、先週日本から連絡があり、父親に、大学の学費を出すことが難しくなりそうだと言われてしまったのです。それを聞いてあきらめることも考えましたが、やはり私は、自分でアルバイトをしてでも何とかしたいのです。とはいえ、よほどいいアルバイトでも見つけない限り、学校に通いながら生活費と学費の両方を稼ぐのは難しいのではないかとも思います。そこで、条件のいいアルバイトを見つける方法や安いアパート情報など、どんなことでもいいので、何か役に立つ情報がありましたら教えてください。

回答者 A

　相談者さんが帰国したくないとおっしゃる気持ちも分からなくはないのですが、英語が出来るのであれば、日本で探したほうが条件のいいアルバイトが見つかるのではないでしょうか。学費だけでなく生活費までを稼がなければならないというのは、想像している以上に大変だと思いますよ。アルバイトに夢中になりすぎて、学業がおろそかになってしまうことだって十分あり得ます。日本でアルバイトをして、学費と生活費が貯まったら、そのときにまた留学をされても遅くはないのではないでしょうか。

回答者 B

　既に調べているかもしれませんが、奨学金という手はどうですか。奨学金の種類にもよりますが、中には、優秀な学生については学費を全額負担してくれるものもあるでしょう。そうすれば、生活費だけをアルバイトで稼げばいいのではないですか。参考までに、アメリカの奨学金に関するサイトをいくつか紹介しておきます。アメリカといっても広いので、相談者さんのご希望の地域や大学のものが載っているかどうかは分かりませんが、参考にしてみてください。

http://www.scholarship.xx.yy
http://www.studysupport.xx.yy

[5] 何とかしたいとあるが、どうしたいのか。

1 このままアメリカで暮らし続けたい。

2 父親に大学進学を許可してほしい。

3 日本に帰国せずに、大学へ進学したい。

4 アルバイトをして、生活費を稼ぎたい。

[6] 「相談者」の相談に対するＡ、Ｂの回答について、正しいのはどれか。

1 Ａは、相談者の求めている情報のみを提供している。

2 Ｂは、相談者の考え方そのものに対して意見をしている。

3 ＡもＢも相談者がアルバイトをすることに反対していない。

4 ＡもＢも相談者が帰国しないことを前提に回答している。

문제 12 다음 A와 B는 음식 문화에 대한 칼럼이다. A와 B 양쪽을 읽고, 다음 질문에 대한 답으로서 가장 적당한 것을 1・2・3・4 중에서 고르시오.

(1)

A

초밥으로 말할 것 같으면 지금은 전 세계 사람들에게 사랑받고 있다. 그러나 그 역사를 보면 <u>초밥이 전 세계에서 받아들여지기까지 조금 시간이 걸렸다</u>고 한다. 그것은 지금까지 날생선을 먹는 습관이 없었던 나라의 사람들에게는 먹는 데에 약간 거부감이 있었기 때문이다.

그래서 날생선 대신에 (주1)아보카도와 (주2)훈제연어를 안에 넣어서 팔기 시작했더니, 이것이 미국인의 입맛에 맞아 대히트. 거기서부터, (주3)회전 초밥과 같은 새로운 스타일의 먹는 방법과 함께 유행하게 되었다고 한다.

어떠한 형태로든, 자신들 나라의 요리가 이렇게 전 세계 사람들이 먹는 것은 기쁠 따름이다. 이것은 '시큼해서 도저히 먹을 수가 없어'라고 하는 우메보시도 언젠가 세계로부터 주목받는 날이 올지도 모른다.

(주1) アボカド : 멕시코, 중앙아메리카 원산인 과일. 샐러드나 샌드위치 등에 사용된다.
(주2) スモークサーモン : 생선 재료의 하나. 훈제 연어
(주3) 回転寿司 : 초밥을 작은 접시에 올려 벨트 컨베이어로 점내를 회전시켜, 손님들이 거기서 자유롭게 골라먹는 형식의 초밥 가게

B

2월 1일, '닭고기 떡볶이' 라고 하는 인스턴트 식품이 전국에서 판매개시되었다. '떡볶이'는 한국의 대표적인 간식 중 하나로, 가늘고 긴 떡과 야채 등을 달콤하면서 매콤달콤한 소스로 볶은 것이다. 한국을 좋아하는 일본인 사이에서는 이미 인기 식품이지만, 수입품이 아닌 떡볶이가 일본의 슈퍼에서 팔리는 것은 이것이 처음이다.

작년부터 일본의 젊은이들 사이에서 한국 드라마와 가요의 인기가 급상승하고 있는데, 그것과 함께 한국의 음식 문화도 일본에 퍼져가고 있는 듯 하다. 궁중요리나 고급 갈비 같은 것도 좋지만, 현지의 일반인이 먹는 것을 손쉽게 먹을 수 있게 된 것은 기쁜 일이다.

세계에는, 아직 알려지지 않은 식품이 숨겨져 있다. 앞으로도, 일본인의 입맛에 맞는 식품을 더욱더 찾아내고 싶다.

어휘 生魚 날생선 | 習慣 습관 | 少々 조금 | 抵抗 저항 | 梅干 매실을 말려 소금에 절인 음식 | 注目 주목 | 販売 開始 판매개시 | 間食 간식 | 細長い 가늘고 길다 | 餅 떡 | 輸入品 수입품 | 食する 먹다 | 隠す 감추다

1 초밥이 전세계에서 받아들여지기까지는 조금 시간이 걸렸다고 했는데 그것은 왜인가?
1 회전초밥이 유행이 아니었기 때문에
2 재료에 날생선을 사용했기 때문에
3 시큼해서 도저히 먹을 수 없었기 때문에
4 일본의 음식문화가 전해져 있지 않았기 때문에

정답 2

해설 1번 「というのは」는 '왜냐하면'이라는 의미로 뒤에 이유를 동반한다. 따라서 「というのは~ためだ」가 이유를 설명하고 있는 문장이므로 '지금까지 날생선을 먹는 습관이 없었다'라는 표현에서 2번이 정답이라는 것을 알 수 있다.

2 A와 B에서 공통으로 서술하고 있는 것은 무엇인가?

  1 자국에서는 생산되지 않는 식료품을 다른 나라에서 수입하는 나라가 늘고 있는 것

  2 대중문화란 드라마나 가요곡만이 아니라 음식 문화도 포함하고 있는 것

  3 그 나라에 밖에 없는 식품을 지금은 다른 나라에서도 좋아하는 것

  4 요리를 연구함으로써 다른 나라 사람의 기호에 맞출 수 있는 것

정답 3

해설 2번 문장 A는 '초밥'이 외국에서 인기를 얻고 있는 것을 주요한 내용으로 삼고 있으며, 문장 B는 일본에서 '떡볶이'가 인기를 얻고 있는 것을 주요한 내용으로 삼고 있다. 따라서, 공통점은 '한 나라의 음식이 다른 나라에서 인기를 얻는 것'이라고 볼 수 있으므로 3번이 정답이다. 1번의 자국에서 생산 불가능한 국한된 음식이라는 표현은 없으며, 2번은 A문장에서는 다뤄지지 않았고, 4번은 B에서 다뤄지지 않은 부분으로 각각 정답이 아니다.

(2) 다음 A와 B는 학교와 학원에 관해서 쓴 문장 이다. A와 B 양쪽을 읽고, 다음 질문에 대한 답으로서 가장 적당한 것을 1·2·3·4 중에서 고르시오.

A

중학생 정도 되면, 학원에 다니기 시작하는 학생이 늘어난다. 학원에 다니는 것으로 학교 수업의 이해도를 높여 성적을 올리고자 하는 것이다. 그러나 최근 학원의 경향은 학생들에게 학교에 대한 태도에 그대로 영향을 미친다. 학생들은 학원에서 '고객'으로서 받고 있는 서비스를, 무심코 그대로 학교에서도 요구하고 마는 것이다.

예를 들면, 수업에서 모르는 것이 있으면, 스스로 질문하거나, 찾아보거나 할 수 없으면, 학교 교육에서는 따라갈 수가 없다. 그것이 선생님께서 한 사람 한 사람 친절히 가르쳐 주면 아는데, 그것을 해주지 않기 때문에 싫다고 학교에 반발해버리는 학생이 있는 것이다. 물론 교사의 가르치는 방법에도 문제는 있을 것이다. 그러나 공부하는 방법보다도 성적을 올리는 방법을 하나부터 열까지 가르쳐 주는 학원이 학생들이 스스로 생각하고 질문하는 힘을 빼앗고 있다고 하는 것이 더욱 심각한 문제라고 나는 생각하는 것이다.

B

예전에는, 초등학교 한 학급 당 학생 수는 50명 전후였다. 그랬던 것이, 현재는 저출산의 영향으로 20명에 못 미치는 곳도 많다고 한다. 그러나 그 영향으로 교사의 부담이 줄었는가 하면 그렇지도 않다. '자리에 앉지 않는 학생' 때문에 수업이 전혀 진행되지 않는다고 하는 학교도 적지 않다. 이런 상황에서는, 당연히 수업에서 배운 것은 익히지 못하고, (주1)따라가지 못하는 학생도 생겨난다. 그래서 대다수의 학생이 이용하고 있는 것이 학습 학원이다. 최근에는 학원 선생님이 학교에서의 고민을 들어주거나, 소풍을 가기도 하고, 제 2의 학교와 같은 존재가 되고 있다. 학교 교육 안에서 따라가지 못하게 된 학생은 여기서 (주2)다시 소생한다. 학교와의 차이는 건물의 분위기만은 아닐 것이다. 학교는 그러한 것을 깨닫고, 학원을 적대시하거나 하지 말고, 배울 수 있는 부분은 배워가는 자세를 보여야 하는 것은 아닐까.

(주1) 落ちこぼれ : 여기서는 수업에 따라가지 못하는 학생
(주2) 息を吹き返す : 가망이 없을 것 같던 것이 회복되다

어휘 塾 (사설)학원 | 通う 다니다 | 理解度 이해도 | 傾向 경향 | 態度 태도 | 要求する 요구하다 | 質問 질문 | 調べる 조사하다 | 反発 반발 | 奪う 빼앗다 | 深刻 심각 | 一昔前 예전 | 少子化 저출산 | 影響 영향 | 負担 부담 | 減る 줄다 | 状況 상황 | 落ちこぼれ 학교수업 등에 따라가지 못하는 학생 | 大多数 대다수 | 悩み 고민 | 雰囲気 분위기 | 敵視する 적대시하다 | 姿勢 자세

3 학교에 대해 A 와 B에서 공통으로 서술하고 있는 의견은 어느 것인가?
1 학교를 싫어하는 학생들이 늘고 있다.
2 학교 선생님은 교수법에 문제가 있다.
3 학교 교육은 학생이 스스로 생각해서 질문하는 힘을 빼앗아 버린다.
4 학교 수업만으로는 배운 것을 이해하지 못하는 학생도 있다.

정답 4

해설 1번 두 문장 모두가 각각 '학교수업에 이해도를 높이기 위해' 또, '학교 교육에 따라가지 못하는 학생이 생긴다.'라고 '학교 교육에 따라가지 못하는 것'을 학생이 학원을 찾는 이유로 들고 있다. 따라서 4번이 정답이다. 1, 2, 3번의 선택지는 문장A에서만 찾아볼 수 있는 내용이므로 정답이 될 수 없다.

4 A 의 필자와 B의 필자는 학원에 대해 어떻게 서술하고 있는가?

1 A는 주로 학원의 좋은 면을 서술하고 있지만, B는 주로 학원의 나쁜 면을 서술하고 있다.
2 A는 주로 학원의 나쁜 면을 서술하고 있지만, B는 주로 학원의 좋은 면을 서술하고 있다.
3 A도 B도 주로 학원의 좋은 면을 서술하고 있다.
4 A도 B도 주로 학원의 나쁜 면을 서술하고 있다.

정답 2

해설 문장 A는 학교의 문제점과 함께, '학생이 스스로 생각하고 질문하는 힘을 빼앗는다.'라는 좋지 않은 점을 부각하고 있으며, 문장 B는 학원이 '학생의 고민을 들어 준다.' '제 2의 학교 같은 존재' '학교도 배우는 자세를 가져야 한다.' 등 주로 좋은 점을 서술하고 있다. 따라서 2번이 정답이다.

---

(3) 다음 글은 "상담자"로부터의 상담과 그것에 대한 A와 B의 답장이다. 세개의 글을 읽고, 뒤의 질문의 답으로서 가장 적당한 것을 1·2·3·4 에서 하나 고르시오.

상담자

저는 지금 미국의 어학 학교에 유학 중입니다. 봄에는 대학에 입학하려고 준비 중이었습니다만, 지난주 일본에서 연락이 와서 아버지에게 대학 학비를 내는 것이 어려울 것 같다는 말을 듣고 말았습니다. 그 말을 듣고 포기하는 것도 생각했습니다만, 역시 나는 스스로 아르바이트를 해서라도 어떻게든 하고 싶습니다. 그렇다고는 하나 어지간히 좋은 아르바이트를 찾지 못하는 한 학교에 다니면서 생활비와 학비 양쪽을 벌기는 어려운 것이 아닌가도 생각합니다. 그래서 조건이 좋은 아르바이트를 찾는 방법이나 저렴한 아파트 정보 등 어떤 것이라도 좋으니까 무언가 도움이 되는 정보가 있으면 가르쳐 주십시오.

회답자A

상담자 분이 귀국하고 싶지 않다고 말씀하시는 마음은 모르는 바는 아니지만, 영어가 된다면 일본에서 구하는 편이 조건이 좋은 아르바이트를 찾을 수 있는 것은 아닐까요? 학비뿐 만 아니라 생활비까지 벌어야 하는 것은 상상하는 이상으로 힘들거라고 생각합니다. 아르바이트에 너무 열중해서 학업에 소홀해 지는 경우도 충분히 있을 수 있습니다. 일본에서 아르바이트를 해서 학비와 생활비가 모이면 그 때에 다시 유학을 하셔도 늦지 않은 것은 아닐까요?

회답자B

이미 알아보고 있을지도 모르지만, 장학금이라는 방법은 어떻습니까? 장학금 종류에 따라 다르겠습니다만, 그 중에는 우수한 학생에 대해서는 학비를 전액 부담해 주는 것도 있을 것입니다. 그러면 생활비만을 아르바이트로 벌면 되는 것이 아닙니까? 참고로 미국 장학금에 관련된 사이트를 몇 개 소개해 드리겠습니다. 미국이라고 해도 넓기 때문에 상담자 분의 희망 지역과 대학에 관한 내용이 실려 있는지 어떤지는 모르겠지만 참고로 봐 주십시오.

http://www.scholarship.xx.yy
http://www.studysupport.xx.yy

어휘 語学 어학 | 留学中 유학 중 | 入学 입학 | 準備中 준비 중 | 連絡 연락 | 父親 아버지 | 学費 학비 | あきらめる 포기하다 | よほど 상당히, 어지간히 | 見つける 찾아 내다 | 稼ぐ (돈을)벌다 | 条件 조건 | 情報 정보 | 役に立つ 도움이 되다 | 帰国 귀국 | 見つかる 발견되다 | 想像 상상 | 貯まる 돈이 모이다 | 既に 이미 | 奨学金 장학금 | 優秀 우수 | 全額負担 전액부담 | 地域 지역 | 載る 실리다 | 参考 참고

5 어떻게든 하고 싶다 라고 했는데 어떻게 하고 싶은 건가?

   1 이대로 미국에서 계속 생활하고 싶다.

   2 아버지가 대학 진학을 허가해 주었으면 한다.

   3 일본에 귀국하지 않고 대학에 진학하고 싶다.

   4 아르바이트를 해서 생활비를 벌고 싶다.

정답 3

해설 이 문제는 밑줄 친 앞 문장에서 힌트를 찾을 수 있다. 앞 문장에 '역시 나는 스스로 아르바이트를 해서라도'라는 내용으로부터 상담자는 귀국하지 않고 미국에서 대학 진학을 희망함을 알 수 있으므로 정답은 3번이다.

6 상담자의 상담에 대한 A, B의 회답에 대해서 올바른 것은 어느 것인가?

   1 A는 상담자가 찾고 있는 정보만을 제공하고 있다.

   2 B는 상담자의 사고방식 그 자체에 대해서 의견을 말하고 있다.

   3 A도 B도 상담자가 아르바이트를 하는 것에 반대하지 않는다.

   4 A도 B도 상담자가 귀국하지 않는 것을 전제로 회답하고 있다.

정답 3

해설 회답자 A는 '일본에 귀국해서 아르바이트를 하는 것'을 제안하고 있고, 회답자 B는 '학비는 장학금으로 해결하고 생활비만 아르바이트하는 것이 어떤가' 라고 제안하고 있음으로 정답은 3번이다.

|M|E|M|O|

논리 전개가 비교적 명쾌한 평론 등 (900자 정도)을 읽고 전문적인 글에서 전달하고
자 하는 주장이나 의견을 파악할 수 있는지를 묻는 문제

포인트

① 글에서 주장하고 있는 것과 필자의 사고방식이나 내용에 관한 문제에 답하는 형
   식이지만, 논리 전개가 단순하기 때문에, 전체적으로 말하려고 하는 것을 파악하
   는 것은 그다지 어렵지 않다. 단, 선택지가 복잡하기 때문에 고를 때에는 신중해
   질 필요가 있다.

② 각 단락에서 무엇을 말하고자 하는지를 파악한 다음, 표현에 주의하면서 각 단락
   과 단락의 관계를 잘 파악하면 글 전체에서 말하고자 하는 것을 알 수 있다. 이
   문제에서는 필자가 말하고자 하는 주장이 반드시 마지막에 온다고는 할 수 없으
   므로 각 단락의 내용을 잘 이해하는 것이 중요하다.

학습요령

필자의 주장과 생각을 묻는 문제 (「この文章で筆者が最も言いたいことはどれ
か (이 문장에서 필자가 가장 말하고 싶은 것은 무엇인가?)」라는 유형의 질문)는
반드시 출제된다. 선택지는 먼저 읽으면 본문에 선입관이 생기므로 본문을 읽기 전
에는 선택지를 읽지 않는 것이 좋다. 먼저 질문을 읽고 난 다음, 선택지 속에서 재
빨리 단어만을 골라내어 그것을 힌트로 하여 본문을 읽기 시작하도록 하자.

問題13 次の文章を読んで、後の問いに対する答えとして最もよいものを、1・2・3・4から一つ選びなさい。

(1)

　健康な骨を作るためには、カルシウムをたくさんとるのがいいということはみんな知っている。ところが、①それと同じぐらい運動が大事だということは、あまり知られていない。子どものころに十分運動をしないと、年をとってから骨が折れやすくなり、骨粗鬆症という病気になるかもしれないのである。

　運動が大事だと言っても、どんな運動でもいいわけではない。ダンスやランニング、ジャンプなどの運動は健康な骨を作るために効果があり、②水泳はあまり効果がないと言われている。骨を強くするには、自分の体重を支えながらする運動が役に立つのだが、人の体は水に浮くので水中ではその必要がないからだ。

　③運動には様々な効果があるが、適切な運動は、骨をより太くより強くする。さらに、骨の周りの筋肉も強くなって、その筋肉が骨の強さを保つのに役に立つ。また、よく運動する人は体の動きが早く、全く運動をしない人に比べると、事故などによる骨折やけがを防ぎやすい。

　健康のための運動は、人生のどの段階で始めても効果があるが、強い骨を作るための運動は違う。骨は、人が生まれてから30歳くらいまでの間に作り上げられてしまうからだ。それを考えると、子どものころにより強い骨を作っておいた方がいいことがわかるだろう。健康な骨を作るには、適切な時期に、効果的な運動をすることが大事なのだ。

（注1）骨粗鬆症：骨が弱くなる病気
（注2）適切な：ちょうどいい

1 ①それと同じぐらい運動が大事だとあるが、どうして運動が大事だと言っているか。

   1   カルシウムは運動より効果がないから。

   2   運動をしないと、骨が折れてしまうから。

   3   運動をしないと、あとで病気になる可能性があるから。

   4   カルシウムより運動が大事なことを知らない人が多いから。

2 ②水泳はあまり効果がないのはどうしてか。

   1   自分の体重を支えながらする運動だから。

   2   自分の体重を支えなくてもよい運動だから。

   3   水の中では体重が重くなってしまうから。

   4   水の中で運動するときは力が必要ないから。

3 ③運動には様々な効果があるとあるが、例えばどんな効果があると言っているか。

   1   骨がより強くなって、事故にあっても折れなくなる。

   2   体の動きが早くなって、骨折やけがをしにくくなる。

   3   体重を支える必要がなくなって、体の動きが早くなる。

   4   骨の周りの筋肉が強くなって、骨の代わりをするようになる。

4 文章の内容と合っているものはどれか。

1 健康な骨を作るためには、どんな運動でも30歳になる前にしておかなければならない。

2 カルシウムをたくさんとってから運動をすれば、骨が強く太くなって折れにくくなる。

3 子どものころに、ダンスやランニングなどの骨を強くする運動をしておいた方がいい。

4 子どものころに、水泳などの運動をたくさんしておけば、年をとっても病気にならない。

(2)

今回、外国人に仕事の紹介をする会社をつくった田中光男社長にお話をうかがった。

Q：具体的にはどんなことをするんですか？

——現在1400人以上の方が申し込まれているんですが、簡単にいえば、その方たちをできるだけ希望の会社に紹介するということです。つまり、うちにはこういう仕事ができるこういう外国人がいるんですが、おたくで働かせてもらえませんかってね。もちろん、会社側からもこういう条件の外国人がほしいんだけど、いい人紹介してもらえませんかって言ってくるわけです。つまり、外国人と会社との紹介役ですね。

Q：なるほど。でも最近不景気だから、①厳しいのでは？

——ええ、日本人でもいい仕事を見つけるのは難しいんですから、外国人だともっと厳しいですね。申し込みをされている方の②５％ぐらいですかね、ちゃんと決まるのは。

Q：将来、日本での就職を希望する外国人にアドバイスをお願いします。

——そうですねぇ。彼らには日本人と旅行に行けるくらいのコミュニケーション力をつけてほしいですね。特に③留学生に言いたいんですが、敬語の知識とか言葉の量とかよりも心配なのは日本人との交流経験が足りないということです。少しぐらい言葉を間違えても、それは外国人だからって許されるんです。敬語も、「です・ます」を使って失礼のない話し方をすれば問題ありません。でも、話題の選び方とか、あいづちの打ち方とか、その場の雰囲気の感じ方とか、そういう力がないと、④日本人と一緒に働くときに困ってしまうんですよ。あとは、やはり日本文化に積極的に関心を持つことですかね。

(注1) 不景気：社会の経済の状態がよくないこと
(注2) 就職：仕事につくこと

5 ①<u>厳しい</u>とあるが、何が厳しいのか。

1 外国人に対して日本の会社が出している条件が厳しい。

2 日本で就職した外国人に対する日本人の態度が厳しい。

3 外国人が希望する日本の会社に就職するのが厳しい。

4 就職したい外国人を日本の会社に紹介するのが厳しい。

6 ②<u>５％ぐらい</u>とあるが、何が５％ぐらいなのか。

1 希望する会社の条件がきちんと決まっている外国人の割合

2 希望する社員の条件がきちんと決まっている会社の割合

3 希望する条件の日本の会社に就職できた外国人の割合

4 希望する条件の社員を入らせることができた会社の割合

7 ③<u>留学生に言いたい</u>とあるが、留学生に対して社長がいちばん言いたいことは何か。

1 日本人ともっといろいろなところへ旅行してほしい。

2 もっと積極的に日本人と交流して、経験を積んでほしい。

3 日本人ともっと上手に話せるようになってほしい。

4 もっと一生懸命に日本の文化について勉強してほしい。

8 ④<u>日本人と一緒に働くときに困ってしまう</u>のは、例えばどのような人か。

1 敬語がうまく使えず、失礼な言い方をする人

2 知らない言葉を別の言葉で言い換えられない人

3 いつも「です·ます」の形でしか話せない人

4 どんな場でも同じ話題のことしか話せない人

(3)

　「ぼくは学生時代、数学の成績が良かったから、数学の才能はある方だと思うのですが……」

　「わたしは学生時代から数学がまったくダメで、全然才能がありません。これが息子に遺伝するのではないかと心配で……」

　こんな話をよく耳にする。多くの人が、数学の才能があるかないかということを、学生時代の数学のテストの点数で論じているのだ。しかし、小学校の算数から始まって、大学の学部程度までの数学を理解するのに、才能も何も関係ない。①それを理解する能力は、日常生活をきちんと送れる能力とあまり変わらない。そう私は思っている。②「数学の才能」と呼ぶのにふさわしい能力の持ち主とは、歴史に名前を残しているような大数学者のことを言うのであって、百年に一人いるかいないかだというのが私の考えなのだ。

　では、「大学の学部程度までの数学を理解する能力」、すなわち「日常生活をきちんと送れる能力」とは、どんな能力だろうか？

　だいたい次の四つのことができる能力と考えればいいだろう。それができれば、後は、努力次第である。その四つとは、「辞書を引くことができる」、「自分のカバンを自分のロッカーに入れられる」、「料理を作れる」、「地図を描ける」である。なぜ、これらの能力があれば、大学の学部までの数学は理解できると言えるのか。

　例えば「英語の辞書が引ける」ということは、アルファベット26文字の順序関係を理解できるということだ。国語辞典なら、51もの数の大小関係が理解できるということになる。「自分のロッカーが使える」ということは、自分のカバンを自分の番号のロッカーにしまえるということだから、すなわち「一対一」対応の考え方を理解できるということだ。「料理を作れる」ことは、ものを観察し、予測する力があることを意味し、「地図を描ける」ことは、線や記号を使って実際の空間を平面にする能力、すなわち、抽象化する能力を意味しているのだ。

　だから、これら四つの能力があるにもかかわらず数学ができないという人は、数学を理解する能力がないということではなくて、単に努力をせず、なまけていただけだと思うのだ。

（秋山仁　「数学」『中学生の教科書』四谷ラウンドによる）

9　①それは、何を指しているか。

　　1　小学校から大学の学部までの間に学ぶ数学

　　2　学校で学ぶ数学と才能は、関係がないこと

　　3　学生時代に受ける数学のテスト

　　4　数学の才能があるかないかということ

10　筆者の考える②「数学の才能」とは、どのようなものか。

　　1　日常生活をきちんと送れる能力

　　2　線や記号を使って抽象化する能力

　　3　偉大な数学者が持つ特別な能力

　　4　大学の学部以上の数学を理解する能力

11　筆者は数学についてどのように考えているか。

　　1　学校で英語、料理、地理を学習すれば、数学の能力も自然と身につくものだ。

　　2　日常生活を送れる能力と本人の努力があれば、数学は十分できるはずだ。

　　3　数学の基本能力がある人は、努力しだいでは歴史に残る数学者にもなれる。

　　4　数学の才能は、学校の数学や日常生活を送れる能力とは何の関係もない。

문제 13 다음 글을 읽고 물음에 대한 답으로서 가장 적당한 것을 1·2·3·4에서 하나 고르시오.

(1)

튼튼한 뼈를 만들기 위해서는 칼슘을 많이 섭취하는 것이 좋다는 사실은 누구나 다 알고 있다. 하지만, ①그것 못지않게 운동이 중요하다는 사실은 별로 알려지지 않았다. 어릴 때 충분히 운동을 하지 않으면 나이를 먹고 나서 뼈가 잘 부러지게 되고 (주1)골다공증이라는 병에 걸릴지도 모르는 것이다.

운동이 중요하다고 해서 아무 운동이나 좋은 것은 아니다. 댄스나 달리기, 점프 등의 운동은 튼튼한 뼈를 만드는 데에 효과가 있고, ②수영은 그다지 효과가 없다고 한다. 뼈를 튼튼하게 하기 위해서는 자신의 체중을 지탱하면서 하는 운동이 도움이 되는데, 사람의 몸은 물에 뜨기 때문에 물 속에서는 그 효과가 없기 때문이다.

③운동에는 다양한 효과가 있는데, (주2)적절한 운동은 뼈를 더 굵게, 보다 강하게 한다. 더욱이 뼈 주변의 근육도 강해져서 그 근육이 뼈의 강도를 유지하는 데에 도움이 된다. 또한, 자주 운동을 하는 사람은 몸의 움직임이 빨라서, 전혀 운동을 하지 않는 사람과 비교하면 사고 등으로 인한 골절이나 부상을 방지하기 쉽다.

건강을 위한 운동은 인생의 어느 단계에서 시작해도 효과가 있지만, 튼튼한 뼈를 만들기 위한 운동은 다르다. 뼈는 사람이 태어나서 서른 살 정도가 될 때까지 다 만들어지기 때문이다. 그것을 생각하면 어릴 때 보다 튼튼한 뼈를 만들어 두는 편이 좋다는 것을 알 수 있을 것이다. 튼튼한 뼈를 만들기 위해서는 적절한 시기에 효과적인 운동을 하는 것이 중요한 것이다.

(주1) 骨粗鬆症 : 뼈가 약해지는 병
(주2) 適切な : 딱 좋은

어휘 健康 건강 | 骨 뼈 | カルシウム 칼슘 | 運動 운동 | あまり〜ない 그다지 〜않다 | 知られる 알려지다, 유명하다 | 年をとる 나이를 먹다 | 折れる 꺾이다, 부러지다 | 骨粗鬆症 골다공증 | 〜かもしれない 〜일 지도 모른다 | 〜と言っても 〜라 하더라도 | 〜わけではない 〜인 것은 아니다 | ダンス 댄스, 춤 | ランニング 달리기 | ジャンプ 점프 | 効果 효과 | 水泳 수영 | 体重 체중 | 支える 떠받치다, 지탱하다 | 役に立つ 도움이 되다 | 体 몸 | 浮く 뜨다 | より 〜보다 | 太い 굵다 | 周り 주변 | 筋肉 근육 | 保つ 유지하다 | 事故 사고 | 怪我 부상 | 防ぐ 막다, 방지하다 | 段階 단계 | 生まれる 태어나다 | ます형+あげる (동작이) 다 이루어지다, 완성되다 | 〜ておく 〜해 두다

---

1 ①그것 못지않게 운동이 중요하다고 했는데 왜 운동이 중요하다고 말하고 있는가?

1 칼슘은 운동보다 효과가 없기 때문에.
2 운동을 하지 않으면 뼈가 부러져 버리기 때문에.
3 운동을 하지 않으면 나중에 병에 걸릴 가능성이 있기 때문에.
4 칼슘보다 운동이 중요하다는 사실을 모르는 사람이 많기 때문에.

정답 3

해설 문제 13도 독해 지문 하나에 여러 개의 문제가 딸려 나오는데, 이때 각 문제의 답은 글의 첫 부분부터 순서대로 나와 있다고 보면 된다. 따라서 13번 문제의 정답은 본문 중 앞 부분을 읽으면 된다. 첫번 째 단락의 후반부를 보면「子どものころに十分運動をしないと、年をとってから骨が折れやすくなり、骨粗鬆症という病気になるかもしれないのである。(어릴 때 충분히 운동을 하지 않으면 나이를 먹고 나서 뼈가 잘 부러지게 되고 골다공증이라는 병에 걸릴지도 모른다)」라고 했으므로 정답은 3번이다.

2 ①수영은 그다지 효과가 없는 것은 왜인가?

  1 자신의 체중을 지탱하면서 하는 운동이기 때문에.
  2 자신의 체중을 지탱하지 않아도 되는 운동이기 때문에.
  3 물 속에서는 체중이 무거워지기 때문에.
  4 물 속에서 운동할 때는 힘이 필요 없기 때문에.

정답 2

해설 밑줄 바로 다음 문장을 보면 「骨を強くするには、自分の体重を支えながらする運動が役に立つのだが、人の体は水に浮くので水中ではその必要がないからだ。(뼈를 튼튼하게 하기 위해서는 자신의 체중을 지탱하면서 하는 운동이 도움이 되는데, 사람의 몸은 물에 뜨기 때문에 물 속에서는 그 효과가 없기 때문이다)」라고 했으므로 정답이 2번임을 쉽게 알 수 있다. 이유를 묻고 있으므로 「~からだ(~이기 때문이다)」가 포함되어 있는 문장을 찾으면 쉽게 정답을 알 수 있다.

3 ③운동에는 다양한 효과가 있다고 했는데 예를 들면 어떤 효과가 있다고 하고 있는가?

  1 뼈가 보다 튼튼해져서 사고를 당해도 부러지지 않게 된다.
  2 몸의 움직임이 빨라져서 골절이나 부상을 잘 입지 않게 된다.
  3 체중을 지탱할 필요가 없어지고 몸의 움직임이 빨라진다.
  4 뼈 주변의 근육이 강해져서 뼈를 대체하게 된다.

정답 2

해설 밑줄 바로 다음 문장을 보면 여러 가지 예가 나와 있으므로 정답을 쉽게 찾을 수 있다. 「よく運動する人は体の動きが早く、全く運動をしない人に比べると、事故などによる骨折やけがを防ぎやすい。(자주 운동을 하는 사람은 몸의 움직임이 빨라서, 전혀 운동을 하지 않는 사람과 비교하면 사고 등으로 인한 골절이나 부상을 방지하기 쉽다)고 했으므로 정답은 2번이 된다. 사고를 당해도 부러지지 않는다고는 하지 않았으므로 1번은 오답. 체중을 지탱할 필요성이 사라지는 것은 아니기 때문에 3번도 오답. 근육이 뼈를 대체한다는 언급도 없으므로 4번도 정답이 될 수 없다.

4 글의 내용과 맞는 것은 어느 것인가?

  1 튼튼한 뼈를 만들기 위해서는 어떤 운동이라도 서른 살이 되기 전에 해 두지 않으면 안 된다.
  2 칼슘을 많이 섭취하고 나서 운동을 하면 뼈가 튼튼하고 굵어져서 잘 부러지지 않게 된다.
  3 어릴 때 춤이나 달리기 등의 뼈를 튼튼하게 하는 운동을 해 두는 편이 좋다.
  4 어릴 때 수영 등의 운동을 많이 해 두면 나이를 먹어도 병에 걸리지 않는다.

정답 3

해설 두 번째 단락에서 「運動が大事だと言っても、どんな運動でもいいわけではない。(운동이 중요하다고 해서 어떤 운동이라도 좋은 것은 아니다)」라고 했으므로 1번은 오답. 첫 번째 단락에서 「カルシウムをたくさんとるのがいいということはみんな知っている。ところが、それと同じぐらい運動が大事だ(칼슘을 많이 섭취하는 것이 좋다는 사실은 누구나 알고 있다. 하지만 그것 못지않게 운동이 중요하다)」라고 했으므로 2번도 오답. 두 번째 단락에 「ダンスやランニング、ジャンプなどの運動は健康な骨を作るために効果があり(댄스나 달리기, 점프 등의 운동은 튼튼한 뼈를 만드는 데 효과가 있다)」라는 내용이 나와 있으므로 3번이 정답이 된다. 「水泳はあまり効果がない(수영은 그다지 효과가 없다)」라고 했으므로 4번도 정답이 될 수 없다.

(2)

이번에 외국인에게 일자리를 소개하는 회사를 만든 다나카 미츠오 사장님께 이야기를 여쭤 보았다.

Q : 구체적으로 어떤 일을 하십니까?

──현재 1400명 이상 되시는 분들이 신청을 하셨습니다만, 간단히 말하면 그 분들을 가능한 한 희망하는 회사에 소개하는 일입니다. 즉, 저희 회사에는 이러한 일을 할 수 있는 이런 외국인이 있습니다만, 그 쪽 회사에서 일하게 해 주실 수 있습니까하고 말이죠. 물론 회사측으로부터도 이런 조건의 외국인이 필요한데 좋은 사람 소개시켜 줄 수 있습니까, 하고 저희들에게 의뢰를 해 오는 것이죠. 다시 말하면 외국인과 회사를 서로 소개하는 역할이지요.

Q : 그렇군요. 하지만 최근에 (주1)불경기 때문에 ①힘들지 않으세요?

──네, 일본인이라도 좋은 일자리를 찾는 게 어려우니까 외국인이면 더 힘들죠. 신청을 하신 분의 ②5퍼센트 정도일까요. 제대로 직장이 정해지는 분은.

Q : 장래에 일본에서의 (주2)취직을 희망하는 외국인에게 조언을 부탁드립니다.

──글쎄요. 그들에게는 일본인과 여행갈 수 있을 정도의 커뮤니케이션 능력을 길러주길 바랍니다. 특히 ③유학생들에게 말하고 싶습니다만, 높임말 지식이라든지 단어의 양 같은 것보다도 염려되는 것은 일본인과의 교류경험이 부족하다는 점입니다. 약간 말을 틀리더라도 그거야 외국인이니까 하고 용서가 됩니다. 높임말도 「です·ます」를 사용해서 실례가 되지 않는 표현을 하면 문제 없습니다. 하지만, 화제 선택 방법이라든지 맞장구치는 법이라든지 그 자리의 분위기를 느끼는 방법이라든지, 그러한 힘이 없으면 ④일본인과 함께 일할 때 힘들어지는 거죠. 그 다음은 역시 일본 문화에 적극적으로 관심을 가지는 일이 아닐까요.

(주1) 不景気 : 사회의 경제상태가 좋지 않은 것
(주2) 就職 : 취업하는 것

어휘 今回 금번, 이번 | 紹介 소개 | うかがう 「聞く」묻다, 듣다의 겸양어 | 具体的 구체적 | 現在 현재 | 以上 이상 | 申し込む 신청하다 | 簡単 간단함 | できるだけ 되도록이면, 가능한 한 | 希望 희망 | つまり 즉, 다시 말해서 | おたく 상대편의 집, 소속된 곳의 높임 말 | 働く 일하다 | 条件 조건 | なるほど 과연, 정말(상대방의 설명을 듣고 납득할 때 쓰는 표현) | 最近 최근 | 不景気 불경기 | 厳しい 엄하다, 혹독하다, 힘들다 | 見つける 찾다, 발견하다 | ちゃんと 확실히, 제대로 | 将来 장래 | アドバイス 어드바이스, 조언 | コミュニケーション 커뮤니케이션 | 留学生 유학생 | 敬語 경어, 높임말 | 知識 지식 | 言葉 말, 단어 | 交流 교류 | 経験 경험 | 足りない 부족하다 | 間違える 잘못하다, 잘못 알다 | 許す 허락하다, 허용하다 | 失礼 실례 | 話し方 말하는 방법, 표현 | 話題 화제 | あいづちを打つ 맞장구를 치다 | 場 곳, 장소, 분위기, 상황 | 雰囲気 분위기 | 一緒 함께 | 困る 곤란하다, 곤경에 처하다 | 文化 문화 | 積極的 적극적

5 ①힘들다고 했는데, 무엇이 힘든가?

1 외국인에 대해서 일본 회사가 제시하고 있는 조건이 엄격하다.
2 일본에서 취직한 외국인에 대한 일본인의 태도가 엄격하다.
3 외국인이 희망하는 일본 회사에 취직하는 것이 힘들다.
4 취직하고 싶은 외국인을 일본 회사에 소개하는 것이 힘들다.

정답 3

해설 첫번째 째 문장에서 이 회사가 하는 일이 '외국인에게 직장을 소개시켜주는 일'이라는 것을 보면 어느 정도 정답을 파악할 수 있다. 하지만 확실하게 정답을 찾기 위해서는 밑줄이 포함되어 있는 질문을 봐야 한다. 질문에 대해서「日本人でもいい仕事を見つけるのは難しいんですから、外国人だともっと厳しいですね。(일본인이라도 좋은 일자리를 찾는 게 어려우니까 외국인이면 더 힘들죠)」라고 답하고 있으므로 3번이 정답이다.「厳しい」는 다양한 의미를 지니고 있는 단어인데 제시문에서는 '힘들다, 어렵다'의 의미로 사용되고 있으므로 1번과 2번이 오답임은 쉽게 알 수 있다.

6 ②5퍼센트 정도라고 했는데, 무엇이 5퍼센트 정도인가?

　1　희망하는 회사의 조건이 확실하게 정해져 있는 외국인의 비율
　2　희망하는 사원의 조건이 확실하게 정해져 있는 회사의 비율
　3　희망하는 조건의 일본 회사에 취직한 외국인의 비율
　4　희망하는 조건의 사원을 입사시킬 수 있었던 회사의 비율

정답 3

해설　밑줄 앞의 「ちゃんと決まるのは」는 외국인이 일본 회사에 취직하는 것을 의미한다. 그러므로 「5％ぐらい」는 일본 회사에 취직하는 외국인의 비율을 말한다. 따라서 정답은 3번이다.

7 ③유학생들에게 말하고 싶다고 했는데, 유학생에게 사장님이 가장 하고 싶은 말은 무엇인가?

　1　일본인과 더욱 더 다양한 곳을 여행했으면 좋겠다.
　2　더욱 더 적극적으로 일본인과 교류해서 경험을 쌓았으면 좋겠다.
　3　일본인과 더 능숙하게 이야기할 수 있게 되었으면 좋겠다.
　4　더욱 더 열심히 일본 문화에 대해서 공부했으면 좋겠다.

정답 2

해설　「留学生に言いたいんですが(유학생에게 말하고 싶습니다만)」이라고 했으므로 밑줄 뒷부분을 정확히 해석하면 답을 찾을 수 있다. 밑줄 바로 다음 문장을 보면 「敬語の知識とか言葉の量とかよりも心配なのは日本人との交流経験が足りないということです。(높임말 지식이라든지 단어의 양 같은 것보다도 염려되는 것은 일본인과의 교류경험이 부족하다는 점입니다)」라고 말하고 있다. 염려된다는 것은 바꾸어 말하면 가장 바라고 있는 일이라고도 볼 수 있으므로 정답은 2번이 된다. '일본인과 여러 곳에 여행을 가라는 것이 아니라 그럴 수 있을 정도의 커뮤니케이션 능력을 기르라'는 뜻이므로 1번은 오답. '약간 말을 틀리더라도 외국인이기 때문에 허용이 된다'고 했으므로 3번도 오답이다.

8 ④일본인과 함께 일할 때 힘들어진다는 것은 예를 들면 어떤 사람인가?

　1　높임말을 잘 사용하지 못하고 실례되는 표현을 하는 사람
　2　모르는 말을 다른 말로 바꾸어 말하지 못하는 사람
　3　언제나 「です・ます」의 형태로밖에 말하지 못하는 사람
　4　어떠한 자리에서도 똑같은 화제밖에 이야기하지 못하는 사람

정답 4

해설　밑줄에서 '일본인과 함께 일할 때 힘들어진다'고 했으므로 어떨 때에 곤란해지는가를 살펴볼 필요가 있다. 밑줄 바로 앞에 「そういう力がないと(그러한 힘이 없으면)」이라고 했으므로 '그러한 힘'이 가리키는 것이 바로 정답이다. 여기서 주목해야 할 것이 「でも」라는 접속사이다. 「でも」「しかし」「ところが」 등의 역접 접속사 뒤에 화자가 하고 싶은 이야기가 본격적으로 시작되는 경우가 대부분이므로 여기서도 「でも」의 뒷부분이 핵심 문장임을 알 수 있다. 「話題の選び方とか、あいづちの打ち方とか、その場の雰囲気の感じ方とか、そういう力がないと(화제 선택 방법이라든지 맞장구치는 법이라든지 그 자리의 분위기를 느끼는 방법이라든지, 그러한 힘이 없으면)」이라고 했으므로 정답이 4번임을 알 수 있다. '높임말을 잘 쓰지 못해도 です・ます 표현을 사용해서 실례가 되지 않으면 문제가 없다'고 했으므로 1번은 오답. '일본어를 조금 잘못 사용해도 외국인이기 때문에 용서된다'고 했으므로 일본어 실력에 관한 언급을 하는 2번, 3번도 정답이 될 수 없다.

(3)

'저는 학창 시절, 수학 성적이 좋았기 때문에, 수학에 재능은 있는 편이라고 생각하지만……'

'저는 학창 시절부터 수학을 정말 못 했고, 전혀 재능이 없었습니다. 이게 아들에게 유전되지 않을까 걱정이 돼서……'

이런 이야기를 자주 듣는다. 많은 사람이 수학에 재능이 있느냐 없느냐하는 문제를 학창 시절의 수학 시험 점수로 논하고 있는 것이다. 하지만, 초등학교 산수부터 시작해서 대학 학부 과정까지의 수학을 이해하는 데에 재능은 전혀 관계가 없다. ①그것을 이해하는 능력은 일상 생활을 제대로 할 수 있는 능력과 그다지 다르지 않다. 그렇게 나는 생각한다. ②'수학의 재능'이라고 부르기에 적합한 능력의 소유자란, 역사에 이름을 남긴 그런 대수학자를 말하는 것이며, 백 년에 한 명 있을까 말까 한다는 것이 나의 생각이다.

그럼 '대학 학부 정도까지의 수학을 이해하는 능력' 즉, '일상 생활을 제대로 할 수 있는 능력'이란 어떤 능력일까?

대략 다음의 네 가지 일을 할 수 있는 능력이라고 생각하면 될 것이다. 그 일을 할 수 있으면, 나머지는 노력에 달려 있다. 그 4가지란, '사전을 찾을 수 있다', '자기 가방을 자신의 사물함에 넣을 수 있다', '요리를 만들 수 있다', '지도를 그릴 수 있다'이다. 왜, 이러한 능력이 있으면 대학 학부까지의 수학은 이해할 수 있다고 말할 수 있는 것일까?

예를 들면 '영어 사전을 찾을 수 있다'는 것은 알파벳 26글자의 순서 관계를 이해할 수 있다는 것이다. 국어사전이라면 51개나 되는 수의 대소 관계를 이해할 수 있다는 것이 된다. '자신의 로커를 이용할 수 있다'라는 것은 자신의 가방을 자기 번호의 사물함에 넣을 수 있다는 뜻이므로, 즉 '1대 1' 대응의 사고법을 이해할 수 있다는 뜻이다. '요리를 만들 수 있다'는 것은 사물을 관찰하고 예측하는 힘이 있다는 것을 의미하고, '지도를 그릴 수 있다'는 것은 선이나 기호를 사용해서 실제의 공간을 평면으로 만드는 능력, 즉 추상화하는 능력을 의미하는 것이다.

그러므로 이러한 네 가지의 능력이 있음에도 불구하고 수학을 못 한다고 하는 사람은 수학을 이해하는 능력이 없는 것이 아니라, 단지 노력을 하지 않고 게을리 했을 뿐이라고 생각하는 것이다.

(아키야마 진 「수학」 『중학생의 교과서』 요츠야 라운드 중에서)

| 어휘 | 数学 수학 | 成績 성적 | 才能 재능 | まったく 전혀 | 遺伝 유전 | 耳にする 듣다 | 点数 점수 | 論じる 논하다 | 算数 산수 | 学部 학부 | 程度 정도 | 能力 능력 | 日常生活 일상생활 | きちんと 확실하게 | 呼ぶ 부르다 | ふさわしい 어울리다 | 持ち主 소유자 | 歴史 역사 | 残す 남기다 | 百年 백 년 | だいたい 대강, 대략 | ～次第 ～에 달려 있다, ～하기 나름이다 | 辞書を引く 사전을 찾다 | ロッカー 사물함 | 地図 지도 | 描く 그리다 | 文字 문자 | 順序 순서 | 関係 관계 | 国語 국어 | 大小 대소 | しまう 넣다, 치우다 | 対応 대응 | 考え方 사고방식 | 観察 관찰 | 予測 예측 | 線 선 | 記号 기호 | 実際 실제 | 空間 공간 | 平面 평면 | 抽象化 추상화 | ～にもかかわらず ～에도 불구하고 | 単に 단순히, 단지, 그저 | 努力 노력 | なまける 게을리하다, 게으름 피우다 |

9 ①그것은 무엇을 가리키는가?

1 초등학교부터 대학 학부까지 사이에 배우는 수학

2 학교에서 배우는 수학과 재능은 관계가 없다는 것

3 학창시절에 보는 수학 시험

4 수학에 재능이 있느냐 없느냐 하는 점

정답 1

해설 앞에서 보았던 것처럼 밑줄 앞 뒤의 2~3줄 정도 읽으면 답은 거의 나온다. 밑줄 바로 앞 문장에서 '초등학교 산수부터 시작해서 대학 학부 과정까지의 수학을 이해하는 데에 재능은 전혀 관계가 없다'고 했으므로, 그것이 가리키는 것은 1번이 된다.

10 필자가 생각하는 ②'수학의 재능'이란 어떠한 것인가?

　　1 일상 생활을 제대로 할 수 있는 능력
　　2 선이나 기호를 이용해서 추상화할 수 있는 능력
　　3 위대한 수학자가 갖는 특별한 능력
　　4 대학 학부 이상의 수학을 이해하는 능력

정답 3

해설 밑줄 친 문장에서 '②수학의 재능이라고 부르기에 적합한 능력을 갖춘 사람이란, 역사에 이름을 남긴 그런 대수학자를 말하는 것'이라고 했으므로 3번이 정답이다. 7번 문제에서 보았듯이 필자는 '초등학교 산수부터 시작해서 대학 학부 과정까지의 수학을 이해하는 데에 재능은 전혀 관계가 없다'고 했고, 수학의 재능은 특별한 사람이 가진 재능이라고 말하고 있으므로 쉽게 답을 알 수 있는 문제이다. 1번은 초등학교 산수부터 시작해서 대학 학부 과정까지의 수학을 이해하는 능력으로서 필자가 드는 예이므로 오답. 2번은 일상 생활을 제대로 할 수 있는 네 가지 능력 중의 하나에 불과하기 때문에 역시 오답. 4번에 대한 언급은 본문에 없으므로 오답이다.

11 필자는 수학에 대해서 어떻게 생각하고 있는가?

　　1 학교에서 영어, 요리, 지리를 학습하면 수학 능력도 자연스럽게 익혀지는 법이다.
　　2 일상 생활을 할 수 있는 능력과 본인의 노력이 있으면 수학은 충분히 할 수 있을 것이다.
　　3 수학의 기본 능력이 있는 사람은 노력에 따라서는 역사에 남을 수학자도 될 수 있다.
　　4 수학 재능은 학교 수학이나 일상 생활을 할 수 있는 능력과는 아무 관계도 없다.

정답 2

해설 본문 앞부분에서 수학을 이해하는 능력은 일상생활을 제대로 할 수 있는 능력과 그다지 다르지 않다' 라고 우선 전제하고 있고, 또, 마지막 단락에서 '일상생활을 할 수 있는 능력이 있음에도 수학을 못 한다고 하는 사람은 수학을 이해하는 능력이 없는 것이 아니라, 단지 노력을 하지 않고 게을리 했을 뿐이다고 생각한다' 라는 내용으로부터 정답은 2번임을 알 수가 있다.

|M|E|M|O|

정보검색

정보검색 (2문항)

팸플릿, 광고 전단지, 정보지, 비즈니스 문서 등의 700자 정도 되는 내용을 보고 필요한 정보를 찾기

〈問題14〉에서는 자신의 조건과 정보지를 대조해가는 문제(연령, 성별, 학년 등 4개가 주로 나온다)와, 필요한 정보가 정보지의 어디에 있는지를 찾는 문제(신청서에 관한 질문이면 전체 내용 중 신청방법, 제출서류 등이 쓰여있는 부분을 찾는다)가 출제된다.

일본에서 생활할 경우, 생활 속에서 흔히 볼 수 있는 정보지를 사용하여 필요한 정보를 빠르게 찾을 수 있는 능력이 있는지 묻는 문제이다. 한국에 있는 일본어 학습자는 평소에 이러한 형식의 지문을 읽는 연습을 반복하여, 글 형식에 익숙해질 필요가 있다.

問題14 右のページは、あるスーパーのアルバイトを募集するための案内である。下の問いに対する答えとして、最もよいものを、1・2・3・4から一つ選びなさい。

(1)

> 留学生のアランさん（23歳）は、さくら日本語学校で勉強していますが、授業がないときにアルバイトをしようと思っています。アランさんの学校は、毎日9時〜1時まで、水曜日と金曜日は午後にも2時〜4時まで、授業があります。土曜日と日曜日はお休みです。

1 アランさんが、応募することができるアルバイトはいくつあるか。

1　4つ

2　3つ

3　2つ

4　1つ

2 アランさんが、アルバイトに応募するにはどうしなければならないか。

1　3月1日までに、スーパーに電話して面接の時間を予約する。

2　1月20日までに、履歴書に写真をはってスーパーに持っていく。

3　2月12日までに、履歴書に写真をはってスーパーに送る。

4　1月20日までに、スーパーに電話して希望のアルバイトの種類を言う。

新規開店につき、アルバイト大募集！

◆スーパーまるいや　3月1日（月）さくら駅前に開店！

◆新しくオープンするスーパーでいっしょにアルバイトを始めませんか。
興味がある方は、どんどん応募してください。

【資格】　18歳以上の男女

【応募】　まずは、お電話で連絡ください。そのときに、必ず応募したい
アルバイトの種類をお知らせください。
面接は2月8日(月)〜12日(金)のあいだに行います。
面接のときは、履歴書に写真をはって持ってきてください。
連絡先：03-3333-222X　　担当者：佐藤（さとう）

【応募期限】　1月20日（水）まで応募を受けつけます。

◆募集中のアルバイト◆

アルバイトの種類	勤務時間	曜日	時給
レジ	16:00〜20:00	＊月〜日	850円
サービスカウンター	10:00〜14:00	土・日	800円
コーヒーショップ —みきもとコーヒー—	10:00〜14:00	火・木・土	900円
パン屋 —ふじもとベーカリー—	8:00〜13:00	＊月〜日	800円
お弁当コーナー	15:00〜19:00	月・火・金	800円
クリーニングスタッフ （店内のそうじ）	12:30〜15:30	＊月〜日	950円

＊ レジ、パン屋、クリーニングスタッフは1週間に3日以上アルバイトできる方を募集しています。

問題14 右のページは、スーパーのポイントカードの案内である。下の問いに対する答えとして、
最もよいものを、1・2・3・4から一つ選びなさい。

(2)

アンさんは、よく行くスーパーあさひやのポイントカードを作ろうと思っています。アンさんは、スーパーあさひやではいつも食料品を買い、買い物をするときは買ったものを入れるバッグを持っていきます。

3 ポイントカードを作るにはどうすればいいか。

1 はんこと身分証明書を持ってサービスカウンターへ行く。

2 ホームページから申し込み用紙をプリントしてスーパーに送る。

3 サービスカウンターで申し込み用紙をもらって必要なことを書く。

4 サービスカウンターで申し込み用紙を書いてレジ係に渡す。

4 アンさんは1月25日にポイントカードを作り、その日に2635円買い物をした。何ポイント貯めることができるか。

1 28ポイント

2 72ポイント

3 22ポイント

4 45ポイント

スーパー　あさひや　ポイントカードのご案内

◆毎日のお買い物でポイントを貯める！

お買い物ポイント	商品券以外のお買い物に ポイントがつきます	110円ごとに1ポイント
ポイント2倍デー	毎月15日はポイント2倍デー ＜お買い物ポイントが2倍に！＞	110円ごとに2ポイント
ボーナスポイント1	1ヶ月間に3万円以上 お買い物のお客様	50ポイント
ボーナスポイント2	新しくポイントカードを作られた お客様	20ポイント
グリーンポイント	お買い物用バッグを持って お買い物のお客様	2ポイント

＊ボーナスポイント1は3万円以上お買い物をされた次の月にプレゼントします。
＊ボーナスポイント2は、カードを作られたあとの最初のお買い物の際にプレゼントします。
＊グリーンポイントがつくのは1日1回までです。
＊カードは必ずレジでお支払いになる前にレジ係にお渡しください。

◆貯まったポイントでお買い物！
　☆500ポイントで500円のお買い物券と交換できます。
　☆ポイントの交換はサービスカウンターで行っております。

◆カードは無料で作れます。サービスカウンターで今すぐお申し込みを！
・カードを作ったその日からポイントが貯められます。
・申し込み用紙に、名前・連絡先などを記入するだけでお申し込みできます。
・はんこ・身分証明書などは不要です。
・申し込み用紙はサービスカウンターに置いてあります。
　また、あさひやホームページからもプリントできます。

◆もっと詳しく知りたい方は
・あさひやHP　www.asahiya.XX.jp
　サービスカウンター　TEL：03-3333-33XX

問題14 右のページは「山田市」研究交流センター会議室の利用案内である。下の問いに対する答えとして、最もよいものを、1・2・3・4から一つ選びなさい。

(3)

5 会議室を予約するために、必要なものはどれか。

1 山田市の研究員であることを確認できるもの

2 研究センター長の許可書と会議に関する資料

3 利用申込書と会議に関する資料

4 利用申込書と会議に関する資料と利用承認書

6 次のうち、この施設を正しく利用しているものはどれか。

1 夕方5時まで会議をしたあと、利用者全員で会議室を片付けた。

2 使用予定日の2週間前に、会議室が利用できるか電話で聞いた。

3 会議室でインターネットを使うため、受付でパソコンを借りた。

4 会議が一日続くため、昼食に弁当を注文し会議室で食べた。

山田市研究交流センター会議室利用案内

【研究交流センター会議室ご利用の手続き】

1. 利用できる方

1) 山田市の研究機関の職員

2) 上記の職員と研究交流を行う山田市以外の研究機関等の職員

3) 研究交流センター長が適当と認める者

2. 利用料

無料

3. 利用日・時間

平日（月曜日〜金曜日）／午前9時から午後5時まで

※ 準備等のために施設に出入りすることができる時間は、午前8時30分からです。

会議終了後は会場を元に戻し、午後5時までに退出してください。

4. 利用申込み方法

予約状況を電話で確認した後、利用申込書に必要事項を記入し、会議に関する資料と共に、ご提出ください。

〔申込み受付開始日〕　原則として会議開催日の3ヶ月前より受け付けます。

5. 利用申込書の提出

〔申込方法〕　FAXまたはE-mailにて受付けます。

〔申込先〕　研究交流センター1階事務室

6. 利用承認書の交付

申込内容等を確認した後、利用承認書を交付いたします。

承認書は、利用当日、受付に提示してください。

【サービス施設・設備】

• 飲食施設：ありません。

※会議室内での飲食・喫煙は、禁止させていただいております。

飲食・喫煙は、指定された場所でお願いします。

• 自動販売機：1階及び2階

• コインロッカー（無料）：2階（30個）

• インターネット接続：会議室に設置されたLAN設備で、インターネット接続が可能です。

※コンピューター・LANカード・LANケーブルをご持参ください。

【駐車場】　収容台数：70台　　※満車の際には周辺の有料駐車場をご利用ください。

【連絡先】　TEL：0436-22-1111　FAX：0436-22-1122　E-mail：info@yamadakenkyu.com

문제 14 오른 쪽 페이지는 어느 슈퍼의 아르바이트를 모집하기 위한 안내이다. 아래 질문에 대한 답으로서 가장 적당한 것을 1·2·3·4 중에서 하나 고르시오.

(1)

유학생인 아란 씨(23세)는 사쿠라 일본어 학교에서 공부를 하고 있는데, 수업이 없을 때에 아르바이트를 하려고 생각하고 있습니다. 아란 씨의 학교는 매일 9시~1시까지이고, 수요일과 금요일은 오후에도 2시~4시까지 수업이 있습니다. 토요일과 일요일은 수업이 없습니다.

신규개점으로, 아르바이트 대모집!

● 슈퍼마켓 마루이야 3월 1일(월) 사쿠라 역 앞에 개점 !
● 새롭게 오픈하는 슈퍼마켓에서 함께 아르바이트를 시작하시지 않겠습니까?
  관심 있는 분들은 많이 응모해주세요.

【자격】 18세 이상 남녀
【응모】 우선은 전화로 연락 주세요. 그 때 반드시 응모하고 싶은
       아르바이트의 종류를 알려주시기 바랍니다.
       면접은 2월 8일(월)~12일(금) 사이에 실시합니다.
       면접 시에는 이력서에 사진을 붙여서 가지고 오시기 바랍니다.
       연락처 : 03-3333-222X 담당자 : 사토

【응모기한】 1월 20일(수)까지 응모접수를 받습니다.

● 모집 중인 아르바이트 ●

아르바이트의 종류	근무 시간	요일	시급
계산대	16:00~20:00	＊월~일	850엔
서비스 카운터	10:00~14:00	토·일	800엔
커피숍 －미키모토 커피－	10:00~14:00	화·목·토	900엔
빵가게 －후지모토 베이커리－	8:00~13:00	＊월~일	800엔
도시락 코너	15:00~19:00	월·화·금	800엔
청소 스태프 (점포내 청소)	12:30~15:30	＊월~일	950엔

＊계산대, 빵가게, 청소 스태프는 1주일에 3일 이상 아르바이트 가능한 분을 모집하고 있습니다.

어휘 〜につき 〜인 관계로 | 募集 모집 | 開店 개점 | 興味 흥미, 관심 | どんどん 잇달아, 계속해서 | 応募 응모 | 資格 자격 | 以上 이상 | まず 우선, 일단 | 連絡 연락 | 必ず 반드시 | 種類 종류 | 面接 면접 | 履歴書 이력서 | はる 붙이다 | 期限 기한 | 受け付ける 접수하다 | レジ 계산대 | クリーニング 청소 | スタッフ 스태프

1 아란 씨가 응모할 수 있는 아르바이트는 몇 개 있나?

    1 4개

    2 3개

    3 2개

    4 1개

정답 3

해설 이런 유형의 문제는 질문에서 요구하고 있는 필요한 정보를 정확하게 파악하면 쉽게 해결된다. 또한 너무 세세한 항목에 얽매이는 것보다는 먼저 큰 항목을 보고 질문 내용에 해당하는 항목이 어디인가를 빨리 파악하는 것이 중요하며 *나 ※부분에 정답을 알 수 있는 키워드, 혹은 오답으로 유도하기 위한 함정이 숨어 있는 경우가 많이 있으므로 주의해서 읽어야 한다. 우선 우리가 문제에서 파악해야 하는 정보는 '매일 9시~1시, 수요일과 금요일에는 오후 2시~4시까지 수업이 있다', '토요일과 일요일에는 수업이 없다'는 것이다. 이를 토대로 모집 중인 아르바이트가 나와 있는 표 밑 부분의 *를 잘 읽어 본 후 해당되지 않는 아르바이트를 하나씩 지워나가면 된다. 총 6개의 모집 아르바이트 중 계산대, 빵가게, 청소 스태프는 일주일에 3일 이상 일할 수 있는 사람을 모집하고 있다. 우선 계산대는 16:00~20:00시까지이므로 오후 수업이 있는 수요일과 금요일을 제외하면 주 5일간 일을 할 수 있기 때문에 응모할 수 있다. 서비스 카운터는 토요일과 일요일에만 하면 되므로 이 역시 응모할 수 있다. 커피숍은 오전 10:00시부터이기 때문에 수업시간과 겹치므로 응모할 수 없다. 빵가게는 오전 8:00시부터이기 때문에 이 아르바이트 역시 수업시간과 겹치므로 토요일과 일요일 이틀 밖에 일을 할 수 없는데 일주일에 3일 이상 일을 해야 한다는 조건이 있기 때문에 응모할 수 없다. 도시락 코너는 15:00시부터 시작되는데 월, 화, 금 3일간이기 때문에 금요일 오후 수업시간과 중복되므로 응모할 수 없다. 마지막으로 청소 스태프는 12:30분부터이기 때문에 토요일과 일요일 이틀 밖에 일을 할 수 없는데 일주일에 3일 이상 일을 해야 한다는 조건이 있기 때문에 이 역시 응모할 수가 없다. 따라서 응모할 수 있는 아르바이트는 2개이므로 3번이 정답이 된다.

2 아란 씨가 아르바이트에 응모하려면 어떻게 해야 하는가?

    1 3월 1일까지 슈퍼마켓에 전화해서 면접 시간을 예약한다.

    2 1월 20일까지 이력서에 사진을 붙여서 슈퍼마켓으로 가지고 간다.

    3 2월 12일까지 이력서에 사진을 붙여서 슈퍼마켓으로 부친다.

    4 1월 20일까지 슈퍼마켓에 전화해서 희망하는 아르바이트의 종류를 말한다.

정답 4

해설 문제에서 '응모를 하려면 어떻게 해야 하는가'를 묻고 있으므로 모집 안내문 중 '응모'와 '응모기한'을 보면 정답을 알 수 있다. '응모'를 보면 '우선은 전화로 연락하고 그 때 반드시 응모하고 싶은 아르바이트의 종류를 알려 달라'고 했고, '면접 일시와 면접 시에 이력서에 사진을 붙여서 가지고 오라'는 내용이 나와 있다. 또한 '응모기한'이 1월 20일까지라는 것도 알 수 있다. 3월 1일은 신규 점이 개점하는 날이기 때문에 1번은 정답이 될 수 없다. 1월 20일이 아니라 2월 8일~2월 12일 사이에 있을 면접 시에 이력서에 사진을 붙여서 가지고 가면 되므로 2번도 오답. 2월 12일까지 이력서에 사진을 붙여서 슈퍼마켓으로 보내는 것도 아니므로 3번도 오답이다. 1월 20일까지 응모접수를 받는다고 했고, 일단은 전화로 응모하고 싶은 아르바이트의 종류를 말하면 되므로 정답은 4번이 된다.

문제 14 | 오른쪽 페이지는 어느 슈퍼마켓의 포인트 카드 안내이다. 아래 질문에 대한 답으로서 가장 적당한 것을 1·2·3·4 중에서 하나 고르시오.

(2)

안 씨는 자주 가는 슈퍼마켓 아사히야의 포인트 카드를 만들려고 생각하고 있습니다. 안 씨는 슈퍼마켓 아사히야에서는 항상 식료품을 사고, 물건을 살 때는 구입한 물건을 담을 가방을 가지고 갑니다.

슈퍼마켓 아사히야 포인트 카드 안내

●매일 쇼핑할 때 마다 포인트를 적립한다!

쇼핑포인트	상품권을 사용하지 않는 쇼핑에 포인트가 붙습니다.	110엔당 1포인트
포인트 2배 데이	매월 15일은 포인트 2배 데이 〈쇼핑 포인트가 2배로!〉	110엔당 2포인트
보너스 포인트 1	한 달간 3만엔 이상 쇼핑하신 손님	50포인트
보너스 포인트 2	새롭게 포인트 카드를 만드신 손님	20포인트
그린 포인트	쇼핑백을 가지고 쇼핑하시는 손님	2포인트

＊ 보너스 포인트 1은 3만엔 이상 쇼핑을 하신 다음 달에 선물로 드립니다.
＊ 보너스 포인트 2는 카드를 만드신 후 첫 쇼핑 시에 선물로 드립니다.
＊ 그린 포인트가 붙는 것은 1일 1회에 한합니다.
＊ 카드는 반드시 계산대에서 계산을 하시기 전에 계산대 직원에게 건네시기 바랍니다.

●적립된 포인트로 쇼핑을!
　☆ 500 포인트로 500엔짜리 상품권과 교환할 수 있습니다.
　☆ 포인트 교환은 서비스 카운터에서 하고 있습니다.

●카드는 무료로 만드실 수 있습니다. 서비스 카운터에서 지금 바로 신청하세요!
　· 카드를 만드신 그 날부터 포인트 적립 가능합니다.
　· 신청 용지에 이름 · 연락처 등을 기입하시는 것만으로 신청 가능합니다.
　· 도장 · 신분증 등은 필요 없습니다.
　· 신청 용지는 서비스 카운터에 놓여 있습니다.
　　또는 아사히야 홈페이지에서도 프린트할 수 있습니다.

●더욱 상세한 내용을 알고 싶은 분은
　· 아사히야 HP　www.asahiya.XX.jp
　　서비스 카운터 TEL : 03-3333-33XX

어휘 | 食料品 식료품 | 案内 안내 | 貯める 모으다 | 商品券 상품권 | ごとに ～마다 | 最初 최초 | 際 때 | レジ 계산대 | レジ係 계산원, 계산 담당자 | 渡す 건네주다 | 貯まる 모이다 | 交換 교환 | 無料 무료 | 申(し)込み 신청 | 用紙 용지 | 連絡先 연락처 | 記入 기입 | はんこ 도장 | 身分証明書 신분증명서, 신분증 | 不要 필요 없음 | 詳しい 자세하다, 상세하다

3 포인트 카드를 만들려면 어떻게 하면 되는가?

  1 도장과 신분증을 가지고 서비스 카운터로 간다.
  2 홈페이지에서 신청 용지를 프린트해서 슈퍼마켓으로 보낸다.
  3 서비스 카운터에서 신청 용지를 받아서 필요한 사항을 적는다.
  4 서비스 카운터에서 신청 용지를 써서 계산대 직원에게 건네준다.

> **정답** 3

> **해설** 먼저 문제에서 '포인트 카드 만드는 방법'을 묻고 있으므로 세 번째 ●부분을 봐야 한다. '서비스 카운터에서 신청을 하는 것이고 신청 용지에 이름 연락처를 기입하라고 했으며 도장, 신분증은 필요없다'고 했다. 또한 '신청 용지는 홈페이지에서 프린트도 가능하고 서비스 카운터에도 놓여 있다'고 했으므로 정답은 3번이 된다. '도장, 신분증'은 필요 없으므로 1번은 오답. '슈퍼마켓으로 보낸다'는 내용은 나와 있지 않으므로 2번도 오답. ＊부분을 보면 계산대 직원에 건네주어야 할 것은 신청용지가 아니라 포인트 카드이기 때문에 4번도 오답.

4 안 씨는 1월 25일에 포인트 카드를 만들고 그날 2635엔어치 물건을 샀다. 몇 포인트 모을 수 있는가?

  1 28포인트
  2 72포인트
  3 22포인트
  4 45포인트

> **정답** 4

> **해설** 먼저 첫 번째 ●의 표를 보면 110엔마다 1포인트가 쌓이는데 2635엔 쇼핑을 했으므로 25포인트가 쌓인다는 것을 알 수 있다. 또 새롭게 포인트 카드를 만든 사람에게는 20포인트, 쇼핑백을 지참하는 사람에게는 2포인트가 추가되므로 총 45포인트를 받게 됨을 알 수 있다.

> **문제 14** 오른 쪽 페이지는 야마다 시 연구교류센터 회의실 이용 안내이다. 아래 질문에 대한 답으로서 가장 적당한 것을 1・2・3・4 중에서 하나 고르시오.

> (3)

야마다 시 연구교류센터 회의실 이용안내

【연구 교류 센터 회의실 이용 절차】

1. 이용 가능한 분
  1) 야마다 시에 있는 연구 기관의 직원
  2) 상기의 직원과 연구 교류를 하는 야마다 시 이외의 연구 기관 등의 직원
  3) 연구 교류 센터장이 적당하다고 인정하는 자

2. 이용료
  무료

3. 이용일 · 시간
  평일(월요일~금요일)／오전 9시부터 오후 5시까지
  ※ 준비 등을 위해 시설에 출입할 수 있는 시간은 오전 8시 30분부터입니다.
    회의 종료 후에는 회장을 원래 상태로 되돌려 놓으신 후 오후 5시까지 퇴실하시기 바랍니다.

4. 이용 신청 방법
  예약 상황을 전화로 확인한 후, 이용 신청서에 필요 사항을 기입한 후, 회의에 관한 자료와 함께 제출해 주십시오.

〔신청 접수 개시일〕원칙적으로 회의 개최일 3개월 전부터 접수합니다.

5. 이용 신청서의 제출

〔신청방법〕FAX 또는 E-mail로 신청 받습니다.

〔신청할 곳〕연구교류센터 1층 사무실

6. 이용 승인서의 교부

신청내용 등을 확인한 후, 이용 승인서를 교부합니다.

승인서는 이용 당일, 접수처에 제시해 주십시오.

【서비스 시설·설비】

• 음식점 시설 : 없습니다.

  ※ 회의실 내에서의 음식물 섭취·흡연은 금지하고 있습니다.

    음식물 섭취·흡연은 지정된 장소에서 하시기 바랍니다.

• 자동판매기 : 1층 및 2층

• 코인 로커(무료) : 2층(30개)

• 인터넷 접속 : 회의실에 설치된 LAN설비로, 인터넷 접속이 가능합니다.

  ※ 컴퓨터·LAN카드·LAN케이블을 지참해 주십시오.

【주차장】 수용 대수 : 70대　　※만차 시에는 주변의 유료 주차장을 이용해 주십시오.

【연락처】 TEL : 0436-22-1111 FAX : 0436-22-1122 E-mail : info@yamadakenkyu.com

---

어휘 研究 연구 | 交流 교류 | センター 센터 | 会議室 회의실 | 利用 이용 | 案内 안내 | 手続き 수속, 절차 | 方 분 (남을 높이는 말) | 機関 기관 | 職員 직원 | 上記 상기 | 行う 행하다 | 以外 이외 | 等 등 | 適当 적당 | 認める 인정하다 | 者 사람 | 無料 무료 | 平日 평일 | 午前 오전 | 午後 오후 | 準備 준비 | 施設 시설 | 出入り 출입 | 終了 종료 | 会場 회장 | 元 원래 상태 | 戻す 되돌리다 | 退出 퇴실, 퇴장 | 申し込み 신청 | 方法 방법 | 予約 예약 | 状況 상황 | 確認 확인 | 事項 사항 | 記入 기입 | ~に関する ~에 관한 | 資料 자료 | ~と共に ~와 함께 | 提出 제출 | 受付 접수 | 開始日 개시일 | 原則 원칙 | 開催日 개최일 | にて ~로, ~에서의 문어체 | 事務室 사무실 | 承認書 승인서 | 交付 교부 | 設備 설비 | 飲食 먹고 마심 | 喫煙 흡연 | 禁止 금지 | 指定 지정 | 自動販売機 자동 판매기 | 及び 및, 와, 과 | インターネット 인터넷 | 接続 접속 | 設置 설치 | 可能 가능 | ケーブル 케이블 | 持参 지참 | 駐車場 주차장 | 収容 수용 | 台数 대수 | 満車 만차 | 際 때, 즈음, 기회 | 周辺 주변 | 有料 유료

---

5 회의실을 예약하기 위해서 필요한 것은 어느 것인가?

1 야마다 시의 연구원임을 확인할 수 있는 것

2 연구 센터장의 허가서와 회의에 관한 자료

3 이용 신청서와 회의에 관한 자료

4 이용 신청서와 회의에 관한 자료와 이용 승인서

정답 3

해설 이런 유형의 문제는 질문문에서 요구하는 필요한 정보를 정확하게 파악하면 쉽게 해결된다. 또한, 너무 세세한 항목에 얽매이는 것보다는 먼저 큰 항목을 보고 질문 내용에 해당하는 항목이 어디인가를 빨리 파악하는 것이 중요하다. 물어보는 내용이 '회의실 예약에 필요한 것이 무엇인가'이므로 '4. 이용신청방법'을 보면 된다. 예약 상황을 전화로 확인한 후, 이용 신청서에 필요한 사항을 기입하고 회의에 관한 자료와 함께 제출하라고 되어 있으므로 정답은 3번이 된다. 참고로 '※' 부분에 정답을 알 수 있는 키워드, 혹은 오답으로 유도하기 위한 함정이 숨어 있는 경우가 많이 있으므로 주의해서 읽어야 한다.

6 다음 중 이 시설을 올바르게 이용하고 있는 것은 어느 것인가?

1 저녁 5시까지 회의를 한 후 이용자 전원이 회의실을 정리했다.
2 사용 예정일 2주일 전에 회의실을 이용할 수 있는지 전화로 물었다.
3 회의실에서 인터넷을 사용하기 위해서 접수처에서 컴퓨터를 빌렸다.
4 회의가 종일 계속되기 때문에 점심에 도시락을 주문하여 회의실에서 먹었다.

정답 2

해설 이 문제는 선택지가 조건이 되므로 선택지 1번부터 조건에 맞추어 정보검색을 해 나가면 쉽게 풀 수 있는 문제이다. 1번은 5시까지 정리하고 퇴실해야 되므로 맞지 않고, 3번은 접수처에서 컴퓨터를 빌려준다는 정보가 없기 때문에 맞지 않다. 4번은 회의 실내에서는 음식물 섭취가 금지되어 있으므로 맞지 않다. 이용 신청 방법에 3개월 전부터 예약 신청 가능하고 전화로 확인할 수 있다는 내용으로부터 정답은 2번이다.

問題10 次の(1)から(5)の文章を読んで、後の問いに対する答えとして最もよいものを、1・2・3・4から1つ選びなさい。

(1)

　「録音した自分の声を聞くと、自分の声が自分の声とは思えない」とはよく聞くことである。そして「私の声はこんなにひどくない、もっとましなはずだ」と思う人が多いという。「自分の（声だと思っている）声」より「録音された自分の声」のほうが素晴らしいと思っている人は少ないようなのである。これは、写真の中の自分を見て「これがわたし？」と自分の姿を受け入れようとしない人が多いのと似た現象と言える。

55 筆者は、多くの人はどのように思っていると言っているか。

1　録音や写真では、自分の声も姿も本当の自分とは全く違ったものになってしまう。

2　写真では自分の姿を上手にとれるが、録音では自分の声は上手にとれない。

3　実際の自分が表現できるという意味で、録音と写真はよく似ている。

4　録音や写真では、自分の声や姿は実際よりもひどくなってしまう。

(2)

以下は、ある市民サークルから会員に届いたメールである。

　昨日は、さくら市民会館まで、雨で足元もお悪いなか大勢の方にお越しいただき、ありがとうございました。お陰様で発足3周年を記念したセミナーも盛況のうちに無事終えることができました。改めまして深くお礼申し上げます。

さて、セミナー終了後に、セミナーの資料（ＰＰＴおよび配付資料）をファイルでもらうことはできないかというリクエストが多数寄せられました。また、今回参加できなかった会員のためにも有用かと存じ、本日メールで資料をお送りさせていただくことにいたしました。添付しましたファイルからダウンロードしてご活用ください。

　なお、次の例会についてのご案内など、近日中にまたご連絡さしあげますので、次回もお誘い合わせの上多数ご参加くださいますようお願いいたします。

　取り急ぎお礼かたがたお知らせまで。

多文化共生を考える会

代表：山田ひとみ

---

56 このメールが最も伝えたいことは何か。

1　次の例会にも大勢参加してほしい。

2　セミナーの資料を当日参加できなかった会員に送ってほしい。

3　セミナーの資料を添付ファイルで送ったので、役だててほしい。

4　発足3周年を記念するためにも、セミナーの資料をファイルとして保存してほしい。

(3)

　人間関係はコミュニケーションから始まります。コミュニケーションというと、言葉によるコミュニケーションばかりを私たちは考えがちです。もちろん言葉の重要さは言うまでもありませんが、言葉以外の手段でも、人間はコミュニケーションを行っていることを忘れてはならないでしょう。例えば、肌と肌が触れ合うスキンシップは、家族や恋人たちの間ではとても大事なコミュニケーションになりますし、家庭を離れた社会生活の場では、表情や態度をはじめ、服装や化粧やアクセサリーなどもコミュニケーションの一部を担うことになります。
(注)

（注）担う：受け持つ

57　筆者の考えに合うのはどれか。

1　コミュニケーションの手段は、言葉によるものと外見によるものの二つしかない。

2　コミュニケーションには言葉意外のもあることを忘れてはならない。

3　家族や恋人たちの間では言葉よりスキンシップのほうが大事である。

4　言葉以外のコミュニケーションに注意すれば社会生活もうまく行く。

(4)

以下は、ある自治体が広報誌に載せた、プレゼントの案内広告である。

　○○県のイメージ・キャラクター「ポカモン」が可愛いマスコットになりました(注)。

　上の写真のオリジナル・マスコットを３００名の方にプレゼントします。ご希望の方は郵便ハガキに住所、氏名、年齢、職業、電話番号をお書きの上、下記のあて先までご応募ください。「ポカモン」マスコットの帽子は赤、青、緑の三種類ですが、帽子の色は指定できませんので、あらかじめご了承ください。応募者が多数の場合は抽選になります。当選者の発表はプレゼントの発送をもってかえさせていただきます。締め切りは６月１０日。プレゼントの発送は６月下旬の予定です。

なお、ホームページでも応募を受けつけています。パソコンや携帯から下記のURLにアクセスしてください。

(注) マスコット：ここでは、小さな人形

---

58 この案内広告の内容と一致するものは、どれか。

1　当選者は６月下旬にホームページで発表される。

2　プレゼントがもらえるかどうかは抽選で決まる。

3　６月10日が過ぎれば、マスコットの帽子の色は指定できない。

4　当選しても、どの色の帽子のマスコットがもらえるかは分からない。

(5)

　「選考の結果、残念ながら不合格となりました。今後のご活躍を心よりお祈り申し上げます」という企業からのメール文面が多いことから、学生たちは不合格通知メールを「お祈りメール」、企業から通知の無いまま、いつの間にか不合格になってしまうことを「サイレントお祈り」と呼んでいる。「お祈りメール」なら、気持ちを切りかえて次の企業にアタックすることもできるが、「サイレントお祈り」ではそういうわけにはいかなくなる。学生たちの間では「サイレントお祈り」をやめてほしいという声が圧倒的だ。大学の就職支援センターの関係者たちも「選考の結果は必ず通知するようにしてほしい」と声を揃えている。

59　「サイレントお祈り」をやめてほしいとあるが、それはなぜか。

　　1　すぐ次の就職活動に専念できないから。

　　2　他の企業に応募する自信がなくなってしまうから。

　　3　大学側も学生たちも企業不信になってしまうから。

　　4　「お祈りメール」よりもプライドに傷がついてしまうから。

問題11 次の(1)から(3)の文章を読んで、後の問いに対する答えとして最もよいものを、1・2・3・4から1つ選びなさい。

(1)

　韓国の諺^{ことわざ}に、

「晩学の泥棒　夜の明けゆくを知らず」というのがある。

　年をとってからやりはじめたものは、何事によらずのめりこみやすいという意味らしい。

「四十すぎての浮気はとまらない」という日本の言いかたと対応するかと思うが、浮気のたとえより、晩学の泥棒が熱中のあまり、いつまでも錠前^{じょうまえ}をがちゃがちゃやっていたり、倉の中でごそついていたりして、夜の白む暁時^{あかつきどき}誰かに発見されたりする滑稽味^{こっけいみ}のほうがはるかにおもしろい。

「としよりの冷水^{ひやみず}」というからかいもたぶんに含まれているようだ。この諺は思い出すたびにおかしくて、また現在の自分の姿に重ね合せてしまったりもする。

　なぜなら、私は五十歳を過ぎてから、隣の国のハングルを学びはじめ、いつのまにか十年の歳月が流れてしまった。①まさに晩学の泥棒である。

　おもしろくて夜の白みはじめたのに気がつかなかったこともあるが、語学のほうは「御用！」とも「お縄頂戴」ともならないところがありがたい。若い時ならもっと手際よく学べたかもしれないのに、五十歳を過ぎてからではたぶん数倍の時間と労力がかかっているに違いない。

　ただ、心の中ではひそかに②こうも思う。若い時はまだ日本語の文脈がしっかりしてはいない。五十歳を過ぎれば日本語はほぼマスターしたと言っていいだろう。それからゆっくり〈外国語への旅〉に出かけても遅くはない。

　③外国語を習うことは母国語の問題でもあるのだ。外国語はぺらぺらなのに、日本語のほうはなんともたどたどしいという若者も多い。

（茨木のり子『一本の茎の上に』筑摩書房による）

（注1）暁時^{あかつきどき}：夜があけようとする時(=夜明け)
（注2）御用^{ごよう}：江戸時代に役人が犯人を捕まえるときに言ったとされる言葉
（注3）お縄頂戴^{なわちょうだい}：江戸時代に役人が犯人を捕まえ、縄で縛るときに言ったとされる言葉

60 ①まさに晩学の泥棒であるとは、著者の場合どういうことか。

1 年をとってから始めた韓国語の学習にお金をつぎ込んでいる。

2 年をとってから始めた韓国語の学習に無駄な時間を使っている。

3 年をとってから始めた韓国語の学習に夢中になっている。

4 年をとってから始めた韓国語の学習を後悔している。

61 ②こうとはどういうことか。

1 五十歳を過ぎてからの外国旅行は世間から批判されることも多い。

2 五十歳を過ぎてからの外国旅行よりも若いときの外国旅行の方が良い。

3 五十歳を過ぎてからの外国語学習には良いこともある。

4 五十歳を過ぎてからの外国語学習には無駄なことが多い。

62 ③外国語を習うことは母国語の問題 問題でもあるのだ。 とはここではどんな意味か。

1 母国語をしっかり身につけて、外国語を始めるのも悪くない。

2 外国語も母国語も難しさはかわらない。

3 外国語は上手だが、母国語は下手な人が多い。

4 外国語が上達すれば、母国語も上達する。

(2)

日本語が系統的に孤立した存在だということはすでに述べた。今のところ世界の言語から仲間はずれの状態にあるわけだ。それでは、他の言語とまるで違う性質をもっている一風変わった特殊な言語なのだろうか。これまでにいろいろと日本語の特殊性がささやかれてきた。はては、だから日本人は外国語が苦手なのだといったもっともらしい説もとびだす。①そこから、英語と違って日本語を使いこなす外国人がなかなか増えないのは、言語として特殊でむずかしいせいだという方向に発展したりする。ほんとのところはどうなのだろう。

多くの言語に通じている専門家によると、②ひとつひとつの性格を広い視野で見れば、日本語はそれほど特殊な言語だとはいえないというのが真相らしい。母音の数や子音の性質といった発音の面ではむしろ平均的で、どちらかというと標準に近いという。

文法の面で日本語の特徴とされるのは、冠詞を用いない、単数と複数の区別をしない、関係代名詞をもたない、主語が必須の成分ではない、主語－述語－目的語という語順にならずに述語が文末にくる、たとえば「食べる」という動詞が「食べさせられていなかったようだね」となるように、動詞にいろいろな要素が複合して述語をつくる、といった点だろう。が、気がついてみれば、そのほとんどが、たいていの日本人がはじめてふれる外国語である英語と違うから意識させられるだけではないか。英語を外国語の標準としてものを考えるのは、言語としての英語の性格とは別の問題だ。

（中村明『楽しい日本語学入門』筑摩書房による）

63 ①そこからの「そこ」とは何か。

1 日本語が世界の言語から隔てられた状態であること

2 日本人が外国語が苦手であるというもっともな事実

3 日本語が特殊であるということの客観的な観察

4 日本語の特殊性についてのさまざまな意見や考え方

64 ②ひとつひとつの性格とは何の性格のことだと考えられるか。

1 日本語

2 日本語の母音

3 日本語の子音

4 日本語の発音

65 この文章で筆者が伝えたいことは何か。

1 日本人にとって英語が初めて接する外国語であるのは好ましくない。

2 日本語というのは他の言語とは大きく異なった、孤立した言語である。

3 日本語を使いこなす外国人がなかなか増えないのは、言語として特殊だからである。

4 英語を基準として日本語が特殊だという考え方を見直そう。

(3)

　太陽系には九つの惑星があり、惑星に付随している衛星は全部で九十個以上存在しています。

　これらの惑星や衛星上に生命が生まれるためには、いくつかの条件が満たされねばなりません。

　まず、生命を作る材料である炭素や酸素などの重元素の固まりが、岩石成分となって表面に剥き出しになっている必要があります。木星や土星のような巨大惑星では、水素とヘリウムを主体としたガスに厚く包まれており、炭素を主体とした化合物である有機体をつくることができないでしょう。

　次に、重元素が互いに反応して化合物を作るためには、岩石が風化されてガスやチリ状になっていなければなりません。固体のままであっては新しい化合物が形成されないためです。岩石の風化作用が起こるためには、惑星や衛星の表面には大気と水が存在している必要があります。

　特に、液体の水の存在が不可欠です。さまざまな元素が水に溶け込むことにより、化学反応が効率的に進むためです。

　さらに、水は地表でエネルギーを吸収して水蒸気になって上昇し、上空で再び水に戻ってエネルギーを宇宙空間へ捨てて地上に戻ってくる、という循環運動をします。

　このように、水は、エアコン作用によって惑星表面が高温にならないよう調節するとともに、「温室効果ガス」である二酸化炭素を吸収して、大気を浄化するように働いています。水の存在が生命を誕生させる鍵といえるのです。

　　　　　　　　　　（池内了『書き下ろし　科学最前線ノート41』新書館による）

66 有機体をつくるために必要ない物質は何か。

1 二酸化炭素

2 炭素

3 水素

4 酸素

67 生命が誕生するために水の存在が不可欠なのはなぜか。

1 化学反応を弱めるため。

2 風化作用を引き起こすため。

3 大気の汚れを分散させるため。

4 岩石を作り出す。

68 水の「エアコン作用」とはここではどういう意味か。

1 惑星表面を低温の保つこと

2 惑星表面に冷風を吹かせること

3 惑星表面の熱気を遮断すること

4 惑星表面の温度調節をすること

問題12 次のＡとＢの文章を読んで、後の問いに対する答えとして最もよいものを、1・2・3・4から1つ選びなさい。

(1)

Ａ

　　三歳児神話とは、「子どもが三歳になるまでは家庭で母親が育てないと、取り返しのつかないダメージを子どもに与える」というものです。科学的に証明されていないから「神話」と呼ばれているのですが、それを信じる人は少なくないため、母親が子どもを保育所に預けようとすると、「三歳までは母親が自分で育てないと、子どもがまっすぐに育たない」とまわりから非難されてしまうのです。母親だけが、子どもの成長にとって大切な人間なのだということになり、二人は家庭に閉じこめられてしまいます。

Ｂ

　　「母親は子供を三歳までは手元で育てるべきである」という神話がある。そして、その神話はこう続く「そうしなければ子どもの成長に悪影響が出る」。これではほとんど脅迫である。この神話には、それを生み出すもとになった観察や実験の報告はあるが科学的な根拠はない。しかし嘘だと断定することは素人には困難である。それが厄介なのだ。

　　この神話を突きつけられた親たちは「それなら保育所で育てられた子供はみんな悪くなるのか」と反論したくなる。しかし悪影響が出たあとで三歳児以前に戻ることはできない。反発を感じながらこの神話の言いなりになっている母親も多いのではないだろうか。母親たちを孤立させない対策が強く望まれる。

69 三歳児神話についてAとBのどちらの文章にも触れられている点は何か。

1 子どもの親たちの周りにいる人からの親たちに対する批判

2 はっきりとした科学的な根拠はないが、否定するのは困難であること

3 こどもを保育所に預ける際にそのことが問題になるということ

4 親たちをその神話から守るための具体的な方法が必要であること

70 母親が子どもを保育所に預けることについて、AとBの著者はどのように述べているか。

1 Aは預けるべきだと述べており、Bは預けるべきではないと述べている。

2 Aは預けるほうがよいと述べており、Bはどちらでもよいと述べている。

3 Aは母親が自分で判断すればよいと述べており、Bは周囲の大人たちも一緒になって考えるべきだと述べている。

4 Aは母親が責められることになるという一般論を述べており　Bは預けることに問題はないと述べている。

問題13 次の文章を読んで、後の問いに対する答えとして最もよいものを、1・2・3・4から
1つ選びなさい。

(1)

　日本人はむかしは、楽しみを持つことを罪悪のように考えていました。それはその
楽しさにひかれて、働いたり勉強したりすることを怠けるようになるからでしょう。

　しかし一方、人間は楽しみがなかったら生きてゆけないものであることも、むかし
の人は知っていました。

　その楽しみとは、ある人には読書であり、ある人にはスポーツであり、また旅をす
ることであったり、いろんな芸を鑑賞することであったり、人によってさまざまで
す。あるサラリーマンにとって魚つりは最高の楽しみであっても、漁師にとってはそ
れは仕事で別に楽しみではありませんし、休日にラジオを組み立てることを楽しみに
している人もあれば仕事として毎日、工場でラジオを組み立てている人もあります。

　それが職業となると、楽しみもありますが、苦しみや悩みが伴います

　私は少年のころから落語が好きで、聞いて楽しみ、読んで楽しみ、自分でしゃべり
もしました。そしてこの芸からいろんなものを吸収しました。この芸にとり組むこと
によって、他のさまざまな芸の面白さも味わうことができるようになりました。
しかしこれを職業とするようになってから、苦しみや悩みが生じてきて、ある時期、
せっかくの好きな落語を楽しいものでなくしてしまったことにちょっと後悔を持った
こともありました。ところが、その時期をすぎますと、今度は今まで気がつかなかっ
たおもしろさや、この芸の奥深さがわかるようになり、さらに人生観というか、人間
として生きてゆくうえの、心の持方、人の気持ちへの思いやり、善悪その他の価値判
断、そんなものまで、私は落語を通じて考えさせられるようになってきたのです。

　そして弟子や後輩に、やっと自信をもってなにかが言えるようになりました。

　私はやっと五十歳を迎えたところです。芸の世界ではこれから……という年齢で
す。まだこれから私は変わってゆくかも知れませんが、この時点で私はこの本を書か
せてもらいました。この本には私は少しもウソや誇張は書いていないつもりです。み
なさんに落語というものをわかっていただきたくて一生懸命に書きました。

　別にかた苦しいことを書いているわけではありませんので、どうぞ気楽に読んでや
ってください。

（桂米朝『落語と私』文藝春秋より）

71 筆者は昔の日本人の楽しみに対する考え方がどうであったと述べているか。

1 楽しみを仕事にすることにすれば幸せに生きられると考えていた。

2 楽しみを持つことをとても悪いことだと考え、一切持たずに生きようとした。

3 楽しみを持つことには良い点と悪い点の両方があることを知っていた。

4 楽しみを待たずに幸せに行きていく方法があるはずだと考えていた。

72 筆者は落語家になったことをどのように考えているか。

1 落語の奥深さを理解せずに落語家になったことを反省し続けている。

2 子どものときに好きだった落語を職業にしたことを常に幸せだと感じている。

3 落語家になったことを悔やんだ時期が長く続き、その後もその気持ちは消えていない。

4 職業として落語にとりくむことに苦悩を感じた時期の後に落語の深い面白さを知るようになった。

73 筆者はどのような思いでこの本を書いたと述べているか。

1 落語について気楽な気持ちで書いたので楽しんで読んでほしい。

2 落語について大げさに書いたところもあるが楽しんで読んでほしい。

3 落語について自分の目で見たことだけを書いたので楽しんで読んでほしい。

4 落語について知ってもらいたくて書いたので楽しんで読んでほしい。

問題14 右のページは、ある「加藤市市民アカデミー語学講座　秋講座」のウエブ上の「よくあるご質問と答え」である。下の問いに対する答えとして最もよいものを、1・2・3・4から一つ選びなさい。

74 この秋講座から新しく受講生になろうと思っている人ができることは次のうちどれか。

1　受講途中にレベルの違う講座に移ること。

2　勉強したことのない語学を学び始めること。

3　自分の興味のある講座を1日だけ見学すること。

4　自分で初級の勉強をした言語の初中級の講座を受けること。

75 このセミナーの申し込んだ人ができることははどれか。

1　来年の春講座の受講を希望している者は希望の講座を試聴できる。

2　初中級までの語学力があれば秋講座から「中級」の講座を受けられる。

3　「初級」の講座と「初中級」の講座を春講座から受講することができる。

4　自分の参加した講座で使用している教科書は受付に行けば見せてもらえる。

「加藤市市民アカデミー語学講座　秋講座」に関する
よくあるご質問と答え

Q1.全くその語学を学んだことのない者でも受けられる語学講座はありますか？

A1.今回募集しております秋講座（10月～2月）は、基本的に春講座（4月～7月）の続きとなります。初学者向けの春講座として「初級Ⅰ」が例年開講されますので。来年度からの受講をご検討ください。
　　※ただし言語によっては、「初級」講座の設定がない場合もあります。

Q2.語学講座のレベルは何段階に分かれていますか？

A2.加藤市市民アカデミー語学講座には、「初級」「初中級」の2段階のレベルがあり、言語によってはさらに進んだコミュニケーション能力を身につけるための「中級」があります。また「会話」や「講読」に特化した講座を設けている場合もあります。
　　（各レベルの受講対象者の目安）
　　「初級」→ その言語を初めて学ばれる方
　　「初中級」→ 初級を1年間学習された方、または初級で学習する内容をすでに習得されているとみなされる語学力をお持ちの方
　　「中級」→ 初級や初中級を2年間程度学習された方。またはそれと同等の語学力をお持ちの方

Q3.授業を見学したり試聴したりすることはできますか？

A3.当アカデミーでは見学や試聴の制度を設けておりません。募集要項やウエブサイトをよくお読みいただき、内容をご確認ください。なお、講座で使う教科書の一部をウエブサイトでご覧いただけますのでご参考になさってください。

Q4.授業が始まったあとでレベルが合わなかったので講座を変更したいのですが。

A4.残念ながら授業が始まってから講座を変えることはできません。悪しからずご了承ください。

문제 10 다음의(1)~(5)의 문장을 읽고, 다음 질문에 대한 답으로서 가장 적당한 것을 1·2·3·4에서 하나 고르시오.

(1)

'녹음한 자신의 목소리를 들으면, 자신의 목소리가 자기 목소리라고는 생각되지 않는다'라는 건 자주 듣는다. 그리고 '내 목소리는 이렇게 형편 없지않다, 더 나을 것이다'라고 생각하는 사람이 많다고 한다. '자신의 (목소리라고 생각하는)소리' 보다 '녹음된 자신의 목소리' 쪽이 훌륭하다고 생각하는 사람은 적은 듯하다. 이것은, 사진 속의 자신을 보고 「이게 나야?」라고 자신의 모습을 받아들이려고 하지 않는 사람이 많은 것과 비슷한 현상이라고 말할 수 있다.

> **어휘** 録音(ろくおん) 녹음 | 声(こえ) 목소리, 소리 | ましだ 더낫다, 더좋다 | 素晴(すば)らしい 훌륭하다 | 姿(すがた) 모습, 모양 | 受(う)け入(い)れる 받아들이다 | 似(に)る 닮다, 비슷하다 | 現象(げんしょう) 현상

55 필자는 많은 사람은 어떻게 생각하고 있다고 말하는가?

1 녹음이나 사진에서는 자신의 목소리도 모습도 실제 자신하고는 전혀 다른 것이 되고 만다.
2 사진에서는 자신의 모습을 잘 찍지만, 녹음에서는 자신의 목소리는 잘 녹음되지 않는다.
3 실제 자신을 표현 할 수 있다는 의미로, 녹음과 사진은 많이 닮았다.
4 녹음이랑 사진에서는, 자신의 목소리랑 모습은 실제보다도 형편없어지고 만다.

정답 4

해설 이 문제는 많은 사람들은 녹음한 자신의 목소리가 「私の声はこんなにひどくない、もっとましなはずだと思う人が多い」라는 부분과 마지막 사진 속의 자신을 보고 「これがわたし？と自分の姿を受け入れようとしない人が多い」라는 부분에서 녹음이나 사진에서는 자신의 목소리나, 모습은 실제 보다 형편없다고 말하는 4번이정답이다. 따라서 3번은 반대의 의미로 오답이며 진짜 자신하고는 전혀 다르다고는 말하지 않았기 때문에 1번과, 사진과 녹음이 둘 다 실제의 모습과 목소리보다 형편없다고 했으므로 2번은 오답이 된다.

(2)

이하는, 어느 시민 동호회로부터 회원에게 도착한 메일이다.

어제는 사쿠라 시민회관 까지, 비로 인해 불편하신 가운데 많은 분들이 찾아와 주셔서, 감사했습니다. 덕분에 발족 3주년을 기념한 세미나도 성황리에 무사히 마칠 수 있었습니다. 다시 한번 깊은 감사의 말씀 드립니다.
그런데, 세미나 종료 후에 세미나 자료(PPT 및 배부자료)를 파일로 받을 수 없겠느냐는 요구가 다수 들어왔습니다. 또한, 이번에 참가하지 못한 회원들을 위해서도 유용하리라 생각해, 금일 메일로 자료를 보내 드리기로 했습니다. 첨부한 파일에서 다운로드 하여 활용해 주세요.
아울러, 다음 정기회에 대한 안내 등, 조만간 다시 연락드릴 테니까, 다음번에도 서로 권유하여 많은 분들이 동참할 수 있도록 부탁드리겠습니다.
우선 급한 대로 인사를 겸해 알려드립니다.

다문화 공생을 생각하는 모임
대표: 야마다 히토미

市民会館 시민회관 | 足元 발밑, 발걸음 | 大勢 여러 사람 | お越し 가다, 오다의 높임 (お越しいただく 와주시다) | 発足 발족 | 記念する 기념하다 | セミナー 세미나 | 盛況 성황 | 無事 무사, 아무 일 없음 | 改める 고치다, 바꾸다 | 終了 종료 | 資料 자료 | PPT (PowerPoint) 파워포인트 | 配布資料 배부 자료 | ファイル 파일 | リクエスト 요구, 주문 | 多数 다수, 수가 많음 | 寄せる 밀려오다, 다가오다 | 参加 참가 | 会員 회원 | 有用 유용 | 添付 첨부 | ダウンロード 다운로드 | 活用 활용 | 例会 정례회 | 案内 안내 | 近日中 근간, 근일 | 連絡 연락 | 次回 다음 번 | 誘い合わせる 권유하여 함께 행동하다 | 取り急ぎ 서둘러, 우선 급한대로 | お礼 사례, 인사 | かたがた 아울러, 겸하여

56 이 메일이 가장 전하고 싶은 것은 무엇인가?

1 다음 정기 모임에도 많이 참가해 주길 바란다.
2 세미나의 자료를 당일 참가할 수 없었던 회원들에게 보냈으면 좋겠다.
3 세미나의 자료를 첨부 파일로 보냈으니까 도움이 되었으면 한다.
4 발족 3주년을 기념 하기 위해서도 세미나의 자료를 파일로서 저장해 주었으면 한다.

정답 **3**

해설 이 문제는 기념 세미나에 참석한 회원들에 대한 감사 인사와 이메일을 쓰게 된 이유, 전달하고자 하는 것이 무엇이냐를 묻고 있는 문제이다.

이러한 정보 전달 문제는 본론 부분의 「さて(그런데, 한데)」부터 내용을 읽으면 된다.

세미나에 참석하지 못한 회원들로부터 요구에 부응해 회원들에게 도움이 되고자 세미나자료를 메일로 보내기로 한 것에 대한안내문으로 3번이정답이된다. 그리고 「なお (덧붙여)」는 어떤 내용이 끝 난 뒤 추가해서 다른 것을 덧붙일 때 쓰는 말이므로 메일을 쓰게된 주 된 이유는 되지 못하므로 1은 정답이 아니다.

---

(3)

인간 관계는 커뮤니케이션으로부터 시작됩니다. 커뮤니케이션이라 하면, 말에 의한 커뮤니케이션만을 우리들은 생각하기 쉽습니다. 물론 말의 중요함은 말할 것도 없지만, 말 외의 수단으로도, 인간은 커뮤니케이션을 하고있다는 것을 잊어서는 안 될 것입니다. 예를 들면, 피부와피부가 서로 닿는 스킨십은 가족이나 연인들 사이에서는 매우 중요한 커뮤니케이션이 되며, 가정을 떠난 사회 생활의 현장에서는 표정이나 태도를 비롯해 복장이나 화장, 액세서리 등도 커뮤니케이션의 일부를 맡게 됩니다.

(주) 担う :담당하다

人間関係 인간 관계 | コミュニケーション 커뮤니케이션 | 始まる 시작되다 | 言葉 말, 언어, 단어 | 手段 수단 | 行う 행하다, 실시하다 | 忘れる 잇다, 잊어버리다 | 肌 피부, 살결 | 触れあう 맞닿다, 접촉하다 | スキンシップ 스킨십 | 離れる 떨어지다, 멀어지다 | 社会生活 사회생활 | 場 곳, 장소 | 表情 표정 | 態度 태도 | 服装 복장 | 化粧 화장 | アクセサリー 액세서리 | 一部 일부 | 担う 짊어지다, (책임 등) 떠맡다

57 필자의 생각에 맞는 것은 어느 것인가?

1 커뮤니케이션의 수단은 말에 의한 것과 외견에 의한 것의 2가지 밖에 없다.
2 커뮤니케이션에는 말 이외의 것도 있는 것을 잊어서는 안 된다.
3 가족이나 연인들 사이에서는 말 보다 스킨십 쪽이 중요하다.
4 말 이외의 커뮤니케이션에 주의하면 사회 생활도 잘 된다.

정답 **2**

인간은 말에 의한 커뮤니케이션만을 생각하기 쉽지만 말 이외의 수단으로 커뮤니케이션을 하고 있다는 것을 잊어서는 안 된다고 말하고 있으므로 정답은 2번이다. 그 예로서「例えば」에서 그 구체적 예를 나타내고 있으며 필자가 말하고자 하는 부분 또는 필자의 생각을 구체화시키며 설득력을 더하게 된다. 3번은 가족이랑 연인들 사이에서 스킨십은 중요한 커뮤니케이션이 된다는 부분은 있으나 말보다 중요하다는 내용은 아니므로 오답이며 1,4번은 언급하지 않았다.

(4)

이하는, 어느 자치 단체가 홍보지에 실은 선물 안내광고이다.

○○현 이미지 캐릭터 '포카몬'이 귀여운 마스코트가 되었습니다.
위의 사진의 오리지널 마스코트를 300분에게 선물드립니다. 희망하시는 분은 우편엽서에 주소, 성명, 연령, 직업, 전화번호를 적으신 후 하기의 수신처로 응모해 주세요. '포카몬' 마스코트의 모자는 빨강, 파랑, 녹색의 3종류입니다만, 모자의 색깔은 지정할 수 없으므로, 미리 양해바랍니다. 응모자가 많은 경우는 추첨하게 됩니다. 당첨자 발표는 선물 발송으로서 대신하겠습니다. 마감은 6월 10일. 선물 발송은 6월 하순 예정입니다. 아울러, 홈페이지에서도 응모를 받고 있습니다. 컴퓨터나 휴대전화에서 하기의 URL로 접속해주세요.

(주) マスコット:여기서는 작은 인형

어휘 自治体 자치단체 | 広報誌 홍보지 | 載せる 태우다, 글 등을싣 다 | プレゼント 선물 | 案内 안내 | 広告 광고 | イメージ・キャラクター 이미지 캐릭터 | マスコット 마스코트 | オリジナル 오리지널 | 希望 희망 | 郵便ハガキ 우편엽서 | 住所 주소 | 氏名 성명 | 年齢 연령 | 職業 직업 | あて先 수신처 | 応募 응모 | 帽子 모자 | 赤 빨강 | 青 파랑 | 緑 녹색 | 種類 종류 | 指定 지정 | あらかじめ 미리, 사전에 | 了承 양해 | 多数 다수, 수가 많음 | 抽選 추첨 | 当選者 당선자 | 発表 발표 | 発送 발송 | 下旬 하순 | 予定 예정 | 締切 (기한의) 마감 | 受け付ける (서류등) 접수하다 | 携帯 휴대 (전화) | URL(Uniform Resource Locator) 주소 | アクセスする 액세스하다 | 人形 인형

58 이 안내 광고의 내용과 일치하는 것은 어느 것인가?
1 당선자는 6월 하순에 홈페이지에서 발표된다.
2 선물을 받을 수 있는지 어떤지는 추첨으로 결정된다.
3 6월 10일이 지나면 마스코트의 모자 색은 지정할 수 없다.
4 당첨돼도 어느 색의 모자의 마스코트를 받을 수 있을지는 알 수 없다.

정답 4
해설 홍보지에 실린 안내 광고문의 내용에 맞는 것을 찾는 문제이다. 이 문제의 경우, 짧은 내용이지만 전체 내용을 읽어내려 가며 선택지를 소거해야 한다.
당선자 발표는 선물 발송으로서 대신하기 때문에 1번은 소거되며, 300명에게 선물을 증정하며 응모자가 많은 경우 추첨하게 되므로 2번은 오답이다. 마감기한이 6월 10일로 마스코트의 모자 색깔은 지정할 수 없다고 사전에 양해를 구하고 있기 때문에 3은 오답이므로 4번이 정답이 된다.

(5)

'전형 결과 유감스럽지만, 불합격이 되었습니다. 앞으로의 활약을 마음으로부터 기원 합니다'라는 기업으로부터의 메일 문구가 많은 데에서, 학생들은 불합격 통지 메일을 '기원메일' 이라 부르고 기업으로부터 통지가 없는 채로, 어느샌가 불합격이 되고 마는 것을 「무성기원」라 부르고 있다. '기원메일'이라면, 마음을 바꿔 다음 기업에 도전할 수도 있지만 '무성기원'은 그럴 수 없게 된다. 학생들 사이

에서는 「무성기원」을 그만하기를 바란다는 의견이 압도적이다. 대학의 취직 지원 센터의 관계자들도 '전형 결과는 반드시 통지 하도록 해달라'고 입을 모아 말하고 있다.

> **어휘** 選考 선고, 전형 | 結果 결과 | 残念 유감스러움, 아쉬움 | 不合格 불합격 | 今後 이후 | 活躍 활약 | 祈る 기원하다,
> 기도하다 | 申し上げる 말씀드리다 | 企業 기업 | 文面 문면, 문장이나 편지에 나타나 있는 내용, 문구 | 通知 통지 | ～まま
> ～대로, ～채 | いつの間にか 어느샌가 | 呼ぶ 부르다 | 切りかえる (방법, 규칙 등을) 바꾸다, 전환하다 | アタック 어택, 공
> 격, 도전 | サイレントお祈り 무성기원 | 圧倒的 압도적 | 就職支援センター 취직지원센터 | 関係者 관계자 | 必ず 반드시 |
> 声を揃える 소리를 모으다 (입을맞추다)

59 「무성기원」을 중지 해달라고 되어있는데, 그것은 왜인가?

1 바로 다음 취직 활동에 전념할 수 없기 때문에.
2 다른 기업에 응모할 자신이 없어져버리니까.
3 대학 측도 학생들도 기업 불신이 되고 마니까.
4 '기원 메일' 보다도 자존심에 상처 입게 되니까

정답 1

해설 취업 활동의 전형 결과 통보 방법 중에서, 기업으로부터 불합격인 경우 통지를 전하는 「お祈りメール」와 기업으로부터의 통지가 없는 채로 불합격이 되는 「サイレントお祈り」를 소개하고 있다. 불합격이라도 「お祈りメール」의 경우, 마음을 바꾸어 다음 기업에도 도전할 수 있지만, 「サイレントお祈り」그렇게 할 수 없다는 것은 취업활동에 영향을 준다는 의미로 생각할 수 있으므로 정답은 1번이된다.

문제 11 다음(1)～(3)의 문장을 읽고, 다음 질문에 대한 답으로서 가장 적당한 것을 1・2・3・4에서 하나 고르세요.

(1)

한국의 속담에,
'늦게 배운 도둑이 밤새는 줄 모른다' 라는 것이 있다.
나이 들고 나서 하기 시작한 것은 무슨 일이든 빠져들기 쉽다는 의미라고 한다.
'사십이 지나서의 바람기는 멈추지 않는다' 라는 일본의 표현과 대응하리라 생각하는데 바람기의 비유보다 늦게 배운 도둑이 열중한 나머지, 언제까지고 자물쇠를 짤랑짤랑거리거나, 창고 속에서 부스럭거리다가, 날이 새 (주1)새벽 무렵 누군가에게 발견되거나 하는 해학미 쪽이 훨씬 재미있다.
'노인의 오기로'라는 빈정거림도 아마 포함되어 있는 듯 하다. 이 속담은 생각날 때마다 우습고,또 현재의 나의 모습에 겹쳐 버리기도 한다.
왜냐하면, 나는 오십이 지나서, 이웃 나라의 한글을 배우기 시작해, 어느덧 십년의 세월이 흘러버렸다. 실로 만학의 도둑이다.
즐거워 날이 새는 줄도 몰랐던 적도 있지만, 어학 쪽은 어느덧 「(주2)꼼짝 마라!」나 「(주3)오랏줄을 받아라」라고도 되지 않는게 고맙다. 젊을 때라면 더 솜씨 좋게 배울 수 있었을 지 모르겠지만, 오십 세를 지나서는 아마도 수배의 시간과 노력이 들었을 임에 틀림없다.
다만, 마음 속에서는 내심 이렇게 생각한다. 젊었을 때는 아직 일본어의 문맥이 탄탄하지 않다. 오십 세를 지나면, 일본어는 거의 마스터 했다고 말해 좋을 것이다. 그리고 나서 천천히 〈외국어로의 여행〉에 나서도 늦지는 않다.
외국어를 배우는 것은 모국의 문제이기도 하다. 외국어는 능숙한데, 일본어는 어설픈 젊은이들도 많다.

(이바라기 노리코 [하나의 줄기 (위)에] 치쿠마 서적)중에서

(주1) 暁時 : 동이 틀 무렵, 새벽 무렵
(주2) 御用 : 에도시대에 관리가 범인을 붙잡을 때 말했다고 여겨지는 말
(주3) お縄頂戴 : 에도시대에 관리가 범인을 붙잡고 밧줄로 묶을 때 말했다고 여겨지는 말

어휘 諺 속담 | 勉学 면학 | 泥棒 도둑(질) | 明ける (날이) 밝다, 새다 | 何事 무슨 일 | のめり込む 빠져들다 | 浮気 바람기 | 止まる 멎다, 멈추다 | 言い方 말투, 표현 | 対応 대응 | 熱中 열중 | あまり ~(한) 나머지 | 錠前 자물쇠 | ガチャガチャ 짤랑짤랑 | 倉 곳간, 창고 | ごそつく 부스럭 소리가 나다 | 白む 희어지다, (새벽이 되어) 밝아지다 | 発見 발견 | 滑稽味 해학/익살미 | はるかに 훨씬 | 年寄りの冷や水 늙은이의 냉수(노인에게 어울리지 않는 오기나 위험한 짓을 야유하는 말) | からかい 놀림, 조롱 | おかしい 우습다/이상하다 | 姿 모습, 모양 | 重ね合わせる (서로) 겹치다, (겹겹이) 포개다 | いつの間にか 어느샌가 | 歳月 세월 | まさに 실로, 정말로 | 気が付く 정신이 들다, 깨닫다, 생각이 나다 | 御用 꼼짝 마라(옛날 관명으로 범인을 체포하던 일, 또는 그 때 외치던 소리) | お縄頂戴 오랏줄, 포승을 받다 | 手際 (사물을 처리하는) 솜씨, 만들어 낸 솜씨 | 数倍 수 배, 몇 배 | 労力 노력, 수고 | ~に違いない ~임에 틀림없다 | ひそかに 몰래하는 모양, 은밀함 | 文脈 문맥 | しっかりする 견고한 모양, (기억, 판단 등) 확실한 모양 | マスター 마스터, 숙달함, 터득함 | 母国語 모국어

60 실로 늦게 배운 도둑이다란, 저자의 경우 어떤 것인가?
1 나이들고 나서 시작한 한국어 학습에 돈을 쏟아붓고 있다.
2 나이들고 나서 시작한 한국어 학습에 쓸데없는 시간을 쓰고 있다.
3 나이들고 나서 시작한 한국어 학습에 열중하고 있다.
4 나이들고 나서 시작한 한국어 학습을 후회하고 있다.

정답 3
해설 먼저 지문 속의 속담이나 관용의 표현은 필자가 말하고자 하는 내용을 대신 나타내주므로, 정확한 이해가 필요하다. 첫 번째 단락의 「晩学の泥棒夜の明けゆくを知らず(늦게 배운 도둑이 날 새는 줄 모른다)」는, '나이 들고 시작한 일은 무엇이든 쉽게 빠져든다'는 의미의 속담이다. 필자는 자신이 '자신이 실로 늦게 배운 도둑'이라고 하며, 오십 세가 지나고 나서 배우기 시작한 한글공부가 즐거워서 날이 새는 줄도 몰랐다고 했으므로, 정답은 3번이다.

61 이렇게란 어떤 것인가?
1 오십 세를 지나고 나서의 외국 여행은 세상으로부터 비판 받는 경우도 많다.
2 오십 세를 지나고 나서의 외국 여행 보다도 젊을 때의 외국 여행 쪽이 좋다.
3 오십 세를 지나고 나서의 외국어 학습에는 좋은 경우도 있다.
4 오십 세를 지나고 나서의 외국어 학습에는 쓸데없는 경우가 많다.

정답 3
해설 먼저 지시어 종류의 문제가 나오면 밑줄 선의 앞뒤 주변 문장을 잘 읽어야 한다. 「こうも思う(이렇게도 생각한다)」의 뒷 문장에서, '젊을 때는 아직 일본어 문맥이 탄탄하지 않지만, 오십 세를 지나면 일본어는 거의 마스터 했다고 말해도 좋을 것이다' 라고 하며, 일본어가 숙달되고 외국어 학습을 해도 늦지 않는다고 했으므로 3번이 정답이다. 따라서 반대의 의미인 4번은 오답이며, 선택지1, 2번의 외국 여행은 주제로부터 벗어나므로, 먼저 소거해야 한다.

62

외국어를 배우는 것은 모국어의 문제이기도 하다란 여기서는 어떤 의미인가?

   1 모국어를 확실히 습득하고, 외국어를 시작하는 것도 나쁘지 않다.

   2 외국어도 모국어도 어려움은 변하지 않는다.

   3 외국어는 능숙하지만, 모국어는 서툰 사람이 많다.

   4 외국어가 숙달되면, 모국어도 숙달된다.

정답 1

해설 젊었을 때는 아직 일본어의 문맥이 확실하지 않지만 50세가 지나면 일본어는 거의 마스터했다고 해도 좋을 것이고, 일본어가 숙달되고 외국어 학습을 해도 늦지 않다고 했기때문에 1번이 정답이다. 2번은 50세가 지나 외국어를 배우는 것은 시간과 노력이 필요하지만, 모국어는 마스터 했다는 글의 내용과 맞지 않고, 3번은 외국어는 능숙하지만, 모국어는 어설픈 젊은이가 많다고 했으므로, 서툰 사람이 많다고한 3번 선택지도 적절하지 않으며, 4번은 필자의 주장과 반대로 이야기 하고 있으므로 정답이 아니다.

(2)

일본어가 계통적으로 고립된 존재다라는 것은 앞서 말했다. 지금으로서는 세계의 언어로부터 따돌림 당하는 상태에 있는 것이다. 그렇다면, 다른 언어와 전혀 다른 성질을 가지고 있는 조금 색다른 특수한 언어인가?. 지금까지 여러가지 일본어의 특수성이 나돌고 있었다. 결국은, 그래서 일본인은 외국어가 서툰 것이다라고 하는 그럴듯한 설도 튀어 나온다. ①거기서부터, 영어와 달리 일본어를 능숙하게 구사하는 외국인이 좀처럼 늘지 않는 것은 언어로서 특수하고 어려운 탓이라는 방향으로 발전하기도 한다. 실제로는 어떨까?

많은 언어에 정통한 전문가에 따르면, ②하나 하나의 성격을 넓은 시야로 보면 일본어는 그렇게 특수한 언어라고는 할 수 없다는 것이 실상인것같다. 모음의 수나 자음의 성질이라는 발음면에서는 오히려 평균적이며, 어느쪽인가하면 표준에 가깝다고 한다.

문법면에서 일본어의 특징으로 여겨지는 것은 관사를 사용하지 않는다. 단수와 복수의 구별을 하지 않는다. 관계대명사를 가지지 않는다. 주어가 필수의 성분이 아니다. 주어–술어–목적어의 어순이 되지 않고 술어가 문말에 온다, 가령 '먹다'라는 동사가 '(억지로) 먹지 않은 모양이군'으로 되는 것처럼, 동사에 여러가지 요소가 복합해서 술어를 만든다라고 하는 점 일 것이다. 그러나, 생각해보면 그 대부분이, 대개의 일본인이 처음 접하는 외국어인 영어와 다르기 때문에 의식하게 되는 것 뿐이지 않는가. 영어를 외국어의 표준으로해서 무엇을 생각하는 것은, 언어로서의 영어의 성격과는 다른 문제.

(나카무라 아키라 『즐거운 일본어학 입문』 치쿠마서적)

| **어휘** | 系統的 계통적 | 孤立 고립 | 存在 존재 | すでに 이미, 벌써 | 述べる 말하다, 진술하다 | 世界 세계 | 言語 언어 |

仲間はずれ 따돌림 당함 | 状態 상태 | わけ 뜻, 원인, 이유 | まるで 전혀 | 性質 성질 | 一風変わっている 약간 특이하다 | 特殊 특수(함) | ささやく 속삭이다 (ささやかれる-소문이 나돌다) | はては 결국은 | 苦手だ 서투르다 | もっともらしい 그럴싸하다, 그럴듯하다 | 飛び出す 튀어나오다 | 使いこなす 능숙하게 사용하다 | なかなか 꽤, 상당히, (부정수반) 쉽사리, 좀처럼 | 方向 방향 | 発展 발전 | 通じる 통하다 | 専門家 전문가 | 性格 성격 | 視野 시야 | 真相 참모습, 사실 | 母音 모음 | 数 수 | 子音 자음 | 性質 성질 | むしろ 오히려, 차라리 | 平均的 평균적 | 標準 표준 | 近い 가깝다 | 文法 문법 | 特徴 특징 | 冠詞 관사 | 用いる 쓰다 사용하다 | 単数 단수 | 複数 복수 | 区別 구별 | 関係代名詞 관계대명사 | 主語 주어 | 必須 필수 | 成分 성분 | 述語 술어 | 目的語 목적어 | 語順 어순 | 文末 문장의 끝부분 | 要素 요소 | 複合 복합 | 意識 의식

①거기서부터의 「거기」 란 무엇인가?

   1 일본어가 세계의 언어로부터 가로막힌 상태인 것

   2 일본인은 외국어가 서툴다는 당연한 사실

   3 일본어가 특수하다라고 하는 것의 객관적인 관찰

   4 일본어의 특수성에 대한의 다양한 의견이나 사고방식

정답 2

해설　밑줄의 앞 뒤 문장 중 「そこから」가 가리키는 부분은 앞 문장인 「だから日本人は外国語が苦手なのだといったもっともらしい説もとびだす (때문에 일본인은 외국어가 서툰 것이다라고 하는 그럴싸한 설도 뛰어 나온다)」를 말하며 그 문장을 받아 「そこから (거기서)」라고 서술을 이어가고 있기 때문에 2번이 정답이 된다.

64　②하나 하나의 성격이란 무슨 성격을 말하는 것이라고 생각 되는가?

1 일본어
2 일본어의 모음
3 일본어의 자음
4 일본어의 발음

정답　1

해설　일본어의 하나하나의 성격을 넓은 의미에서 보면 그렇게 특수한 언어라고는 말할 수 없다고 하며, 뒷문장에서 일본어의 전반적인 모음, 자음, 발음, 문법 면에서의 특징등을 구체적으로 서술하고 있다. 따라서, 일본어의 특징을 말하고 있으므로 정답은 1번이 되며 뒷문장에서 그에 대한 구체적인 사항을 설명하고 있다.

65　이 문장에서 필자가 전하고 싶은 것은 무엇인가?

1 일본인에게 있어 영어가 처음으로 접하는 외국어인 것은 바람직하지 않다.
2 일본어라는 것은 다른 언어와는 크게 다른, 고립된 언어이다.
3 일본어를 능숙하게 구사하는 외국인이 좀처럼 늘지 않는것은, 언어로서 특수하기 때문이다.
4 영어를 기준으로 해서 일본어가 특수하다고 하는 사고방식을 다시 검토하자.

정답　4

해설　중문의 경우, 하나의 지문에 3문항이 설정되어 있다. 이 경우, 마지막 문제는 필자의 생각이 정리되는 단락으로 문제로는 필자가 주장하는 것, 말하고 싶은 것이 된다.

마지막 단락에 필자는 전문가의 말을 빌어 일본어는 그렇게까지 특수한 언어라고는 말할 수 없다는 것을 전하고 있으며, 일본어의 각각의 특징에 대해 설명하는 과정에서 「気がついてみれば,そのほとんどが,たいていの日本人がはじめてふれる外国語である英語と違うから意識させられるだけではないか」라고 지적하며 「英語を外国語の標準としてものを考えるのは,言語としての英語の性格とは別の問題だ」에서 영어를 외국어의 표준으로서 생각하는 것은 언어로서의 영어 성격과는 다른 문제로, 영어를 기준으로 일본어를 특수하다고 말하는 것에 대해 지적하고 있기 때문에 4번이 정답이 된다.

(3)

태양계에는 아홉 개의 혹성이 있고, 혹성에 부수된 위성은 전부 구십 개 이상 존재하고 있습니다.
이들, 혹성이나 위성 상에 생명이 태어나기 위해서는, 몇 개의 조건이 충족되어야만 합니다.
우선, 생명을 만드는 재료인 탄소나 산소 등의 중원소의 덩어리가, 암석 성분이 되어 표면에 노출되어 있을 필요가 있습니다. 목성이나 토성과 같은 거대 혹성에서는, 수소와 헬륨을 주체로 한 가스에 두껍게 싸여져 있어, 탄소를 주체로 한 화합물인 유기체를 만들수 없을 것입니다.
다음으로, 중원소가 서로 반응해서 화합물을 만들기 위해서는 암석이 풍화되어 가스나 먼지 상태가 되어 있어야 합니다. 고체인 채로 있어서는 새로운 화합물이 형성되지 않기 때문입니다. 암석의 풍화 작용이 일어나기 위해서는, 혹성이나 위성의 표면에는 대기와 물이 존재하고 있을 필요가 있습니다.
특히, 액체인 물의 존재가 없어서는 안 됩니다. 다양한 원소가 물에 녹아 드는 것에 의해, 화학 반응이 효율적으로 진행되기 때문입니다.
더욱이, 물은 지표에서 에너지를 흡수해서 수증기가 되어 상승해, 상공에서 다시 물로 돌아와 에너지를 우주 공간에 버리고 지상으로 돌아오는 순환운동을 합니다.

이처럼, 물은 에어콘 작용에 의해 혹성 표면이 고온이 되지 않도록 조절함과 함께, '온실 효과 가스'인 이산화 탄소를 흡수해서, 대기를 정화하도록 작용하고 있습니다. 물의 존재가 생명을 탄생시키는 열쇠라고 말할 수 있는 것입니다.

(이케우치 료 『신작 과학 최전선 노트 41』 신서관 중에서)

어휘 太陽系 태양계 | 惑星 혹성, 행성 | 付随 부수 | 衛星 위성 | 以上 이상 | 存在 존재 | 生命 생명 | 条件 조건 | 満たす 충족시키다, 채우다 | 材料 재료 | 炭素 탄소 | 酸素 산소 | 重元素 중원소 | 固まり 덩어리, 뭉치 | 岩石成分 암석성분 | 表面 표면 | 剥き出し 드러냄, 노출함 | 木星 목성 | 土星 토성 | 巨大 거대 | 水素 수소 | ヘリウム 헬륨 | 主体 주체 | 厚い 두껍다, 두텁다 | 包む 싸다, 두르다 | 化合物 화합물 | 有機体 유기체 | 互い 서로, 쌍방 | 反応 반응 | 風化 풍화 | チリ状 먼지, 티끌 상태 | 個体 고체 | 形成 형성 | 風化作用 풍화 작용 | 大気 대기 | 特に 특히 | 液体 액체 | 不可欠 불가결 | 元素 원소 | 溶け込む 녹다, 용해되다 | 効率的 효율적 | 進む 나아가다, 전진하다 | さらに 더한층, 더욱더 | 地表 지표, 지구의 표면) | エネルギー 에너지 | 吸収 흡수 | 水蒸気 수증기 | 上昇 상승 | 上空 상공 | 再び 두번, 다시 | 戻る 되돌아가(오)다 | 宇宙空間 우주공간 | 捨てる 버리다 | 地上 지상 | 循環運動 순환운동 | エアコン作用 에어콘 작용 | 高温 고온 | 調節 조절 | 温室効果ガス 온실 효과 가스 | 二酸化炭素 이산화탄소 | 浄化 정화 | 働く 일하다, 작용하다 | 誕生 탄생 | 鍵 열쇠

66 유기체를 만들기 위해 필요 없는 물질은 무엇인가?

1 이산화탄소
2 탄소
3 수소
4 산소

정답 3

해설 우선 혹성이나, 위성에 생명이 태어나려면 몇 개의 조건이 충족되어야 하는데, 생명을 만드는 재료인 '탄소'나 '산소' 등의 중원소가 필요하며, 또한 목성이나 토성 등의 거대 혹성에는 '수소'와 헬륨을 주체로 한 가스로 두껍게 싸여져 탄소를 주체로 한 화합물인 유기체를 만들지 못한다는 부분에서 선택지의 '수소'가 필요 없는 물질이라는 것이 파악되어야 한다. 탄소와 산소는 생명을 만드는 재료라고 했으므로 반드시 필요하며, 이산화탄소는 물이 이산화탄소를 흡수하여 대기를 정화하는 작용을 하기때문에 필요하나.

67 생명이 탄생하기 위해서 물의 존재가 없어서는 안 되는 것은 왜인가?

1 화학 반응을 약하게 하기 때문에
2 풍화 작용을 일으키기 때문에
3 대기의 오염을 분산시키기 때문에
4 암석을 만들어내기 때문에

정답 2

해설 혹성과 위성에 새로운 생명이 태어나려면 몇 개의 조건이 갖추어져야 한다. 그 중 생명 탄생을 위해 물의 존재가 없어서는 안 될 이유로 고체인 암석이 풍화되어 가스나 티끌 상태가 되어야 중원소가 반응해 화합물을 만드는데, 풍화 작용을 일으키기 위해서는 물의 존재가 필요하다고 했으므로, 정답은 2번이 된다.
또한 여러 원소가 물에 녹아 드는 것에 의해 화학 반응이 효율적으로 진행되어야 물이 순환 운동을 하므로 화학반응을 약하게 한다의 1번은 적절하지 않다. 선택지 3, 4번의 경우, 물은 이산화탄소를 흡수하여 대기를 정화하는 역할을 하는것이지 오염을 분산시키는 것은 아니며, 물은 암석의 풍화작용을 일으키는데 필요하므로 암석을 만들어내는 것과는 관련이 없다.

68 물의 '에어컨 작용'이란 여기서는 어떤 의미인가?

　1 혹성 표면을 저온으로 유지하는 것
　2 혹성 표면에 냉풍을 불게 하는 것
　3 혹성 표면의 열기를 차단하는 것
　4 혹성 표면의 온도를 조절하는 것

정답　4

해설　밑줄의 앞문장에서 물은 지표에서 에너지를 흡수에 수증기가 되어 상승해, 상공에서 다시 물로 돌아와 에너지를 우주 공간에 버리고 지상으로 돌아오는 순환 운동을 하며 이러한 순환 운동에 의하여 혹성 표면이 고온이 되지 않도록 조절하고 있다고 했으므로 정답은 4번이다.

문제 12　다음 A와 B의 문장을 읽고 다음 질문에 대한 답으로서 가장 적당한 것을 1・2・3・4에서 하나 고르시오.

(1)

A

3세아 신화란, '아이가 3세가 되기까지는 가정에서 어머니가 키우지 않으면, 돌이킬 수 없는 타격을 아이에게 안긴다'라는 것입니다. 과학적으로 증명되지 있지 않기 때문에 '신화'라고 불리는 것입니다만, 그것을 믿는 사람은 적지 않기 때문에, 엄마가 아이를 보육원에 맡기려고 하면, '3세까지는 엄마가 자신이 키우지 않으면, 아이가 똑바로 자라지 않는다' 라고 주위로부터 비난 받게 되는 것입니다. 엄마만이 아이의 성장에 있어 중요한 인간다라는 것이 되어, 두 사람은 가정에 갇혀버리게 됩니다.

B

'엄마는 아이를 3세가지는 곁에서 키워야만 한다'라는 신화가 있다. 그리고, 그 신화는 이렇게 이어진다 '그렇게 하지 않으면 아이의 성장에 악영향이 생긴다'이래서는 거의 협박이다. 이 신화에는 그것을 만들어낸 토대가 된 관찰이나, 실험의 보고는 있지만 과학적인 근거는 없다. 그러나 거짓말이라고 단정하는 것은 아마추어에게는 곤란하다. 그것이 골치아픈 것이다.
이 신화로 위협받은 부모들은 '그렇다면 보육원에서 키워진 아이는 모두 나쁘게 되는 것인가'하고 반론하고 싶어진다. 그러나 악영향이 생긴 후에 3 세아 이전으로는 돌아갈 수 없다. 반발을 느끼면서도 신화가 하라는 대로 하고 있는 엄마들도 많지 않을까? 엄마들을 고립시키지 않는 대책이 강하게 요구된다.

어휘　三歳児神話(さんさいじしんわ) 아이가 3세가 되기까지는 엄마가 육아에 전념해야 하며, 그렇게 하지 않으면 성장에 악영향을 미친다는 생각 | 育(そだ)てる 기르다, 키우다 | 取(と)り返(かえ)しがつかない 돌이킬 수 없다 | ダメージ 대미지, 손해, 타격 | 与(あた)える 주다, (손해 등) 입히다, 끼치다 | 科学的(かがくてき) 과학적 | 証明(しょうめい) 증명 | 呼(よ)ぶ 부르다 | 信(しん)じる 믿다 | 保育所(ほいくじょ) 보육원 | 預(あず)ける 맡기다, 보관시키다 | まっすぐ 똑 바름, 정직함 | 批難(ひなん) 비난 | 成長(せいちょう) 성장 | 閉(と)じ込(こ)める 가두다, 감금하다 | 手元(てもと) 손이 미치는 범위, 주변 | 悪影響(あくえいきょう) 악영향 | 脅迫(きょうはく) 협박 | 生(う)み出(だ)す 낳다, 산출하다 | 観察(かんさつ) 관찰 | 実験(じっけん) 실험 | 報告(ほうこく) 보고 | 根拠(こんきょ) 근거 | 嘘(うそ) 거짓말 | 断定(だんてい) 단정 | 素人(しろうと) 아마추어, 비전문가 | 困難(こんなん) 곤란, 어려움을 겪음 | 厄介(やっかい) 귀찮음, 번거로움 | 突(つ)きつける 들이대다, 쑥 내밀다 | 反論(はんろん) 반론 | 反発(はんぱつ) 반발 | 感(かん)じる 느끼다 | 言(い)いなり 말하는 대로, 하라는 대로 | 孤立(こりつ) 고립 | 対策(たいさく) 대책 | 望(のぞ)む 바라다, 원하다

69 3세아 신화에 대해 A와 B의 두 문장에서 모두 언급하고 있는 점은 무엇인가?

　1 아이 부모들의 주위에 있는 사람들로부터의 부모들에 대한 비판

　2 확실한 과학적인 근거는 없지만, 부정하기는 곤란하다는 것

　3 아이를 보육원에 맡길 때 그것이 문제가 된다는 것

　4 부모들을 그 신화로부터 지키기 위한 구체적인 방법이 필요하다는 것

정답 2

해설　먼저 이 문제는 A와 B가 서로 의견은 달리 하지만 어떤 사항에 대해 양쪽 문장에서 서술, 공통적으로 언급하고 있는 내용이 무엇인지 잘 살펴봐야 한다. '三歲児神話(3세아 신화)'에 대해, A에서는 아이가 3세가 되기까지 엄마가 가까이에서 키우지 않으면 돌이킬 수 없는 타격을 준다고 하지만 이것이 과학적으로 증명되지 않았으며, 그것을 믿는 사람은 적지 않다고 서술하고 있다. B에서는 이 신화를 낳은 토대가 된 관찰이나 실험 보고는 있지만 과학적인 근거는 없다. 그러나 거짓말이라고 단정하는 것은 아마추어에게는 골치아픈 문제라고 했으므로 정답은 2번이다.

70 부모가 아이를 보육원에 맡기는 것에 대해 A와 B 의 저자는 어떻게 말하고 있는가?

　1 A는 맡겨야만 한다고 말하며 B는 맡겨서는 안 된다고 말하고 있다.

　2 A는 맡기는 쪽이 좋다고 말하고 있고 B는 어느쪽이라도 좋다고 말하고 있다.

　3 A는 엄마가 스스로 판단하면 된다고 말하며, B는 주위의 어른들도 함께 생각해야만 한다고 말하고 있다 .

　4 A는 엄마가 비난 받게된다는 일반론을 말하고 있으며 B는 맡기는 것에 문제는 없다고 말하고 있다.

정답 4

해설　A는 보육원에 아이를 맡겨야 한다, 아니다 또는 좋다 아니다고 말하는 내용은 아니다. 따라서 1,2,3은 오답이 되며 A는 3세까지 엄마가 자신이 아이를 키우지 않으면 주위로부터 비난받게 되어 엄마만이 아이 성장에 있어 중요한 존재로 여겨져 아이와 엄마가 가정에 갇혀버리게 된다는 이야기다. B는 '3세아 신화'에 대한 설명과 함께 이 신화에 위협받는 부모들은 반론하고 싶어진다고 했다. 그러나, 반발을 느끼면서도 신화가 하라는 대로 되고 있는 엄마들이 많다고 지적하며 엄마들을 고립시키지 않는 대책이 필요하다고 했으므로 4번이 정답이다.

문제 13　**다음 문장을 읽고 다음 질문에 대한 답으로서 가장 적당한 것을 1·2·3·4에서 하나고르시오.**

(1)

일본인은 옛날에는 즐거움 갖는 것을 죄악처럼 여겼습니다. 그것은 그 재미에 이끌려 일하거나 공부하거나 하는 것을 게으름을피우게 되기 때문일 것입니다.

그러나 한편, 인간은 즐거움이 없다면 살아갈 수 없다는 것도, 옛날 사람은 알고 있었습니다.

그 즐거움이란, 어떤 사람에게는 독서이며, 어떤 사람에게는 스포츠이며, 또는 여행하는 것이거나, 여러 가지 예술을 감상하는 것이거나, 사람에 따라서 다양합니다. 어떤 샐러리맨에게 있어 낚시는 최고의 즐거움일지라도, 어부에게 있어서는 그것은 일이고 딱히 즐거움은 아니며, 휴일에 라디오를 조립하는 것을 즐거움으로 삼고 있는 사람도 있고 일로서 매일, 공장에서 라디오를 조립하고 있는 사람도 있습니다.

그것이 직업이 되면, 즐거움도 있습니다만, 괴로움이나 고민이 수반됩니다.

나는 소년 시절부터 만담을 좋아해서, 듣고 즐기며, 읽고 즐기고, 스스로 만담을 하기도 했습니다. 그리고 이 예술로부터 여러가지 것을 흡수했습니다. 그리고 이 예술에 몰두하게 되어, 다른 다양한 예술의 재미를 맛볼 수가 있게 되었습니다. 그러나 이것을 직업으로 하게 되고 나서, 괴로움이나 고민이 생기나고, 어느시기에, 애써 좋아하는 만담을 즐거운 일이 아니게 만들어버린 것에 조금 후회를 가진 적도 있었습니다. 그런데, 그 시기를 지나자, 이번에는 지금까지 깨닫지 못했던 재미나 그 예술의 심오함을 알게 되고, 게다가 인생관이랄까, 인간으로서 살아가는데 있어서의 마음가짐, 사람 마음에 대한 배려, 선악 그 밖의 가치 판단, 그런 것까지, 나는 만담을 통해서 생각하게 된 것입니다.

그리고 제자나 후배에게 겨우 자신감을 가지고 무언가를 말할 수 있게 되었습니다. 나는 이제 막 50세를 맞이했습니다. 예능의 세계에서는 앞으로 (한창인)나이입니다. 계속(아직도) 앞으로 나는 바뀌어 갈지 모르겠지만, 이 시점에서 나는 이 책을 썼습니다. 이 책에는 나는 조금도 거짓이나 과장은 쓰지 않았다고 생각합니다. 여러분이 만담이라는 것을 알아 주셨으면 해서 열심히 썼습니다. 별로 딱딱한 것을 쓴 것은 아니니 아무쪼록 마음 편히 읽어 주세요.

(가츠라 베쵸『만담과 나』문예 춘추 중에서)

어휘 楽しみ 즐거움, 재미 | 罪悪 죄악 | 惹かれる 매혹되다 | 怠ける 게으름 피우다 | 人間 인간 | 生きる 살다, 생활하다 | 読書 독서 | 旅をする 여행하다 | 芸 기예, 예능, 재주 | 鑑賞 감상 | サラリーマン 샐러리맨 | 魚釣り 낚시 | 最高 최고 | 漁師 어부 | 組み立てる 조립하다, 짜맞추다 | 仕事 일 | 向上 향상 | 職業 직업 | 苦しみ 괴로움, 고통 | 悩み 고민 | 伴う 동반하다, 수반하다 | 少年 소년 | 落語 익살을 주로 한 이야기, 만담 | しゃべり 수다, 지껄임 | 吸収 흡수 | 取り組む 맞붙다, 몰두하다 | さまざま 여러가지, 가지각색 | 味わう 맛보다 | 生じる 생기다, 발생하다 | 時期 시기 | せっかく 모처럼, 일부러 | 後悔 후회 | 奥深い 깊숙하다, 심오하다 | 人生観 인생관 | 思いやり (남의 심정, 입장 등을) 생각함, 배려 | 善悪 선악 | 価値判断 가치 판단 | 弟子 제자 | 後輩 후배 | やっと 겨우, 가까스로 | 自信 자신 | 迎える 맞이하다 | 世界 세계 | 年齢 연령 | 辞典 사전 | 嘘 거짓말 | 誇張 과장 | 一生懸命に 열심히 | 別に (부정 수반) 별로, 특별히 | 堅苦しい 딱딱하다 | 気楽に 마음 편히, 홀가분하게

---

71 필자는 옛날 일본인의 즐거움에 대한 사고 방식이 어떠했다고 말하고 있나?

1 즐거움을 일로 삼기로 하면 행복하게 살아갈 수 있다고 생각했었다.
2 즐거움을 갖는 것을 매우 나쁜 것이라고 생각해, 일절 가지지 않고 살아가려 했다.
3 즐거움을 갖는 것에는 좋은 점과 나쁜 점의 양쪽이 있다는 것을 알고 있었다.
4 즐거움을 갖지 않고 행복하게 살아가는 방법이 있을 것이라고 생각했었다.

정답 3

해설 긴 장문의 경우 문제는 거의 차례대로 나온다. 「楽しみ」에 대한 옛날 사람들의 생각을 묻는 문제로, 필자는 먼저 첫 단락에서 옛날 일본인은 즐거움을 갖는 것은 재미에만 이끌려 일하고 공부하는 것에 대해 게을리하게 되기 때문에 죄악이라고 생각하는 (나쁜 점)과 한편 그 즐거움이 없으면 인간은 살아갈 수 없다는 것도 옛날 사람들은 알고 있었다(좋은 점)는 내용을 서술하고 있으므로 3번이 정답이 된다.

72 필자는 만담가가 된 것을 어떻게 생각하고 있는가?

1 만담의 깊이를 이해하지 못하고 만담가가 된 것을 계속 반성하고 있다.
2 어릴 때 좋아했던 만담을 직업으로 한 것을 항상 행복하다고 느끼고 있다.
3 만담가가 된 것을 후회한 시기가 오래 지속되어, 그 후에도 그 마음은 사라지지 않는다.
4 직업으로서 만담에 몰두하는 것에 고뇌를 느낀 시기의 후에 만담의 깊은 재미를 알게 되었다.

정답 4

해설 필자는 소년 시절 만담을 좋아했으며 만담에 몰두하게 되어 예술의 즐거움을 맛볼 수 있게 되었으나 그것을 직업으로 하게 되고 나서 고통이나 고민이 생겨나 좋아하는 만담이 즐겁지 않게 된 시기도 있었다고 했다. 그러나 그 시기가 지나자 이번에는 지금까지 깨닫지 못했던 예술의 깊이를 알 수 있게 되었고, 게다가 인간으로서 살아가는데 있어서의 마음 가짐, 배려, 가치 판단 등을 만담을 통해 생각하게 되었다고 서술하고 있으므로 1,2,3번은 오답이 되며, 고뇌를 느낀 후 만담의 깊은 재미를 알게 되었다고 하는 4번 정답이다.

73 필자는 어떠한 마음으로 이 책을 썼다고 말하고 있나?

1 만담에 대해서 편한 마음으로 쓴 것이기 때문에 즐기며 읽기 바란다.
2 만담에 대해서 과장되게 쓴 곳도 있지만, 즐기며 읽기 바란다.
3 만담에 대해서 자기 눈으로 본 것만을 썼기 때문에 즐기며 읽기 바란다.
4 만담에 대해서 알아 주었으면 해서 썼기 때문에 즐기며 읽기 바란다.

정답 4

해설 마지막 문장에서 조금도 거짓이나 과장은 쓰지 않았고, 만담이라는 것을 알아주었으면 해서 열심히 썼으니 마음 편히 읽어 달라고 했으므로 정답은 4번이다.

문제 14 오른쪽 페이지는 어느 「카토시 시민 아카데미 어학 강좌 가을 강좌」 웹상의 [자주 하는 질문과 답변]이다. 다음 물음에 대한 답으로서 가장 적당한 것을 1・2・3・4 에서 하나 고르시오.

74 이 가을 강좌부터 새로 수강생이 되려고 생각하고 있는 사람이 가능한 것은 다음 중 어느 것인가?

1 수강 도중에 레벨이 다른 강좌로 옮기는 것.
2 공부한 적 없는 어학을 배우기 시작하는 것.
3 자신의 흥미 있는 강좌를 하루만 견학 하는 것.
4 스스로 초급 공부를 한 언어의 초중급의 강좌를 받는 것.

정답 4

해설 필요한 정보만을 빨리 확인해 풀어야 하는 문제다. 시민 아카데미 어학 강좌 안내문에 대한 질문과 답변 속에서 가을 강좌에서 새롭게 수강이 되려고 하는 사람이 가능한 것을 찾아야 하는데, 먼저, 1 수강도중에 레벨이 다른 강좌에 옮기는 것 → A4 의 답변에서 수업이 시작되고 나서의 강좌 변경은 할 수 없다고 했으므로 오답이다
2 공부한 적 없을 어학을 배우기 시작하는 것 → A1의 답변에서 초급자대 상의 초급 I 은 개강이 되나 가을 강좌 수강의 경우 봄 강좌의 연결이 되므로 다음 년도를 검토해 달라고 했으므로 이번 가을 강좌 수강은 어려우므로 오답이다.
3 자신의 흥미 있는 강좌를 하루만 견학 하는 것 → A3에서 견학이나 시청 제도는 마련되어 있지 않다고 했으므로 오답이다.
4 스스로 초급 공부를 한 언어의 초중급의 강좌를 받는 것 →A2 의 답변에서 각 레벨 수강 대상자 기준에서 초중급의 경우, 초급을 1년간 학습한 분이나, 또는 초급에서 학습하는 내용을 이미 습득했다고 간주하는 분의 경우, 수강 대상이 된다고 했으므로 정답이 된다.

---

75 이 세미나에 신청한 사람이 할 수 있는 것은 어떤 것인가?

1 내년 봄 강좌의 수강을 희망하고 있는 사람은 희망 강좌를 시청할 수 있다.
2 초중급까지의 어학력이 있으면 가을 강좌부터 '중급' 강좌를 수강 할 수 있다.
3 '초급' 강좌와 '초중급' 강좌를 봄 강좌부터 수강할 수 있다.
4 자신이 참가한 강좌에서 사용하고 있는 교과서는 접수처에 가면 볼 수 있다.

정답 2

해설 앞 문제에서도 설명한 바와 같이 견학이나 시청 제도는 마련 되어 있지 않으므로 1번은오답이며, 초중급 강좌의 경우만, 가을 강좌부터 수강 가능하다고 했으므로 3번은 오답이 되며, 강좌에서 사용하는 교과서의 일부를 웹사이트에서 볼 수 있다고 했으므로 4번은 오답이다. A2의 답변에서 중급→ 초급이나 초중급을 2년 정도 학습 하신 분, 또는 그것과 동등한 어학 실력이 있는 분은 중급 강좌를 수강을 할 수 있다고 했으므로 정답은 2번이다.

[카토시 시민 아카데미 어학 강좌 가을 강좌]에 관한 자주 있는 질문과 답변

Q1. 전혀 그 어학을 배운 적이 없는 사람이라도 수강할 수 있는 어학 강좌는 있나요?

A1. 이번에 모집하고 있는 가을 강좌(10월~2월)은 기본적으로 봄 강좌(4월~7월)의 연결 됩니다. 초급 학습자 대상의 봄 강좌로서 [초급Ⅰ]이 매년 개강되므로, 내년도부터의 수강을 검토해 주세요.

Q2. 어학강좌의 레벨은 몇 단계로 나누어져 있나요?
A2. 카토시 시민 아카데미 어학강좌 에는 [초급] [초중급]의 2단계의 레벨이 있으며, 언어에 따라서는 발전된 커뮤니케이션 능력을 몸에 익히기 위한 [중급]이 있습니다. 또한 [회화]나 [강독]으로 특화된 강좌를 개설하고 있는 경우도 있습니다.

(각 레벨의 수강 대상자의 기준)
[초급] → 그 언어를 처음으로 배우시는 분
[초중급] → 초급을 1년간 학습하신 분, 또는 초급에서 학습하는 내용을 이미 습득하시고 있다고 간주되는 어학 실력을 가지고 계시는 분.
[중급] → 초급이나 초중급을 2년간 정도 학습하신 분. 또는 그것과 동등한 어학 실력을 가지고 계시는 분

Q3. 수업을 견학하거나 시청하거나 하는 것은 가능한가요?

A3. 본 아카데미 에서는 견학이나 시청 제도는 마련되어 있지 않습니다. 모집 요강이나 웹사이트를 잘 읽으시고, 내용을 확인해 주세요. 아울러 강좌에서 사용하는 교과서의 일부를 웹사이트에서 보실 수 있으므로 참고해 주십시오.

Q4. 수업이 시작된 후에 레벨이 맞지 않아서 강좌를 변경하고 싶은데,,
A4. 안타깝지만, 수업이 시작되고 나서 강좌를 바꿀 수 는 없습니다. 언짢게 생각하지 마시고 양해해 주세요.

어휘 市民アカデミー 시민 아카데미 | 語学 어학 | 講座 강좌 | 全く 전혀, 완전히 | 学ぶ 배우다 | 受ける 받다. (어떤 행위에) 응하다 | 今回 이번, 금번 | 募集 모집 | 基本的 기본적 | 初学者向け 초급 학습자 대상 | 初級 초급 | 例年 예년 | 開講 개강 | 受講 수강 | 検討 검토 | ただし 단,다만 | 言語 언어 | 設定 설정 | 場合 경우 | 段階 단계 | 分かれる 나누어지다, 갈라지다 | 進む 나아가다, 전진하다 | コミュニケーション 커뮤니케이션 | 能力 능력 | 身につける 몸에 익히다 | 会話 회화 | 講読 강독 | 特化 특화 | 講座 강좌 | 設ける 마련하다 | 受講 수강 | 対象者 대상자 | 目安 표준, 기준, 목표 | 初中級 초중급 | 学習 학습 | 内容 내용 | すでに 이미 | 習得 습득 | 程度 정도 | または 또는 | 同等 동등(함) | 授業 수업 | 見学 견학 | 試聴 시청(시험 삼아 들어 봄) | 制度 제도 | 要項 요항, 요강 | ウエブサイト 웹사이트 | 内容 내용 | 確認 확인 | なお 아울러 | 教科書 교과서 | ご覧 보심(보다의 존경) | 参考 참고 | 始まる 시작되다 | 変更 변경 | 変わる 변하다, 바뀌다 | 悪しからず 언짢게 생각지 마시고 | 了承 승낙, 양해

N2

실전모의테스트

1회

독해

問題10 次の文章を読んで、後の問いに対する答えとして最もよいものを、1・2・3・4から一つ選びなさい。

（1）

　地球のまわりには、たくさんの人工衛星が回っています。人口衛星は、宇宙から地球のようすを観測するなどの仕事をしていますが、何年かたつと機械に寿命が来て使えなくなります。

　このようにして役割を終えた人工衛星や、打ち上げに使われたロケット、それらがこわれてできた部品や塗料のかけらなどが、地球のまわりにはたくさんあり、これらを「スペースデブリ」とよんでいます。

（横浜国立大学 環境のお話編集委員会『なぜ？どうして？環境のお話』学研教育出版）

55 「スペースデブリ」とは何か。

1　打ち上げに失敗したロケット
2　人工衛星を作る際に出たごみ
3　宇宙にあるもう使われなくなった人工物
4　観測を終えて地球へ戻ってきたシャトル

（2）

　本を見なければ、料理を何一つ作ることができないという友人がいる。結婚をして10年、毎日、朝昼晩の三食を料理の本を見て作っているのだと言う。彼女は、外食する時も必ず「有名レストラン案内」というような本を読んでから出かける。服を買う時は雑誌に載っている店にいって、雑誌に載っている服を買う。

　つまり、彼女はどこへ行くにも何をするにも、必ず何かの雑誌や本で得た知識をもとに動いている。いや、動かされていると言ってもいいかもしれない。マニュアルなしでは行動できない、彼女のような人を「マニュアル依存症」とでも言うのだろうか。

（ピーター・フランクル『ピーター流生き方のすすめ』岩波書店）

56　筆者が言う「マニュアル依存症」とはどんな人のことか。

　　1　料理の本を見なければ晩ごはんが作れない人

　　2　いろいろな本や雑誌で情報を得るのが好きな人

　　3　自分で得た情報と自分の判断に頼って行動する人

　　4　他人の情報と他人の判断に頼って行動する人

（3）

丸杉工業

営業部　鈴木一郎様

いつもお世話になっております。

HMコーポレーション営業部の山本幸太郎です。

　さて、先日はご多忙中にもかかわらず、御社工場をご案内いたただき、誠にありがとうございました。

　御社製品の組立て工程の見学は、これからの業務のうえで非常に有意義であったと、一同ひとしく感想を述べておりました。

　今後とも、何かとご教示をお願いするかと存じますが、その節にはよろしくご指導くださいますようお願い申し上げます。

　まずは、略儀ながらメールをもってお礼申し上げます。

HMコーポレーション

営業部　山本幸太郎

57 このメールで一番伝えたいことは何か。

1　見学が非常に役に立ったので、また見学して指導してもらいたい。

2　見学したことによって業務が進むようになった。

3　見学だけでは不明な点もあったのでメールで教えてもらいたい。

4　見学の際、工場を案内してもらったので感謝している。

（4）

　不動産業者の間で、在日外国人の評判がいま一つということは前々から聞いていた。自炊する中国人の場合、中華料理は油っこいので部屋が汚れてダメなどと、断られることがあるという。

　数年前、ある教授に頼まれて、雲南から来ている留学生の下宿探しの世話をした。私は
（注）
心配しながら、不動産屋回りをした。案の定、断られたなかに「いろいろ事情がありまして」や、「ちょっとお世話いたしかねます」などの表現があった。言語的には私は特に後者の表現に興味を覚えた。と同時に、なぜかホッとした気持ちにさせられた。「世話できない」と言われるより、ずっと柔らかさが感じられるからである。

（膨飛『日本人と中国人のコミュニケーション』和泉書店）

（注）雲南：中国の地方の名前

58 ホッとした気持ちにさせられたとあるが、なぜか。

1　不動産屋さんの難しい日本語が理解できて、会話が成立したから

2　不動産屋さんがやさしい人柄で、親切に説明してくれたから

3　部屋が決まるかどうか心配していたが、うまく決まったから

4　部屋は決まらなかったが、不動産屋さんの言葉に思いやりを感じたから

（5）

「将棋を覚えるには、年齢が低い方がいいのですか。」とよく聞かれる。（略）

　私は「小さいころから始めたほうが伸びる」というのは疑問に思っている。何事も年齢が上がってから覚えた人は、感覚よりも知識に頼る傾向がある。だからといってダメというわけではない。将棋の世界では、将棋の質がどんどん変わっていっており、フォームを矯正しなくてはならない場面が必ず訪れる。小さいころに身につけたフォームを新しく変えるのは大変だ。感覚より知識で覚えていたほうが忘れやすいので、次を受け入れやすいということもある。自分のスタイルを新しくすることができるし、進歩や変化に適応しやすいといえるだろう。

（羽生善治『決断力』角川書店）

59 　将棋を始める時期について筆者はどのように述べているか。

1　小さいころから始めると感覚が自分のものとなり、将棋の進歩や変化に適応しやすい。

2　小さいころから感覚を身につけると、新しい将棋のスタイルへ変化させるのは難しい。

3　年齢が上がってから覚えた人は知識に頼りやすいので、早く将棋を始めたほうがいい。

4　年齢が上がってから覚えた人は知識を忘れやすいので、早く将棋を始めたほうが伸びる。

問題11 次の文章を読んで、後の問いに対する答えとして最もよいものを、1・2・3
・4から一つ選びなさい。

（1）

　自分にとって、聞いたことが新しい情報でそれまで知らなかったことだという場合、ふ
つう「はい」は使わず、「ふうん」「へええ」「あ、そう」「なるほど」「本当」「うそ！」な
どの応答をします。

　以前、ある留学生から、この「うそ!?」「うそ！」という表現はまるで自分が嘘を言っ
ていると受け取られているようで、あまり気持ちがよくない、と聞いたことがあります。
例えば英語で、相手が普通に言ったことに対して、いきなり、"It's a lie!" などと言うと確
かに失礼でしょう。

　しかし、日本語の「うそ!?」「うそ！」は、その点では、驚きの表現で、「本当か？　う
そではないか！」といういわば疑問めいた意味がもととなっています。いわば、それが自
分にとって新情報である（もっと言えば、ちょっと驚くような情報である）というサイン
なのです。英語の "Really?" と同じような感じで使われると言えるのかもしれません。驚
く度合が大きいほうが情報としての価値があるのですから、表現も少し大げさになるので
しょう。だから、この「うそ!?」「うそ！」の場合は、同じ状況で、「ほんと!?」のように
言うこともできるわけです。考えてみれば「本当」と「うそ」は正反対ですから、不思議
と言えば不思議なことですが、このように、新情報に接した場合、「本当？」「うそじゃな
い？」というような疑問表現で、確かめるような表現をしていると言えます。

　そして、「うそ？」「信じられない」というほうが驚いているという度合いが強く表され
るのです。

（森山卓郎『コミュニケーションの日本語』岩波書店）

60 留学生は「うそ!?」「うそ!」という言葉をどのようにとらえたか。

1 信じられない話なので、もう一度説明してほしいと言われたように感じた。

2 自分の話したことに対して、相手は驚いているようだと感じた。

3 自分は正しく話しているのに相手は信じていないようだと感じた。

4 日本語に自信がないので、もう一度聞き直されていると思った。

61 筆者は「本当」と「うそ」についてどのように述べているか。

1 「うそ!」と確かめたほうが、相手は本当のことを正直に話す。

2 「うそ!」と確かめるほうが、「本当?」と聞くより失礼ではない。

3 正反対の意味を表す言葉なので、正しく使い分けなければいけない。

4 正反対の意味を表す言葉だが、場面によってはどちらを使っても良い。

62 筆者によると、この「うそ!?」「うそ!」はどのような言葉か。

1 相手の話の内容を再確認するときに使われる失礼な言葉

2 相手の話の内容を信じるときに使われる友だち言葉

3 話の内容に驚いて反論するときに使われる若者言葉

4 話の内容に強く驚いたときに使われる会話言葉

（2）

　どんな会社や団体の組織でも、そこに所属するメンバーが仲間どうしで自分の組織について語り合うときがあると思う。上司や同僚について辛口の寸評を述べる人もいれば、組織をこう変えていかなければならないといったビジョンや想いを、熱く語る人もいるだろう。

　その話の傾向には二つのエネルギーの方向性がある。

　一つは、あの人のあそこが駄目だ、この会社はここが駄目だ、あれが足りない、これが足りない、という話し方になっている場合である。この傾向のときは、自分を守りながら攻撃をしているので、語っている本人が受け身の場合が多いようだ。ものごとを他責にしてしまい、自分自身を積極的で主体的な存在として捉えていないことに本人が気づいていない。

　もう一つは、組織をこうしなければならない、こうしていきたいという話し方になっている場合である。このとき、語っている本人は主体的である場合が多い。

　話の内容は似ていても、それぞれエネルギーの方向性は異なる。主体的な話し方をする人は当事者感覚を持っているので、自分自身の内に組織や周りの人に働きかける力を秘めているかもしれない。こういう人こそが組織改革を進めていく推進者、言い換えるとチェンジ・エージェント（変革を推し進める伝道師的役割の人）になる可能性がある。

（高間邦夫『学習する組織現場に変化のタネをまく』光文社）

63 ① 語っている本人が受け身とあるが、どういう意味か。

1　批判はするが、ものごとをすべて自分以外のせいにして話すということ

2　話はするが、その話し方は自信がなさそうで消極的であるということ

3　誰かに意見を求められてはじめて、自分の意見を語るということ

4　話している内容が、実は他者の考えを語っているにすぎないということ

64 ② 主体的な話し方とあるが、その具体的な例はどれか。

1　上司や同僚について厳しいコメントをする。

2　上司に対して会社や組織の欠けている点を指摘する。

3　周りの人々に自分の考える会社のあり方について語る。

4　同僚と会社や組織の欠点について話し合う。

65 筆者はどのような人が③ チェンジ・エージェントになる可能性があると述べているか。

1　組織に対するビジョンや熱い思いを心に秘めている人

2　組織に対して責任感を持ち、他者に影響を及ぼす人

3　組織に対して疑問を持ち、組織を変えるべきだと考えている人

4　組織に対する不満を周りの人に積極的に話す人

（3）

　昼すぎ、私は夫に「今日の朝早く、千円札を拾ったよ。どうだ」と威張ってみせると夫は急に顔を曇らせ、「僕は、駅の便所で一円玉を落とし、汚いと思いつつ反射的に拾ってしまった…」と肩を落としていた。夫がなぜ肩を落とす程まで落胆したのかと言えば、「落ちている一円玉を拾うエネルギーの方が一円以上かかる」という説があるのだ。つまり一円を見つけたとして、「あっ、一円玉見つけた」と視神経から脳に信号を送ったり、足を曲げて腰を丸めて手を伸ばしてそれを拾ったりするエネルギーは、一円ではまかないきれず、総合的に赤字になるらしい。夫はその説を以前私に教えてくれたにもかかわらず、（略）「あ、一円落としてしまった。汚い、拾いたくない」と思ってから拾ったので普通に一円見つけて拾った人よりも、余計な思考を考えた分のエネルギー消費量は多くなっているはずである。金額に換算すれば、三円位になったであろう。二円の赤字である。

　そうは言っても一円が落ちていれば大抵の場合拾ってしまう。夫曰く「一円玉が落ちているのを見ただけで、交通事故に遭ったようなものだ。（略）　どうしても赤字になるしくみになっているのが、「落ちている一円玉」なのだ。」

　そういって遠い目をする夫だが、「落ちている一円玉」理論の説明、という行為は一体いくら位のエネルギーがかかっているのであろうか。一円玉など落ちていない今この自宅で部屋の中でわざわざそんな話を様々な語いを駆使して身ぶり手ぶり弁舌巧みにとうとうと解説する方がよっぽど赤字のような気がする。

（さくらももこ『たいのおかしら』集英社）

66 夫が ① 肩を落としていたのはなぜか。

1 妻に千円拾ったと自慢されたから

2 便所で一円玉を落としてしまったから

3 汚い一円玉を拾ってしまったから

4 落ちている1円玉のせいで交通事故にあったから

67 ② 二円の赤字とあるが、実際の損失はいくらだったか。

1 0円

2 1円

3 2円

4 3円

68 今回、妻である筆者は夫のことをどう思っているか。

1 一円玉理論を言っていた本人が不用意な行動をとったと思っている。

2 一円玉理論を説明するほうが拾うより疲れるだろうと思っている。

3 夫は一円落としたが、交通事故にあうよりましだったと思っている。

4 夫は一円落としたが、自分は千円拾ったので、優越感を持っている。

問題12 次のAとBは、アジアの国が欧米の科学を自国で広めるために、どのように言語の問題を解決したかについて述べられている文章である。二つの文章を読んで、後の問いに対する答えとして、最もよいものを、1・2・3・4から一つ選びなさい。

A

　明治維新の後、日本はそれまで文化の中心であった中国をかなぐり捨て、脱亜入欧というスローガンを掲げ、とにかくヨーロッパの科学技術を取り入れようとしました。（略）

　この時代に新しい日本語がずいぶんできました。ヨーロッパ、アメリカの科学のお手本を日本語に訳さないといけなかったからです。つまり、新しい言葉を作らざるをえなかったのです。日本になくて、漢語にもない言葉ですから、これは大変な作業だったことでしょう。（略）

　日本発の漢字による造語は、科学を含め、物理、化学、分子、原子、質量、固体、時間、空間、理論、進化など数えきれないほどたくさんあります。一方、タイやインドネシア、シンガポールでは、科学の授業は英語でしかできません。しかし日本は最初から、日本語で科学の授業をしていたのです。科学の教科書も日本語で書いてあります。これはやはり、すごいことです。

（毛利衛『日本人のための科学論』PHPサイエンスワールド新書）

B

　インドの大学では、今でもやはり英語を使って授業をしている。インドには、国語としては、ヒンディー語があるのであるが、このヒンディー語の通じる範囲というのが、やはりインドの一部であって、南の方では系統の全然違うドラヴィダ語系統の言語を使っている。インドにはさらにほかの言語もあるので、結局、ヒンディー語で授業ができないのだそうである。そういう言語と比べると、日本語は大変すばらしい言語であると思う。

　日本で、日本語で大学の講義ができるというのは、日本語が国の隅々にまで行われており、そのために、大学では東京の言葉でしゃべれば、どの学生にも通じるということがまずある。が、実はそれだけではなく、フィリピンにしろ、インドネシアにしろ、最も進んだ科学で使う術語が、その国語にない。そういうものは英語を借りなければならない。それならば何も、というわけで、すべて英語で授業を行っているのだという。

（金田一春彦『日本語（新版）』岩波書店）

69 AとBで共通して述べられていることは何か。

1 アジア各国に欧米の技術が導入された時、各国とも対応する科学の単語が国語にはなかった。

2 アジア各国では欧米の技術を導入するために、各国とも方言の見直しが行われた。

3 欧米から新しい概念を取り入れるために、それぞれの国で新語を作った。

4 欧米から新しい概念を取り入れるために、それぞれの国で英語の翻訳に力を注いだ。

70 科学の授業についてAとBはどのように述べているか。

1 Aは科学の授業を自国語で行うことを評価し、Bはすべて英語で行うのは素晴らしいと考えている。

2 Aは科学の授業を自国語で行うことを評価し、Bは英語で行うことを否定的に考えている。

3 Aは漢字を利用して新語を作ったことが、Bは日本語は全国共通であることが日本語で授業ができる理由だと考えている。

4 Aは漢語を取り入れたことが、Bは東京語を標準語に定めたことが日本語で授業ができる理由だと考えている。

問題13 次の文章を読んで、後の問いに対する答えとして最もよいものを、1・2・3・4から一つ選びなさい。

　科学技術は、人間にとっての環境世界を大きく変えてきました。人間単独では見えない世界、できない世界を、見える世界、可能な世界に変えてきたわけです。（略）科学技術は、ある意味、夢をかなえてくれる道具だったのです。科学技術の歴史は、人間がその夢を叶え、欲望を満たすための道具を開発してきた歴史だと言ってもいいでしょう。

　さて、問題は、科学技術の発展が累積的だということです。自転車ができて速く遠くへ移動できるようになったら、次は、より速く、より大量に移動できるように改良したり、新しい道具を開発したりします。今、到達しているところが、次への出発点になるのですね。だから、全自動洗濯機がはじめて届いて感動していても、しばらく経つとそれが標準の状態になってしまって、さらなる便利さを求めていくわけです。

　この累積性というのは科学技術に限らず人間の文化現象すべてに共通の特徴です。文学作品だって美術作品だって、今までには表現されていないテーマや技法を求めて、作家たちは苦労しています。過去が蓄積されていて、そこから出発しているわけです。科学技術も累積的に発展してきたからこそ、これだけ膨大な知識を集めることができ、強大な道具を作ることができるようになったわけです。（略）

　しかし、どんどん累積的に発展してくると、あまりにも規模が大きく、強力になりすぎて、人間の想像力の限界を超えてしまいます。そうすると、予期せぬ副作用が生じたりして、事故につながったり、あるいはアスベストのように気づかないうちに人間の健康を蝕んだりする場合が出てきます。現在の科学技術にはこのような側面があります。
(注1)　　　　　　　　　　　　　　　　　　　　　　　　　(注2)

　そうなると、今までは夢をかなえ、希望を実現してくれる存在だった科学技術が、生活や健康を脅かすものとしてクローズアップされてきます。公害問題などがあったとはい
(注3)
え、1960年代、70年代までは、まだ科学技術はバラ色でした。それがじわじわと副作用が気になりだし、地球環境問題が国際的にとりあげられるようになると、一気にネガティブなイメージが噴出します。これには、科学技術が実際にネガティブに作用することが増えてきたという面もたしかにありますが、メリットの方に対する感動がインフレを起こして、ありがたみが薄れてしまったという部分もあるように思います。

（佐倉統/古田ゆかり『おはようからおやすみまでの科学』筑摩書房）

（注1）アスベスト：断熱材として普及したが、発がん性があり使用禁止になった
（注2）蝕む：体や心に悪影響を与える
（注3）脅かす：相手を怖がらせる

71 それが標準の状態、とあるが、どのような状態か。

1 人間の夢をかなえるために常に技術の開発を続ける状態

2 一度手に入れた便利さだけでは満足できなくなってしまう状態

3 便利な新しい機械を手に入れて感動、満足している状態

4 今すでに到達しているところから次の開発へと発展させていく状態

72 科学の累積的発展について筆者はどのように考えているか。

1 先人の知識の上に更に研究を積んだので、悪影響も伴うが、科学技術がここまで
発展した。

2 先人達は、現在の時代を想像できなかったので、間違った方向に発展しつつある。

3 先人の研究や成果をそのまま利用していると、基礎的なことが欠けてしまう恐れ
がある。

4 先人の研究や成果を利用しているにすぎないので、今や科学技術は限界点に達し
つつあった。

73 筆者は、現代の科学技術についてどのように述べているか。

1 発展しすぎたため常に公害の原因となり、批判的な意見が国際的に起こっている。

2 発展しすぎたため人々の欲望が過度になり、国際間の経済までバランスを崩して
いる。

3 かつては大きな期待が寄せられていたが、今は人々の意識に変化が起こっている。

4 かつては想像できなかった技術も実現したが、それ以上に環境への被害が大きい。

問題14 右のページは、ある市の特別市民講座の案内である。下の問いに対する答えとして最もよいものを、1・2・3・4から一つ選びなさい。

74 小学4年生の娘を持つカオリさん。平日は8：00〜13：00までパン屋でアルバイトをしている。娘のユカちゃんは毎週土曜11：00〜13：00までピアノを習っている。カオリさん親子が申し込みできるのは次の4つのうちどれか。

1　第1回と第2回
2　第2回と第3回
3　第3回と第4回
4　第1回と第4回

75 最近みどり市へ引っ越してきて初めてみどり市市民センターを訪問した会社員のユウキさん。第3回の講座に参加しようと考えている。正しい申し込み方法はどれか。

1　12月18日に窓口で申し込み、2,100円を支払う。
2　10月17日に窓口で申し込み、2,600円を支払う。
3　12月18日に電話で申し込み、2,100円を支払う。
4　10月17日に電話で申し込み、2,600円を支払う。

みどり市市民センター主催

【冬休み特別講座】「親子でラテ・アート」のご案内

皆さん、近ごろカフェにいくと気の利いたラテ・アートをしてコーヒーを出してくれるお店が増えましたよね。
一見難しそうに見えるラテ・アートですが、小学生にも挑戦できます！
ぜひこの機会に親子でチャレンジしてみませんか。

日時	第1回：2021年12月17日（土）10：00 ～ 12：00 第2回：2021年12月21日（水）14：00 ～ 16：00 第3回：2021年12月24日（土）13：30 ～ 15：30 第4回：2021年12月28日（水）11：30 ～ 13：30
定員	各回 親子15名 (30名)
対象	小学生以上の親子2人組 ※5年生以上はお一人での参加も可
講師	東京バリスタ協会 特級バリスタ 小田美香
講座内容	• ラテ・アートの基礎知識 • ラテ・アートの基礎技術（模範） • 描いてみようラテ・アート（実技）
料金	■ 参加費：親子で1,500円 ■ 材料費 600円（ドリンク2杯分） ※親子2人（または1人）で2杯作ります。 ※ドリンクは1杯追加ごとに200円いただきます。（当日実費） ※お一人での参加であっても料金はかわりません。
受付開始	2021年10月17日（月）午前9時より市民センター窓口にて受付開始！ ※電話及びインターネット予約は10月18日午後1時より受付けます。
お申し込み方法	**窓口でのお申し込み** みどり市市民センター1階（わかばホール）にて受講料（材料費）を添えてお申し込みください。 **お電話でのお申し込み** 予約後、一週間以内にみどり市市民センター1階（わかばホール）にて受講料(材料費)を納入していただきます。 **インターネットでのお申し込み** 詳細はみどり市市民センターＨＰ（www.midoricity.gr.jp）をご参照ください。 ※受講日の2日前までお申し込みを受付けます。（キャンセルは受講3日前まで） ※定員になり次第、締め切らせていただきます。 ※市民センター利用証必須。（利用証発行手数料500円）
お問合せ先	みどり市市民センター　特別市民講座係（日曜休館） TEL：07-9638-5274　　E-mail：midoricity@jahoo.co.jp

JLPT N2

실전모의테스트 2회

독해

問題10 次の文章を読んで、後の問いに対する答えとして最もよいものを、1・2・3・4から一つ選びなさい。

（1）

　人は、様々な考えを持って暮らしています。常識的に考えて間違っていると思うことでも、本人にとっては少しも間違いではないということもあります。そんなとき、ただ正論でぶつかっても泣き別れになるだけです。

　言い方は悪いですが、盗人にも五分の理があることを知ることです。その五分の理を知ることがなければ、人は動かすことができません。どんな人であっても、OKならOKなりの、NOならNOなりの理由があります。

（注）盗人：どろぼう

55　筆者によると、人を動かすにはどうしたらいいか。

　　1　相手が間違っていると思っても、まず相手を理解しようとする。

　　2　常識的な相手には、いつも譲歩する。

　　3　罪を犯した人も赦すことができる余裕を持つ。

　　4　様々な考えを持った人と付き合うようにする。

（2）

　本来、どんなことについても、<u>他人との比較は不要</u>です。比較するのは他人ではなく、きのうの自分、おとといの自分なのです。そこには誰でも勝ち目があります。ふつうは、努力しつづければ、きのうの自分よりは、すこしだけ前に進むことができるからです。一方、自分より圧倒的に運動能力が高い人とか、生まれつき音楽のセンスがいい人に勝つのは、残念ながら極めて難しいことです。

56　<u>他人との比較は不要</u>とあるが、それはなぜか。

　　　1　比較すべきなのは他人ではなく過去の自分だから

　　　2　大切なのは努力して他人に勝つことだから

　　　3　自分より努力した人には勝つことができないから

　　　4　才能のある人と比較する状況は起こり得ないから

（3）

　人間は脳を使って、運動したり、感じたり、泣いたり、笑ったりしています。そして、これからの生き方を考え、行動していきます。ところで、もし人間に記憶というものがなかったらどうなるでしょう。電車が遅れて学校や会社に遅刻しそうになった時も、出張や旅行をする時も、ここがどこで、何をどうすれば何ができるかは記憶に頼っています。何をするにも、もとになる情報がなければ、どうすることもできません。私たちの脳には、日々の生活や様々な体験を通して蓄積された記憶があって、その全体が我々の行動を支^{ささ}えています。

57 筆者は記憶についてどのように述べているか。

1　記憶がなければ、人間は泣いたり笑ったりすることしかできない。

2　記憶がなければ、人間は全ての行動を停止してしまう。

3　記憶があるからこそ、人間は脳の全ての機能を支配することができる。

4　記憶があるからこそ、人間は次の行動を判断できる。

（4）

　落葉の美しさを感じられるのは、人間の特権であろうと思う。単純に、木々が黄色や赤色に色づいていくから美しいのではない。春には生まれたての黄緑色だった若葉が、夏には濃い緑色となる。このほんの数か月が、葉の人生の最盛期である。そして秋になると、自身の体を赤や黄色に変化させながら、その短い命を終え散っていくのだ。そのはかない^{（注1）}命で、色とりどりに精一杯生きたのかと思うと、美しいと思わずにはいられない。葉の命はそれで尽きる^{（注2）}が、厳しい冬を終えると、同じ木からまた新たな命が始まる。命とは、なんとはかなく、しかし力強いことか。

（注1）はかない：長く続かない
（注2）色とりどり：様々な色
（注3）精一杯：一生懸命

[58] 筆者によると、人間はなぜ落葉を美しいと感じるのか。

　　1　黄緑色や濃い緑色だった葉が、黄色や赤色など様々な色に変化するから
　　2　落葉を通して、人間の生活に欠かせない四季を感じることができるから
　　3　葉が生まれてから散るまで、短い命を一生懸命生きたことを感じるから
　　4　葉が落ちてしまっても、春にはまた新たな葉が生まれることを知っているから

（5）

　やらなくてはいけないと分かっていても、それに取り掛かれずに別の行動を取ってしまうことを「先延ばし行動」という。この「先延ばし行動」を繰り返すことは、行動の結果にリスクをもたらすだけではなく、うつや不安神経症にかかる確率を高めることがわかっている。

　専門家によると、「先延ばし」体質にある人々は、自分の判断や行動が将来において自分にどのような影響を及ぼすのか理解する能力が弱いという。最終目標が遠すぎて、想像が出来ないのである。そういった人々は、まずは、達成しやすい小さな目標をいくつも設定しておくことが有効だ。目標が達成されるたびにコーヒーブレイクといった小さな報酬を自分に与え、また次の小さな目標を目指す。それを繰り返すことで、最終的なゴールまでたどり着くことが出来るのである。

（注1）うつ：意欲などが失くなる病気
（注2）報酬：賞のこと

59　この文章によると、「先延ばし行動」を避けるためにはどうしたら良いか。

　　1　目標が達成されたときの報酬を自分で設定しておく。

　　2　自分の判断が将来に及ぼす影響を理解する。

　　3　最終目標までの間に細かい目標をたくさん作っておく。

　　4　最終的な目標を、大きすぎない、小さなものに変更する。

問題11 次の文章を読んで、後の問いに対する答えとして最もよいものを、1・2・3・4から一つ選びなさい。

（1）

　大昔は、花粉症_{（注1）}という病気はありませんでした。

　恐竜がまだ地球上にいた二億年前、地球で最初の哺乳類が誕生しました。でも、当時の哺乳類は皮膚に取りついて血を吸う吸血ダニに苦しめられていたそうです。それは、吸血ダニに対する免疫システムがなかったからです。

　しかし進化の過程で、哺乳類は吸血ダニに対抗する新しい免疫システムを獲得しました。ここにも突然変異があり、たまたま吸血ダニへの免疫システムをつくった哺乳類だけが生き延びたということです。

　この免疫システムは、吸血ダニを異物と判断して、それを退治する物質を放出します。こうして哺乳類は、吸血ダニを撃退することができるようになったのです。

　現在の日本のような清潔な環境では、かつてほどダニに悩まされることはありません。そうなると、吸血ダニと戦っていた免疫システムが、宝の持ち腐れになります。そのために、たまたま外から入ってきたものを、敵と見誤って攻撃するということが起きるようになってしまいました。このとき、吸血ダニと勘違いされるのがスギ花粉なのです。スギの花粉が入ってくると、人間の免疫システムが誤って作動し、吸血ダニ退治の物質を出す。そのせいで、目がしょぼしょぼしたり、くしゃみをしたりすることになるわけです。

　こうして見ると、花粉症という病気は、私たちの環境があまりに清潔になりすぎることでもたらされた病気だということがわかります。_{（注7）}

　（注1）花粉症：花粉によって起きるアレルギー
　（注2）哺乳類：子を乳で育てる動物
　（注3）ダニ：小さな虫
　（注4）退治：悪いものをうち滅ぼすこと
　（注5）宝の持ち腐れ：役に立つものを持っていながら、それを使わないこと
　（注6）スギ：木の名前
　（注7）もたらす：起きる

60　この文章によると、哺乳類が進化しながら得たものは何か。

1　花粉症と戦う免疫システム
2　吸血ダニと戦う免疫システム
3　汚染された環境で生きていくための免疫システム
4　清潔な環境で生きていくための免疫システム

61　誤って作動とあるが、どういうことか。

1　スギ花粉をダニと間違えて攻撃すること
2　スギ花粉をダニと間違えて取り込むこと
3　ダニを他の物質と勘違いして撃退すること
4　ダニを他の物質と勘違いして取り込むこと

62　この文章によると、花粉症は何だと述べているか。

1　過去と現在の環境の違いによって、人間の免疫システムが変化したために起きるもの
2　現在の環境があまりにも清潔なため、人間の免疫システムが弱ってしまって起きるもの
3　昔はスギ花粉はなかったため、それに対する人間の免疫システムがなくて起きるもの
4　日本のような清潔すぎる環境では、人間の免疫システムがうまく働かなくて起きるもの

（2）

　まず、テーマに関連のある参考文献を集める。集められるだけ集まるまで読み始めないでおく。これだけしかない、というところまで資料が集まったら、これを机の脇に積み上げる。

　これを片端から読んでいくのである。よけいなことをしていては読み終えることが出来ない。メモ程度のことは書いても、ノートやカードはとらない。

　それでは忘れてしまうではないか、と心配になる人は、カード派であり、ノート派である。そういう人は、この方法のまねはしないこと。まねしてもうまく行くはずがない。

　全ては頭の中へ記録する。もちろん、忘れる。ただ、ノートに取ったり、カードを作ったりするときのように、きれいさっぱりとは忘れない。①不思議である。

　（中略）

　読み終えたら、②なるべく早く、まとめの文章を書かなくてはならない。ほとぼりをさましてしまうと、急速に忘却が進むからである。本当に大切なところは忘れないにしても、細部のことは、そんなにいつまでも、鮮明に記憶されているとはかぎらない。

　たくさんの知識や事実が、頭の中で渦巻いているときに、これをまとめるのは、思ったほど楽ではない。まとめを嫌う知見が多いからである。しかし、ノートもカードもないのだから、頭のノートがあとからの記入で消える前に整理を完了しなくてはならない。

　本を積んで、これを読破するのだから、これを③つんどく法と名付けてもよい。普通、つんどくというのは、本を積み重ねておくばかりで読まないのを意味するが、つんどく法は文字通り、積んで、そして読む勉強法である。そして、これがなかなか効果的である。

（注1）ほとぼりをさます：熱気が冷める
（注2）忘却：忘れること
（注3）渦巻く：ぐるぐる回ること
（注4）知見：見聞して得た知識
（注5）読破：すべて読むこと

63 ①不思議であるとあるが、何が不思議なのか。

1　読んだものをすべて頭の中に記憶できること
2　ノートやカードをとるより覚えたほうが早いこと
3　何も書かなくても大事なことは覚えていること
4　膨大な資料を読んでも正確に覚えられること

64 ②なるべく早く、まとめの文章を書かなくてはならないとあるが、それはなぜか。

1　時間が経つと、どこに何が書かれていたのかわからなくなってしまうから
2　まとめにあまりにも時間がかかると、大切なことまで忘れてしまうから
3　時間が経つと細部の記憶が少しずつなくなってしまうから
4　記憶というものは、後から入ってくる新しい記憶によって全部消されてしまうから

65 ③つんどく法とあるが、どんな方法か。

1　テーマに関する資料を集め、それをすべて読み終えてから整理する方法
2　参考文献に目を通しながらメモを取り、素早く整理を完成させる方法
3　関連資料は積み重ねておくだけで、頭の中で知識や事実をまとめる方法
4　関連する本を揃えてはおくが、必要な部分だけを読んでまとめる方法

（3）

　人間の作ったロボットが人間を攻撃し始めるのは、SF映画の定番だ。源流の一つに、チェコの作家チャペックによる戯曲「ロボット」がある。なぜ人間に刃向かうのか、彼ら自身が語る理由が①恐ろしい。「あなたの方がロボットのようではないからです。……ロボットの様に有能ではないからです。」

　ロボットの頭脳となる人工知能の進歩がめざましい。この分野への投資は世界的なブームとも聞く。明るい未来につながるのだろうか。一方で警戒する人もいる。

　「完全な人工知能が開発されれば、人類の終焉を招くかもしれない。」名高い宇宙物理学者ホーキング博士が、英BBC放送に語っている。知力で勝る人間は多くの生き物を圧倒し、絶滅させた。②同じことが起きないとも限らないと。

　もっとも現場の研究者に聞くと心配する水準ではないという。学習能力は「まだ2歳児程度」の声もある。だが、2歳児と比べられるところまで来たと見ることもできる。

　大人になって、我々を超えるのにあとどのくらいだろう。忘れていけないのは、巨大な技術はときに私たちに牙をむくということだ。

　（注1）刃向かう：反抗する
　（注2）終焉：絶滅
　（注3）牙をむく：危害を加える

66 ①恐ろしいとあるが、なぜか。

1 ロボットが人間に反抗するので
2 ロボットが自分たちのほうが人間よりも優秀だと言うので
3 ロボットが人間と同じように自己主張をすることができるので
4 ロボットが自分たちも人間のようになりたいと言うので

67 ここでいう②同じこととはどういうことか。

1 知力のある人間が、地球上のあらゆる動物を支配すること
2 知力のあるロボットが、人間以外の動物を支配すること
3 知力で勝る人間が、それより劣るロボットを支配すること
4 知力で勝るロボットが、それより劣る人間を支配すること

68 筆者は、人工知能の技術に対してどのように感じているか。

1 人工知能には、人間の感情も持つことができるように開発するべきである。
2 いつか人間を超えるものを作り出してしまう可能性があり、気を付ける必要が
  ある。
3 ２歳児程度の人口知能だけでも十分で、これ以上開発する必要はない。
4 このまま開発を続けていけば、人工知能は間違いなく人間を支配する存在に
  なる。

問題12 次のAとBはそれぞれ、これからの大学教育について書かれた文章である。二つの文章を読んで、後の問いに対する答えとして、最もよいものを、1・2・3・4から一つ選びなさい。

A

　大学進学率が50%を超えた今、卒業生のほとんどが進むのは、国内のサービス産業を中心とした世界だ。だからこそ学生には、職業人として必要なスキルを大学で身につけてほしい。

　これまで、大学は学術的な教養ばかりを重視してきた。しかし、もともと教養とは、人間がよりよく生きていくための「知の技法」のことを意味していた。現代ではそれが、実社会を生きていく上で確実に役に立つ簿記会計などの技術となる。これからの日本の大学には、学術的教養だけから成る「一つの山」の構造ではなく、アカデミズムの学校と実践的な職業教育に重点を置いた、実学のための学校の「二つの山」の構造に変えていく必要があるのではないだろうか。

B

　大学を職業訓練の学校のようにするべきだという意見があるが、例えば20年後、社会で必要な技術は、今と同じだろうか。今、役に立つように見える技術に、学生の関心と才能を制限してしまってもいいのだろうか。私は、今の学生たちにはどんな未来にも対応できるような力をつけさせる必要があると思う。

　実社会が求める人材とは、冷静な判断力を持った人間だ。インターネットが発達した情報が溢れかえる今、何が正しいか、どう評価したらいいかを様々な角度から考え、選択しなければならない。自分の頭で考える力、これが、大学で訓練しなければいけない能力だ。たくさん本を読み、様々な学説と向き合い、時間がかかっても面倒臭いプロセスを丁寧に行う。そうやって身につけた教養は、どんな分野に進んでも役に立つ力になるはずだ。

69 AとBのどちらの文章にも書かれていることは何か。

1 卒業後の実社会で必要となる能力
2 インターネット社会で必要な教養
3 教養という言葉の本当の意味
4 大学生が増えたことによる、大学生の質の低下

70 AとBの筆者は、今後の大学教育についてどのように考えているか。

1 AもBも、学生には実社会の現在と未来に対応できるよう、実践的な教養と学術的な教養を同時に身につけさせるべきだと考えている。
2 AもBも、学生には世界で戦えるような高度な教養を身につけさせるべきだと考えている。
3 Aはアカデミックな教育とともに職業教育も必要だと考え、Bは自分の頭で考えることができる人材をアカデミックな教育を通して育てることが必要だと考えている。
4 Aは大学が学生の就職率を上げる努力をする必要があると考え、Bは大学院への進学率を上げる努力をする必要があると考えている。

問題13 次の文章を読んで、後の問いに対する答えとして最もよいものを、1・2・3・4から一つ選びなさい。

　発達心理学の本などを読むと、老人について実感を満足させてくれるものはない。だいたいは、老人というのは発達の盛りを過ぎて手足の運動性も頭の運動性も衰えてきている人たちだという認識が普遍的だからだ。

　でもそう考えると、ちょっと間違うかもしれない。老人になると、考えること、妄想すること、想像力をはたらかせること、そういう能力はなお発達を続ける。ところがそれを実行に移そうとすると、からだの動きとのあいだに距離ができてしまう。そこが不自由に感じる。「わたしはかつてないほどよく考え、計画をたてることができるのだが、計画し考えたことを実行することがもはやできないのだ」というイギリスの詩人イェイツの晩年の嘆きはそのあたりの気持ちをとてもよくあらわしている。ただ余命がなくて実行できないと考えるより、計画することと実行することの距離が大きくなっているからできないと解釈したほうがいいとおもえる。

　したがって老齢者の定義は―「頭や想像力で考え感じていること」と、それを「精神的にか実際的にか表現すること」とのあいだの距離が普通より大きくなっている人間、となる。そう定義するなら、まず間違うことはないとおもう。

　自分では実感上および体験上そう考えるようになったが、世間の常識はちがって、老人は体も衰えてボケも発達しているというわけだ。だから、ボケを防ぐためだといって、からだを動かせといってみる。そんなテレビ番組を見ていると、それは大間違いだといってやりたくなる。身体の運動性が増したって、そんなのは一時しのぎに過ぎない。

　（中略）

　私の見るところでは、これから将来に向けて、（中略）からだを動かすことに比べて頭をはたらかすことのほうが多いという老齢者はきっと増えてゆく。解釈としては、「考えていること」と「じっさいの運動」との距離が非常に大きくなってしまうのが老齢層だとするほうが将来性があるようにおもえる。しかし、いまの老齢者に対する医療はそうなっていない。だから、ここのところはやはり修正しておいたほうがいい。いや修正しておくべきだとおもえる。

（注1）衰えてきている：弱ってきている
（注2）嘆き：深く悲しむこと
（注3）定義：あるものを、言葉で明確に限定すること

（注4）ボケ：痴呆。主に年を取ったがために起きる脳の機能障害

（注5）一時しのぎ：一時的な解決方法

71 そのあたりの気持ちとあるが、筆者はどういう気持ちだと言っているか。

1 肉体が衰えているので、生活が不自由で悲しくてならない。

2 計画を立てても、昔から実行力というものがなかったので、情けない。

3 寿命がいくらも残っていないので、計画を実行に移せないのが悲しい。

4 やりたいことが、身体の衰えのために、思いどおりにできないのが残念でならない。

72 筆者が考える老齢者の定義とは何か。

1 体を動かすことよりも頭で考えたり想像したりすることのほうが得意な人々

2 頭や心の中にあるものを表現しようとする時に大きなギャップが生じてしまう
人々

3 身体の機能が衰えて、常識が通じなくなってしまっている人々

4 事実や現実とは違うことを、頭の中で考えたり想像したりする人々

73 この文章で筆者がもっとも言いたいことは何か。

1 老齢者は頭脳の衰えを防ぐために、もっと体を動かしたほうがいいので、老齢者
に対する医療も身体能力の回復に重点を置くべきだ。

2 老齢者も将来性のある存在なので、老齢者に対する医療もこれを無視してはならな
い。

3 老齢者の身体の衰えと頭脳の衰えは、必ずしも一致しないので、老齢者に対する
医療は見直される必要がある。

4 老齢者に対する医療を改善して、老齢者が肉体的な面において社会に貢献できる
ようにするべきだ。

問題14 右のページは、ある市のボランティア募集案内である。下の問いに対する答えとして最もよいものを、1・2・3・4から一つ選びなさい。

74 大学生の田中さんは初めてボランティアをしてみたいと思っている。家に車があるので、田中さんは時々車で大学に行く。平日は授業で、毎週土曜日は10時からアルバイトがあるためその時間は参加できない。田中さんが参加できるボランティアはいくつあるか。

1　4つ

2　3つ

3　2つ

4　1つ

75 佐々木さん(65歳)は今回初めて、外出困難者の送迎のボランティアに参加してみようと思っている。活動希望日は10月15日(木)だが、下記のうち確実に申し込めるのはどれか。

1　10月1日（木）までにホームページで登録して、8日（木）までにホームページで申し込む。

2　10月1日（木）までに電話で登録して、8日（木）までに電話で申し込む。

3　10月6日（火）までに電話で登録して、13日（火）までにホームページで申し込む。

4　10月6日（火）までにホームページで登録して、13日（火）までに電話で申し込む。

ボランティア募集！

私たちの地域の中には、あなたを必要としているボランティアがたくさんあります。
現在は以下の活動についてお手伝いをしてくださるかたを募集中です。
これを機にボランティアデビューしてみませんか？

20XX年9月1日

活動名	内容	日時	資格
① ふじ川河岸の お掃除	ふじ川河岸のゴミ 拾いや草取りなど	10月、11月の 第2、第4土曜日 8：00〜11：00 【都合のよい日のみ参加可】	特になし
② 外出困難者の 送迎	お年寄りや体の不 自由な方のお出か けを車で送迎	ご自身の都合のよい日＊	運転免許証 必須
③ 外出困難者の 付添	お年寄りや体の不 自由な方のお出か けに付き添う	ご自身の都合のよい日＊	特になし
④ 「昔の遊び」 教室	地域のこどもたち や外国人に昔から の伝統的な遊びを 教える	11月の日曜日 10：00〜12：00/14：00〜16：00 【午前か午後のどちらかだけでも可】	65歳以上 の方
⑤ 古本の回収	地域を回って読ま くなった書籍類を 回収	10月24日（土）〜26日（月） 10：00〜（回収し次第終了） 【三日間全てに参加できること】	自動車かバ イクの持ち 込み必須

＊活動希望日1週間前から2日前までお申込みできます。場合によっては希望活動日に依頼がない可
能性もありますのでご了承ください。

【登録と活動申込み方法】

- 高校生以上の方ならどなたでも申し込めます。
- ボランティア活動をしていただく前に、ふじ市ボランティアセンターにボランティア活動
員として登録していただきます。ご登録後、希望活動日の申込みをしていただきます。
- ボランティア活動員の登録はふじ市ボランティアセンターの受付窓口かホームページに
てご登録ください。活動員番号を1週間以内にメールにてお知らせいたします。
- 活動申込みは活動希望日1週間前から2日前までふじ市ボランティアセンターへお電話でお
申込みください。窓口でもお申込みできます。（活動員番号をご用意ください）
- ご不明な点はお問い合わせください。

お問い合わせ　　　　　所属課室：ふじ市まちづくり課　ふじ市ボランティアセンター
　　　　　　　　　　　〒123-456 ふじ市本町3-12　　ふじ市ボランティアセンター
　　　　　　　　　　　電話番号：0435-00-7○○○ / HP: http://cityfuji.xxx

실전모의테스트 1회

독해

문제 10 다음 문장을 읽고 질문에 대한 답으로서 가장 적당한 것을 1·2·3·4에서 하나 고르세요.

(1)

지구 주변에는 많은 인공위성이 돌고 있습니다. 인공위성은 우주로부터 지구의 모습을 관측하는 등의 일을 하고 있는데, 몇 년인가 지나면 기계에 수명이 다해 사용할 수 없게 됩니다.

이처럼 역할을 마친 인공위성이나 발사된 로켓, 그것들이 고장 나서 생긴 부품이나 도료의 파편 등이 지구 주변에는 많이 있고, 이것들을 '스페이스 데브리'라고 부릅니다.

(요코하마 국립대학 환경 이야기 편집위원회 『왜? 어째서? 환경 이야기』 갓켄교육출판)

| 어휘 | 地球 지구 | 人工衛星 인공위성 | 宇宙 우주 | 様子 모습, 모양 | 観測 관측 | 機械 기계 | 寿命 수명 | 役割 역할 | 打ち上げ 쏘아올림 | 部品 부품 | 塗料 도료 | かけら 부서진 조각, 파편 | スペースデブリ (Space debris) 우주 쓰레기

55 '스페이스 데브리'라는 것은 무엇인가?

1 발사에 실패한 로켓

2 인공위성을 만들 때 나온 쓰레기

3 우주에 있는 더 이상 사용할 수 없게 된 인공물

4 관측을 끝내고 지구로 돌아온 셔틀

정답 3

해설 「スペースデブリ」의 의미를 묻는 문제로 본문에서 '이처럼 역할을 마친 인공위성이나 발사에 사용된 로켓, 그것들이 고장 나서 생긴 부품이나 도료의 파편 등이 지구 주변에는 많이 있다'라고 했으므로 정답은 3번이다.

(2)

책을 보지 않으면 요리를 전혀 못 한다는 친구가 있다. 결혼한 지 10년, 매일 아침 점심 저녁 세끼 식사를 요리책을 보며 만들고 있다고 한다. 그녀는 외식할 때도 반드시 '유명 레스토랑 안내'와 같은 책을 읽고 나서 나간다. 옷을 살 때는 잡지에 실려 있는 가게로 가서 잡지에 나온 옷을 산다.

즉, 그녀는 어디에 가든 무엇을 하든 반드시 무언가의 잡지나 책에서 얻은 지식을 바탕으로 움직이고 있다. 아니, 그것에 의해 움직이게 된다고 해도 좋을지 모른다. 매뉴얼 없이는 행동할 수 없는, 그녀와 같은 사람을 '매뉴얼 의존증'이라고 하는 걸까?

(피터·플랭크 『피터류 삶에 관한 권유』 이와나미 서점)

| 어휘 | 何一つ 무엇 하나, 전혀 | 友人 친구 | 三食 세끼 식사 | 外食 외식 | 案内 안내 | 載る (신문, 잡지 등에) 실리다 | つまり 즉, 다시 말해서 | 得る 얻다 | 知識 지식 | 動く 움직이다 | ~をもとに ~을/를 바탕으로 | ~かもしれない ~일(할)지도 모른다 | マニュアル 매뉴얼 | ~なしでは ~없이는 | 行動 행동 | 依存症 의존증

56 필자가 말하는 '매뉴얼 의존증'이랑 어떤 사람을 말하는가?

1 요리 책을 보지 않으면 저녁 밥을 못 만드는 사람

2 여러 가지 책이나 잡지에서 정보를 얻는 것을 좋아하는 사람

3 자신이 얻은 정보와 자신의 판단에 의지해서 행동하는 사람

4 타인의 정보와 타인의 판단에 의지해서 행동하는 사람

정답 4

해설 이 문제도 필자가 말하는 내용을 이해해야 하는 문제이므로 문장 후반부에 답이 있다고 생각하면 된다. 마지막 단락에 나오는 「つまり」는 '즉, 다시 말해서'라는 뜻의 접속사로, 앞에 나온 내용을 요약·정리하는 역할을 한다. 「つまり」의 뒷 부분에는 '어디를 가더라도 무엇을 하더라도 반드시 잡지나 책에서 얻은 정보를 바탕으로 행동한다'는 내용이 나와 있고, 잡지나 책에는 자신이 아닌 타인에 의한 정보가 실려 있으므로 4번이 정답이다. 1번은 매뉴얼 의존증을 설명하기 위해 든 예이므로 오답, 2번은 본문에 전혀 언급되어 있지 않고, 3번은 매뉴얼 의존증과는 거리가 먼 내용이므로 오답이다.

---

(3)

마루스기 공업

영업부 스즈키 이치로님

항상 신세지고 있습니다.

HM코퍼레이션 영업부 야마모토 코타로입니다.

그런데 일전에는 매우 바쁘신데도 불구하고, 귀사의 공장을 안내해주셔서 대단히 감사했습니다.

귀사 제품의 조립 공정 견학은 앞으로 업무를 하는데 있어서 매우 뜻깊은 일이었다고, 일동 모두 소감을 밝혔습니다.

앞으로도 여러모로 가르침을 부탁 드리게 될 텐데, 그때도 잘 지도해 주시기를 부탁드리겠습니다.

우선은 간략하게나마 메일로 감사 인사를 드립니다.

HM코퍼레이션

영업부 야마모토 코타로

어휘 工業 공업 | 営業部 영업부 | コーポレーション 코퍼레이션 | さて 그런데, 그건 그렇고 | 先日 요전 날, 일전 | 多忙 대단히 바쁨 | ~にもかかわらず ~임에도 불구하고 | 御社 귀사 | 製品 제품 | 組み立て 조립, 구성 | 工程 공정 | 見学 견학 | 業務 업무 | 非常に 매우, 대단히 | 有意義 의의있는, 뜻있는 | 等しく 한결같이, 다 같이 | 何かと 이것저것, 여러모로 | 教示 교시, 가르침 | 節 때, 무렵 | 略儀ながら 간략하게나마

---

57 이 메일에서 가장 전하고 싶은 것은 무엇인가?

1 견학이 매우 도움이 되었기 때문에, 또 견학할 때 지도해주길 바란다.

2 견학으로 인해 업무가 진척되었다.

3 견학만으로는 불명한 점도 있었기 때문에 메일로 가르쳐주길 바란다.

4 견학 시, 공장을 안내해 주어서 감사하고 있다.

정답 4

해설 본문에서 「さて、先日はご多忙中にもかかわらず、御社工場をご案内いたただき、まことにありがとうございました(그런데 일전에는 매우 바쁘신데도 불구하고, 귀사의 공장을 안내해주셔서 대단히 감사했습니다)」고 메일을 쓴 이유가 나타나 있으므로, 정답은 4번이다.

---

(4)

부동산 업자 사이에서 재일외국인(일본에서 사는 외국인)의 평판이 별로라는 것은 전부터 들어왔다. 자취하는 중국인의 경우, 중화요리는 기름기가 많기 때문에 방이 더러워져서 안 된다고 거절당한 경우가 있다고 한다.

수년 전 한 교수로부터 부탁을 받아, 운남(雲南)에서 온 유학생의 하숙집을 구하는 것을 도와 주었다. 나는 걱정하면서, 부동산을 돌아다녔다. 예상했던 대로, 거절당한 가운데 '여러 가지 사정이 있어서요' 또는 '좀 도와드리기 어렵습니다' 등의 표현이 있었다. 언어적으로는 나는 특히 후자 표현에 흥미를 느꼈다. 그와 동시에, 왠지 안심이 되는 느낌이 들었다. '도와드릴 수 없습니다'라는 말을 듣는 것 보다 훨씬 부드러움이 느껴졌기 때문이다.

(펑페이 『일본인과 중국인의 커뮤니케이션』 이즈미 쇼텐)

(주)雲南 : 중국 지명 중 하나

어휘 不動産業者 부동산 업자 | 在日 재일(일본에 있음) | 評判 평판 | 自炊 자취 | 油っこい 기름기가 많다, 느끼하다 | 汚れる 더러워지다 | 下宿 하숙 | 案の定 예상했던 대로, 아니나 다를까 | 事情 사정 | ~かねます ~하기 어렵다, ~하기를 꺼리다 | ホッとする 안심하다, 한시름 놓다 | 柔らかさ 부드러움 | 思いやり 배려

58 안심되는 느낌이 들었다고 했는데, 어째서인가?

1 부동산 업자의 어려운 일본어를 이해할 수 있어서, 대화가 가능했기 때문에

2 부동산 업자가 상냥한 인품으로, 친절히 설명해 주었기 때문에

3 방이 정해질지 어떨지 걱정하고 있었는데, 잘 정해졌기 때문에

4 방은 정해지지 않았지만, 부동산 업자의 말에 배려를 느꼈기 때문에

정답 4

해설 본문에서 「ちょっとお世話いたしかねます(좀 도와드리기 어렵습니다)」라는 표현에서 필자는 『世話できないと言われるより、ずっと柔らかさが感じられるからである(도와드릴 수 없다는 말을 듣는 것보다, 훨씬 부드러움이 느껴졌기 때문이다)』라고 이유를 밝히고 있으므로, 정답은 4번이다.

---

(5)

'장기를 익히려면, 연령이 낮은 편이 좋은가요?'라는 질문을 자주 받는다. (생략)

나는 '어릴 때부터 시작하는 편이 실력이 올라간다'고 하는 것은 의문스럽게 생각하고 있다. 무슨 일이든 나이가 들고나서 터득한 사람은 감각보다도 지식에 의지하는 경향이 있다. 그렇다고 해서 안 된다는 것은 아니다.

장기 세계에서는 장기의 질이 점점 변화하고 있고, 폼을 교정하지 않으면 안 되는 상황이 반드시 닥쳐온다. 어린 시절에 익혔던 폼을 새롭게 바꾸기는 힘들다. 감각보다 지식으로 익혔던 쪽이 잊어버리기 쉽기 때문에, 다음을 받아들이기 쉬운 점도 있다. 자신의 스타일을 새롭게 바꿀 수 있어, 진보나 변화에 적응하기 쉽다고 말할 수 있을 것이다.

(하부 요시하루 『결단력』 카도가와 쇼텐)

어휘 将棋 장기 | 覚える 외우다, 익히다 | 年齢 연령 | 伸びる 늘다 | 疑問 의문 | 何事も 모든 일도, 무슨 일이든 | 感覚 감각 | 知識 지식 | 頼る 의지하다 | 傾向 경향 | 質 질 | フォーム 폼 | 矯正 교정 | 訪れる 방문하다, 닥쳐오다 | 身につける 습득하다, 익히다 | 受け入れる 받아들이다 | 進歩 진보 | 変化 변화 | 適応 적응

59 장기를 시작하는 시기에 대해서 필자는 어떻게 말하고 있는가?

1 어렸을 때부터 시작하면 감각이 자신의 것이 되어, 장기의 진보나 변화에 적응하기 쉽다.

2 어렸을 때부터 감각을 익히면, 새로운 장기 스타일로 변화시키는 것은 어렵다.

3 나이가 들고 나서 터득한 사람은 지식에 의존하기 쉽기 때문에, 빨리 장기를 시작하는 쪽이 좋다.

4 나이가 들고 나서 터득한 사람은 지식을 잊어버리기 쉽기 때문에, 빨리 장기를 시작하는 쪽이 실력이 는다.

정답 2

해설 본문에서 『小さいころに身につけたフォームを新しく変えるのは大変だ(어렸을 때에 익혔던 폼을 새롭게 바꾸는 것은 힘들다)』고 밝혔으므로, 정답은 2번이다.

문제 11 다음 문장을 읽고 질문에 대한 답으로서 가장 적당한 것을 1·2·3·4에서 하나 고르세요.

(1)

자신에게 있어서 들은 내용이 새로운 정보로, 그때까지 몰랐을 경우 보통 '네'는 사용하지 않고, '음~', '어~', '아, 그래', '과연', '정말', '거짓말!' 등의 응답을 합니다.

이전에 한 유학생으로부터 이 「うそ(거짓말!?)」「うそ(거짓말!)」라는 표현은 마치 자신이 거짓을 말하고 있다고 받아들여지고 있는 것 같아, 그다지 기분이 좋지 않았다는 말을 들은 적이 있습니다. 예를 들면 영어로 상대가 예사롭게 한 말에 대해 갑자기 "It's a lie!" 등의 말을 하면 분명히 실례겠지요.

그러나 일본어의 「うそ(거짓말!?)」「うそ(거짓말!)」는 그 점에서는 놀랄만한 표현으로, '진짜일까? 거짓말은 아닐까?'라는 이를테면 의문을 띤 의미가 근본이 되고 있습니다. 말하자면, 그것이 자신에게 있어서 새로운 정보(조금 더 (보태서) 말하면, 좀 놀랄만한 정보)는 사인인 것입니다. 영어의 "Really?"라는 비슷한 느낌으로 사용된다고 말할 수 있을지 모르겠습니다. 놀라는 정도가 큰 쪽이 정보로서의 가치가 있기 때문에, 표현도 조금 과장되는 것이겠지요. 그렇기 때문에, 이 「うそ(거짓말!?)」「うそ(거짓말!)」의 경우는 똑같은 상황에서, '정말!?'과 같이 말할 수도 있는 것입니다. 생각해 보면 '정말'과 '거짓말'은 정반대이기 때문에 이상하다면 이상한 것이지만, 이처럼 새로운 정보에 접했을 경우 '정말?', '거짓말 아니야?'와 같은 의문 표현으로, 확인하는 듯한 표현을 하고 있다고 말할 수 있습니다.

그리고, '거짓말?', '믿을 수 없어'라고 하는 쪽이 놀라고 있는 정도가 강하게 드러나는 것입니다.

(모리야마 타쿠로 『커뮤니케이션의 일본어』 이와나미 쇼텐)

어휘 情報 정보ㅣ応答 응답ㅣ表現 표현ㅣ嘘 거짓말ㅣ受け取る 받다, 수취하다ㅣいきなり 갑자기ㅣ驚く 놀라다ㅣ疑問 의문ㅣ言わば 이를테면, 말하자면ㅣ度合い 정도ㅣ価値 가치ㅣ大げさ 과장됨ㅣ状況 상황ㅣ正反対 정반대ㅣ接する 접하다ㅣ確かめる 확인하다

60 유학생은 '거짓말!?', '거짓말!'이라는 말을 어떻게 받아들였는가?
1 믿을 수 없는 이야기이므로, 다시 한번 설명해 주길 바란다는 것처럼 느꼈다.
2 자신이 말한 것에 대해서, 상대는 놀라고 있는 것 같다고 느꼈다.
3 자신은 바르게 말하고 있는데, 상대는 믿지 않는 것 같다고 느꼈다.
4 일본어에 자신이 없기 때문에, 다시 한번 되묻고 있다고 생각했다.

정답 3

해설 본문에서 『まるで自分が嘘を言っていると受け取られているようで、あまり気持ちがよくない(마치 자신이 거짓을 말하고 있다고 받아들여지고 있는 것 같아서, 그다지 기분이 좋지 않았다)』라고 했으므로, 정답은 3번이다.

61 필자는 '정말'과 '거짓말'에 관해서 어떤 식으로 말하고 있는가?
1 '거짓말!'하고 확인하는 편이 상대는 진실을 정직하게 말한다.
2 '거짓말!'하고 확인하는 쪽이 '정말?'하고 묻는 것보다 실례가 아니다.
3 정반대의 의미를 나타내는 말이기 때문에, 바르게 구별하여 사용해야 한다.
4 정반대의 의미를 나타내는 말이지만, 상황에 따라서는 어느 쪽을 사용해도 좋다.

정답 4

62 필자에 의하면, 이 '거짓말!?', '거짓말!'은 어떠한 말인가?

1 상대의 이야기 내용을 재확인할 때에 사용되는 무례한 말

2 상대의 이야기 내용을 믿을 때 사용되는 친구 사이의 말

3 이야기 내용에 놀라서 반론할 때 사용되는 젊은 세대의 말

4 이야기 내용에 매우 놀랐을 때 사용되는 회화체의 말

정답 4

해설 본문 마지막 부분에 『「うそ？」「信じられない」というほうが驚いているという度合いが強く表されるのです('거짓말?', '믿을 수 없어'라고 하는 쪽이 놀라고 있는 정도가 강하게 드러나는 것입니다)』라고 밝혔으므로 정답은 4번이다.

---

(2)

어떤 회사나 단체 조직이든 그곳에 소속된 멤버가 동료들끼리 자신의 조직에 대해서 서로 대화할 때가 있다고 생각한다. 상사나 동료에 대해 혹독한 비평을 늘어놓는 사람도 있는가 하면, 조직을 이렇게 바꾸어가야 한다는 비전과 생각을 열정적으로 말하는 사람도 있을 것이다.

그 말의 경향에는 두 개의 에너지 방향성이 있다.

첫 번째는 저 사람의 저런 점이 안 된다, 이 회사는 이런 점이 안 된다, 저것이 부족하다, 이것이 부족하다는 식의 말투로 말하는 경우이다. 이 경향일 때는 자신을 지키면서 공격을 하고 있기 때문에, ①말하고 있는 본인이 수동적인 경우가 많은 듯 하다. 매사를 남의 탓으로 돌리고, 자기자신을 적극적이고 주체적인 존재로서 인식하지 않고 있다는 것을(사실은) 본인이 깨닫지 못하고 있다.

또 하나는 조직을 이렇게 해야 한다, 이렇게 해 나가고 싶다는 식의 말투로 말하는 경우이다. 이때 말하고 있는 본인은 주체적인 경우가 많다.

말하는 내용은 비슷해도, 각각 에너지의 방향성은 다르다. ②주체적인 말투를 사용하는 사람은 당사자 감각을 가지고 있기 때문에, 자신의 내면에 조직과 주변 사람들에게 작용하는 힘을 가지고 있을지도 모른다. 이러한 사람이야말로 조직개혁을 진행해가는 추진자, 바꾸어 말하면 ③체인지・에이전트(개혁을 적극적으로 추진하는 전도사적 역할을 하는 자)가 될 가능성이 있다.

(다카마 쿠니오 『학습하는 조직 현장에 변화의 씨를 뿌리다』 고분샤)

어휘 団体 단체 | 組織 조직 | 所属 소속 | 仲間同士 동료끼리 | 語る 말하다 | 上司 상사 | 同僚 동료 | 寸評 촌평, 짧막한 비평 | 述べる 진술하다, 말하다 | ビジョン 비전 | 傾向 경향 | エネルギー 에너지 | 方向性 방향성 | 駄目だ 안된다 | 足りない 부족하다 | 攻撃 공격 | 受け身 수동적 | 物事 사물, 만물, 매사 | 積極的 적극적 | 主体的 주체적 | 捉える 파악하다 | 気づく 깨닫다, 눈치채다 | 異なる 다르다 | 当事者 당사자 | 働きかける 작용하다 | 秘める 숨기다, 속에 간직하다 | 改革 개혁 | 推進者 추진자 | 変革 변혁 | 推し進める 추진하다, 밀고 나가다 | 伝道師 전도사 | 役割 역할 | 種をまく 씨를 뿌리다

63 ①말하고 있는 본인이 수동적이라고 했는데, 어떤 의미인가?

1 비판은 하지만, 매사를 모두 자신 이외의 탓으로 돌려 말한다는 것

2 말은 하지만, 그 말투는 자신이 없는 것 같고 소극적이라는 것

3 누군가가 의견을 요청해야 비로소 자신의 의견을 말한다는 것

4 말하고 있는 내용이 실은 타인의 생각을 말하고 있는 것에 지나지 않는다는 것

정답 1

해설 밑줄 바로 뒤 문장에서 『ものごとを他責にしてしまい、自分自身を積極的主体的な存在として捉えていないことに本人が気づいていない(매사를 남의 탓으로 돌리고, 자기자신을 적극적으로 주체적인 존재로서 인식하지 못하는 것을 본인이 깨닫지 못하고 있다)』라고 수동적 입장에 대해 설명하고 있다.

64 ②주체적인 말투라고 되어 있는데, 그 구체적인 예는 어느 것인가?

1 상사랑 동료에 대해서 엄격하게 코멘트를 한다.

2 상사에게 회사와 조직의 부족한 점을 지적한다.

3 주변 사람들에게 자신이 생각하는 회사의 올바른 자세에 대해서 말한다.

4 동료와 회사나 조직의 결점에 대해서 서로 이야기한다.

정답 3

해설 밑줄의 앞 문장에서 『組織をこうしなければならない、こうしていきたいという話し方になっている場合である。このとき、語っている本人は主体的である場合が多い(조직을 이렇게 해야 한다, 이렇게 해 나가고 싶다는 식의 말투로 말하는 경우이다)』라고 주체적인 말투에 대해 설명하고 있다.

65 필자는 어떠한 사람이 ③체인지·에이전트가 될 가능성이 있다고 말하고 있는가?

1 조직에 대한 비전이나 열정적인 생각을 마음속에 간직하고 있는 사람

2 조직에 대해서 책임감을 가지고, 타인에게 영향을 끼치는 사람

3 조직에 대해서 의문을 가지고, 조직을 바꾸어야 한다고 생각하는 사람

4 조직에 대한 불만을 주변 사람들에게 적극적으로 말하는 사람

정답 2

해설 마지막 단락에서 『主体的な話し方をする人は当事者感覚を持っているので、自分自身の内に組織や周りの人に働きかける力を秘めているかもしれない(주체적인 말투를 하는 사람은 당사자 감각을 가지고 있기 때문에, 자신의 내면에 조직과 주변 사람들에게 작용하는 힘을 간직하고 있을지도 모른다)』라고 하며, 이러한 사람이야말로 체인지·에이전트가 될 가능성이 있다고 밝혔다.

---

(3)

정오가 지날 무렵, 나는 남편에게 '오늘 아침 일찍, 천 엔을 주웠어, 어때?'하며 으스대 보이자 남편은 갑자기 어두운 표정을 지으며, '난 역 화장실에서 1엔 동전을 떨어뜨렸는데, 더럽다고 생각하면서도 반사적으로 줍고 말았어….'라며 ①어깨를 늘어뜨렸다. 남편이 어째서 어깨를 늘어뜨릴 만큼 낙담했는가 하면, '떨어져 있는 1엔 동전을 줍는 에너지가 1엔 이상 든다'는 설(주장)이 있어서이다. 즉 1엔을 발견했다고 해서, '앗, 1엔 동전 발견했다'하고 시신경으로부터 뇌에 신호를 보내거나 다리를 구부리고 허리를 굽혀 뻗어서 그것을 줍거나 하는 에너지는 1엔으로는 충분하지 않기 때문에 종합적으로는 적자가 된다고 한다. 남편은 그 설(주장)을 예전에 나에게 가르쳐 주었음에도 불구하고, (생략) '앗, 1엔 떨어뜨렸다. 더러워, 줍고 싶지 않아'라고 생각하고 나서 주운 것이다. 그냥 1엔을 발견해서 주운 사람보다도, 쓸데없이 생각하고 궁리한 분량만큼의 에너지 소비량은 많아졌을 것이다. 금액으로 환산하면, 3엔 정도가 될 것이다. ②2엔 적자다.

그렇다고 해도 1엔이 떨어져 있으면 대부분의 경우 줍게 된다. 남편 왈, '1엔 동전이 떨어져 있는 것을 본 것만으로, 교통사고를 당한 것이나 마찬가지다. (생략) 아무리 해도 적자 구조로 되어 있는 것이 '떨어져 있는 1엔 동전'인 것이다.'

그렇게 말하며 생각에 잠긴 남편이지만, '떨어져 있는 1엔 동전' 이론의 설명이라는 행위는 도대체 어느 정도의 에너지가 소비되고 있는 것일까? 1엔 동전 따위 떨어져 있지 않은 지금 이 집에서 일부러 그런 이야기를 갖가지 어휘를 구사하며 손짓 발짓과 능숙한 언변으로 유창하게 해설하는 편이 훨씬 적자인 것 같은 느낌이 든다.

(사쿠라 모모코 『도미의 꼬리와 머리』 슈에이샤)

拾^{ひろ}う 줍다 | 威張^{いば}る 뽐내다, 으스대다 | 曇^{くも}らせる 흐리게하다, 슬픈 듯한 표정을 짓다 | 便所^{べんじょ} 화장실 | 落^おとす 떨어뜨리다 | 反射的^{はんしゃてき} 반사적 | 落胆^{らくたん} 낙담 | 視神経^{ししんけい} 시신경 | 総合的^{そうごうてき} 종합적 | 赤字^{あかじ} 적자 | 余計^{よけい}だ 쓸데없다, 부질없다 | 思考^{しこう} 사고 | 金額^{きんがく} 금액 | 換算^{かんさん} 환산 | 大抵^{たいてい} 대개, 대부분 | 遭^あう (어떤 일)만나다 | 仕組^{しく}み 구조, 장치, 계획 | 駆使^{くし}する 구사하다, 마음대로 쓰다 | 身^みぶり手^てぶり 몸짓 손짓 (손짓 발짓) | 弁舌^{べんぜつ} 언변, 변설 | 巧^{たく}み 교묘함, 솜씨가 좋음 | 解説^{かいせつ} 해설 | よっぽど 어지간히, 상당히, 꽤

66 남편이 ①어깨를 늘어뜨린 것은 왜인가?

1 아내가 천 엔을 주웠다고 자랑했기 때문에

2 화장실에서 1엔 동전을 떨어뜨렸기 때문에

3 더러운 1엔 동전을 줍고 말았기 때문에

4 떨어져 있는 1엔 동전 탓에 교통사고를 당했기 때문에

정답 3

해설 두 번째 줄에서 『僕は、駅の便所で一円玉を落とし、汚いと思いつつ反射的に拾ってしまった…(나는 역 화장실에서 1엔 동전을 떨어뜨렸는데, 더럽다고 생각하면서도 반사적으로 줍고 말았어…)』하고 남편이 어깨를 늘어뜨린 이유를 밝혔다.

67 ②2엔 적자라고 했는데, 실제 손실은 얼마였는가?

1 0엔   2 1엔   3 2엔   4 3엔

정답 1

해설 남편은 2엔 적자라고 했지만 1엔 동전이 떨어져서 주웠으므로, 적자는 하나도 없다는 것이 필자의 생각이다.

68 이번 일로 아내인 필자는 남편에 대해서 어떻게 생각하고 있는가?

1 1엔 동전 이론을 말했던 본인이 조심성 없는 행동을 했다고 생각하고 있다.

2 1엔 동전 이론을 설명하는 편이 줍는 것보다 피곤할 거라고 생각하고 있다.

3 남편은 1엔을 떨어뜨렸지만, 교통사고를 당하는 것보다 더 낫다고 생각하고 있다.

4 남편은 1엔을 떨어뜨렸지만, 자신은 천 엔을 주웠기 때문에 우월감을 가지고 있다.

정답 2

해설 마지막 단락에서 『一円玉など落ちていない今この自宅で部屋の中でわざわざそんな話を様々な語彙^{ごい}を駆使^{くし}して身^みぶり手^てぶり弁舌^{べんぜつ}巧^{たく}みにとうとうと解説^{かいせつ}する方がよっぽど赤字^{あかじ}のような気がする(1엔 동전 따위 떨어져 있지 않은 지금 이 집에서 일부러 그런 이야기를 갖가지 어휘를 구사하며 손짓 발짓과 능숙한 언변으로 유창하게 해설하는 쪽이 훨씬 적자인 것 같은 느낌이 든다)』고 남편에 대한 생각을 밝혔다.

문제 12 다음 A와 B는 아시아 국가가 유럽과 미국의 과학을 자국으로 넓히기 위해 어떠한 언어문제를 해결했는지에 대해 서술한 글이다. 두 개의 글을 읽고 질문에 대한 답으로서 가장 적당한 것을 1·2·3·4에서 하나 고르세요.

A

메이지 유신 이후 일본은 그때까지 문화의 중심이었던 중국을 내팽개치고 '아시아를 탈피해 서구사회로'라는 하는 슬로건을 내걸고, 일단 무조건 유럽의 과학기술을 도입하려고 했습니다. (생략)

이 시대에 새로운 일본어가 꽤 생겼습니다. 유럽과 미국의 과학 견본책을 일본어로 번역하지 않으면 안 되었기 때문입니다.

즉, 새로운 언어를 만들지 않을 수 없었습니다. 일본에도 없고 한어에도 없는 언어이기 때문에, 이것은 매우 힘든 작업이었던 것이겠죠. (생략)

일본어 한자 조어는 과학을 포함해, 물리, 화학, 분자, 원자, 질량, 고체, 시간, 공간, 이론, 진화 등 셀 수 없을 만큼 많이 있습니다. 한편, 태국이나 인도네시아, 싱가포르에서는 과학 수업은 영어로 밖에 할 수 없습니다. 그러나 일본은 처음부터 일본어로 과학 수업을 하고 있었습니다. 과학 교과서도 일본어로 쓰였습니다. 이것은 역시나 굉장한 일입니다.

(모우리 마모루 『일본인을 위한 과학론』 PHP사이언스 월드 신쇼)

B

인도의 대학에서는 지금도 역시나 영어를 사용해 수업을 하고 있다. 인도에는 국어로서는 힌두어가 있지만, 이 힌두어가 통하는 범위라는 것이 역시 인도 일부분에서만이고, 남쪽에서는 계통이 전혀 다른 도라 우이타어 계통의 언어를 사용하고 있다. 인도에는 게다가 다른 언어도 있기 때문에, 결국 힌두어로 수업을 할 수 없다고 한다. 그러한 언어와 비교하면, 일본어는 매우 훌륭한 언어라고 생각한다.

일본에서 일본어로 대학 강의를 할 수 있다는 것은 일본어가 나라 구석구석에까지 시행되어, 그 때문에 대학에서는 도쿄어(표준어)로 말하면 모든 학생들에게 통하는 것이다. 그러나 실은 그뿐만이 아니고, 필리핀이든 인도네이사든 가장 진보된 과학에서 사용하는 학술어가 그 나라 언어에는 없다. 그런 말은 영어를 빌리지 않으면 안 됐다. 그럴 바에는 모두라는 이유로, 전부 영어로 수업을 실시하고 있다고 한다.

(긴다이치 하루히코 『일본어(신판)』 이와나미 쇼텐)

| 어휘 | かなぐり捨てる 벗어 내던지다, 내팽개치다 ┃ 脱亜入欧 탈아입구(아시아를 벗어나 서구 사회를 지향한다는 뜻) ┃ 掲げる 내걸다 ┃ とにかく 여하튼, 어쨌든, 아무튼 ┃ 取り入れる 받아들이다 ┃ 訳す 번역하다 ┃ ~ざるを得ない ~하지 않을 수 없다 ┃ 漢語 한어 ┃ 造語 조어 ┃ 科学 과학 ┃ 含める 포함하다 ┃ 物理 물리 ┃ 化学 화학 ┃ 分子 분자 ┃ 原子 원자 ┃ 質量 질량 ┃ 固体 고체 ┃ 空間 공간 ┃ 理論 이론 ┃ 進化 진화 ┃ 数える (수를) 세다 ┃ 通じる 통하다 ┃ 範囲 범위 ┃ 系統 계통 |

69 A와 B에서 공통으로 말하고 있는 것은 무엇인가?

1 아시아 각국에 서양의 기술이 도입되었을 때 각국 모두 대응하는 과학 어휘가 그 나라 말에는 없었다.

2 아시아 각국에서는 서양의 기술을 도입하기 위해서, 각국 모두 방언에 대한 재검토가 이루어졌다.

3 서양으로부터 새로운 개념을 도입하기 위해서, 각각의 나라에서 신조어를 만들었다.

4 서양으로부터 새로운 개념을 도입하기 위해서, 각각의 나라에서 영어 번역에 힘을 쏟았다.

정답 1

해설 지문 A와 지문 B 모두 『アジア各国に欧米の技術が導入された時、各国とも対応する科学の単語が国語にはなかった(아시아 각국에 서양의 기술이 도입되었을 때, 각국 모두 대응하는 과학 단어가 국어에는 없었다)』는 공통된 내용을 다루었다.

70 과학 수업에 대해서 A와 B는 어떤 식으로 말하고 있는가?

1 A는 과학 수업을 자국어로 실시한 것을 높게 평가했고, B는 모두 영어로 실시한 것을 훌륭하다고 생각한다.

2 A는 과학 수업을 자국어로 실시한 것을 높게 평가했고, B는 영어로 실시한 것을 부정적으로 생각한다.

3 A는 한자를 이용해서 새로운 언어를 만들었던 것이, B는 일본어는 전국 공통인 것이 일본어로 수업이 가능한 이유라고 생각한다.

4 A는 한어를 도입한 것이, B는 도쿄어를 표준어로 정했던 것이 일본어로 수업이 가능한 이유라고 생각한다.

정답 3

지문 A에서는 『日本発の漢字による造語は、科学を含め、物理、化学、分子、原子、質量、固体、時間、空間、理論、進化など数えきれないほどたくさんあります(일본어 한자 조어는 과학을 포함해, 물리, 화학, 분자, 원자, 질량, 고체, 시간, 공간, 이론, 진화 등 셀 수 없을 만큼 많이 있습니다)』라고 이유를 밝혔고, 독해 지문 B에서는 『日本語で大学の講義ができるというのは、日本語が国の隅々にまで行われており、そのために、大学では東京の言葉でしゃべれば、どの学生にも通じるということがまずある(일본어로 대학 강의를 할 수 있다는 것은 일본어가 나라 구석구석에까지 시행되어, 그 때문에 대학에서는 도쿄어로 말하면, 모든 학생들에게 통하는 것이다)』라고 이유를 밝혔다.

문제 13 다음 글을 읽고 질문에 대한 답으로서 가장 적당한 것을 1·2·3·4에서 하나 고르세요.

과학 기술은 인간에게 있어서의 환경세계를 크게 변화시켜 왔습니다. 인간 단독으로는 보이지 않는 세계, 불가능한 세계를 보이는 세계, 가능한 세계로 바꿔 온 것입니다. (생략) 과학 기술은 어떤 의미로, 꿈을 이루어주는 도구였던 것입니다. 과학 기술의 역사는 인간이 그 꿈을 이루고, 욕망을 채우기 위한 도구를 개발해 온 역사라고 말해도 되겠지요.

그런데 문제는 과학 기술의 발전이 누적적이라는 것입니다. 자전거가 만들어져 빠르게 멀리까지 이동할 수 있게 되었더니, 다음에는 보다 빨리 보다 많이 이동할 수 있도록 개량하거나 새로운 도구를 개발하거나 했습니다. 지금 도달한 지점이 다음(단계)의 출발점이 되는 것이지요. 그렇기 때문에 전자동 세탁기가 처음으로 도착해 감동을 받아도, 잠시 지나면 <u>그것이 표준</u> 상태가 되어 버려서, 한층 더 편리함을 추구해 나가게 되는 것입니다.

이 누적성이라고 하는 것은 과학 기술뿐만 아니라 인간의 문화 현상 모두에 공통된 특징입니다. 문화 작품이든 미술 작품이든 이제껏 표현되지 않은 테마나 기법을 요구해, 작가들은 고생하고 있습니다. 과거가 축적되어, 거기에서부터 출발하고 있는 것입니다. 과학 기술도 누적적으로 발전해왔기 때문에 이만큼 방대한 지식을 모을 수 있었고, 강한 도구를 만들 수 있게 된 것입니다. (생략)

그러나 점점 누적적으로 발전해오면 매우 규모가 커지고 지나치게 강력해져, 인간의 상상력의 한계를 초월해 버립니다. 그렇게 되면 예기치 못한 부작용이 발생해서 사고로 이어지거나 혹은 (주1)석면(아스베스토)처럼 깨닫지 못한 사이에 인간의 건강을 (주2)해치거나 하는 경우가 생깁니다. 현재의 과학 기술에는 이와 같은 측면이 있습니다.

그렇게 되자 지금까지는 꿈을 이루고 희망을 실현시켜주는 존재였던 과학 기술이 생활과 건강을 (주3)위협하는 존재로서 부각되기 시작했습니다. 공해 문제 등이 있었다고는 하지만, 1960년대나 70년대까지는 여전히 과학 기술은 장미빛이었습니다. 그러던 것이 서서히 부작용이 염려되기 시작하고 지구 환경 문제가 국제적으로 다루어지게 되면서, 단숨에 부정적(네거티브)인 이미지가 분출합니다. 여기에는 과학 기술이 실제로 부정적(네거티브)으로 작용하는 것이 늘어난 면도 분명 있지만, 장점(메리트) 쪽에 대한 감동이 인플레이션을 일으켜 감사함이 식어버린 부분도 있는 듯합니다.

(사쿠라 오사무 / 후루타 유카리 『오하요부터 오야스미까지의 과학』 치쿠마 쇼보)

(주1) アスベスト : 단열재로서 보급되었지만, 발암물질이 포함되어 있어 사용금지되었다.
(주2) 蝕む(むしば) : 몸과 마음에 악영향을 끼친다.
(주3) 脅かす(おびや) : 상대를 겁주다

어휘 単独(たんどく) 단독 | 叶える(かな) 이루어주다 | 欲望(よくぼう) 욕망 | 満たす(み) 채우다 | 累積的(るいせきてき) 누적적 | 移動(いどう) 이동 | 大量(たいりょう) 대량 | 改良(かいりょう) 개량 | 到達(とうたつ) 도달 | 経つ(た) (시간이) 지나다 | 標準(ひょうじゅん) 표준 | 状態(じょうたい) 상태 | さらなる 한층 더, 더욱더 | ~に限らず(かぎ) ~뿐만 아니라 | 現象(げんしょう) 현상 | 特徴(とくちょう) 특징 | 技法(ぎほう) 기법 | 蓄積(ちくせき) 축적 | 膨大(ぼうだい) 방대 | 強大(きょうだい) 강대 | 規模(きぼ) 규모 | 想像力(そうぞうりょく) 상상력 | 限界(げんかい) 한계 | 超える(こ) 넘다, 초월하다 | 予期せぬ(よき) 예기치 않은 | 副作用(ふくさよう) 부작용 | 生じる(しょう) 생기다, 발생하다 | 蝕む(むしば) (심신을) 해치다 | 側面(そくめん) 측면 | 脅かす(おびや) 위협하다 | 公害(こうがい) 공해 | じわじわ 조금씩, 서서히 | 一気に(いっき) 단숨에, 단번에 | 噴出(ふんしゅつ) 분출 | 薄れる(うす) 줄어들다, 희미해지다 | ネガティブな 네거티브한(부정적인) | インフレ 인플레이션

71 그것이 표준 상태라고 했는데, 어떠한 상태인가?

1 인간의 꿈을 이루어주기 위해서 늘 지속적으로 개발하는 상태
2 한번 손에 넣은 편리함만으로는 만족할 수 없게 되어버린 상태
3 편리한 새 기술을 입수해서 감동, 만족하고 있는 상태
4 지금 이미 도달한 곳에서 다음 개발로 발전시켜 나가는 상태

정답 2

해설 본문에서 「自転車ができて速く遠くへ移動できるようになったら、次は、より速く、より大量に移動できる
ように改良したい(자전거가 만들어져 빠르게 멀리까지 이동할 수 있게 되었더니, 다음에는 보다 빨리 보다 많이
이동할 수 있도록 개량했다)」라는 내용을 요약해보면 「一度手に入れた便利さだけでは満足できなくなってし
まう状態(한번 손에 넣은 편리함 만으로는 만족할 수 없게 되어버린 상태)」라는 것이 가장 적당하다. 따라서 정답은
2번이다.

72 과학의 누적적 발전에 대해서 필자는 어떻게 생각하고 있는가?

1 선인의 지식 위에 한층 더 거듭 연구를 쌓았기 때문에 악영향도 수반되지만 과학기술이 여기까지 발전했다.
2 선인들은 현재 시대를 상상할 수 없었기 때문에, 잘못된 방향으로 발전하고 있다.
3 선인의 연구와 성과를 그대로 이용하면, 기초적인 것이 결여될 우려가 있다.
4 선인의 연구와 성과를 이용하고 있는 것에 지나지 않으므로, 이제는 과학 기술이 한계점에 도달하고 있다.

정답 1

해설 필자의 의견을 묻는 문제는 마지막 단락을 잘 살펴보면 답을 쉽게 찾을 수 있다. 필자는 지금까지는 꿈을 이루고 희
망을 실현시켜 주는 존재였던 과학 기술이 생활과 건강을 위협하는 존재로서 부각되기 시작하여 단숨에 부정적(네거
티브)인 이미지가 분출하지만, 장점(메리트) 쪽에 대한 감동이 인플레이션을 일으켜 감사함이 식어버린 부분도 있다
고 서술한다. 즉, 악영향도 있지만 과학은 눈부신 발전을 했다는 것을 인정하기 때문에 정답은 1번이다. 2, 3, 4번은
과학 기술의 부정적인 면만이 서술되어 있기 때문에 정답이 될 수 없다.

73 필자는 현대의 과학 기술에 대해서 어떻게 말하고 있는가?

1 지나치게 발전했기 때문에 늘 공해의 원인이 되어, 비판적인 의견이 국제적으로 일어나고 있다.
2 지나치게 발전해 왔기 때문에 사람들의 욕망이 과도해져, 국제간의 경제까지 균형을 무너뜨리고 있다.
3 예전에는 큰 기대가 모아졌지만, 지금은 사람들의 의식에 변화가 일어나고 있다.
4 예전에는 상상할 수 없었던 기술도 실현되었지만, 그 이상으로 환경의 피해가 크다.

정답 3

해설 본문 마지막 단락에서 「科学技術が実際にネガティブに作用することが ~ ありがたみが薄れてしまったとい
う部分もあるように思います(과학 기술이 실제로 부정적으로 작용하는 것이 늘어난 면도 분명 있지만, 장점 쪽
에 대한 감동이 인플레이션을 일으켜 감사함이 식어버린 부분도 있는 듯합니다)」라고 현대 과학 기술에 관해서 필자
의 의견이 나와 있다.

오른쪽 페이지는 어느 시의 특별 시민 강좌 안내이다. 아래의 물음에 대한 대답으로서 가장 적당한 것을 1·2·3·4에서 하나 고르세요.

74 초등학교 4학년 딸을 둔 가오리 씨는 평일 8:00~13:00까지 제과점에서 아르바이트를 하고 있다. 딸인 유카는 매주 토요일 11:00~13:00까지 피아노 연습을 하고 있다. 카오리 씨 모녀가 신청할 수 있는 것은 다음 4개 중 어느 것인가?

1 제 1회와 제 2회

2 제 2회와 제 3회

3 제 3회와 제 4회

4 제 1회와 제 4회

정답 2

해설 문제에서 제시하고 있는 사항을 요약하면 평일과 토요일은 오후 1시 이후에 가능하기 때문에 1시 이후에 시작하는 2회와 3회가 된다. 따라서 정답은 2번이다.

75 최근 미도리 시로 이사 와서 처음으로 미도리 시 시민 센터를 방문한 회사원 유키 씨. 제3회 강좌에 참가하려고 한다. 올바른 신청방법은 어느 것인가?

1 12월 18일에 창구에서 신청하고, 2,100엔을 지불한다.

2 10월 17일에 창구에서 신청하고, 2,600엔을 지불한다.

3 12월 18일에 전화로 신청하고, 2,100엔을 지불한다.

4 10월 17일에 전화로 신청하고, 2,600엔을 지불한다.

정답 2

어휘 主催 주최 | 特別 특별 | 講座 강좌 | 親子 부모와 자식 | 案内 안내 | 近ごろ 요즘, 최근 | 気が利く 멋있다, 세련되다 | 一見 언뜻 | 挑戦 도전 | 機会 기회 | 回数 횟수 | 日時 일시 | 定員 정원 | 対象 대상 | 組 쌍, 세트, 조, 학급 | 参加 참가 | 講師 강사 | 協会 협회 | 特急 특급 | 内容 내용 | 基礎 기초 | 知識 지식 | 技術 기술 | 模範 모범 | 実技 실기 | 参加費 참가비 | 材料費 재료비 | 追加 추가 | 当日 당일 | 実費 실비 | 受付 접수 | 開始 개시 | 申し込み 신청 | 予約 예약 | 納入 납입 | 詳細 상세 | 参照 참조 | 定員 정원 | ます형+次第 ~하는 대로 | 締め切る 마감하다 | 利用証 이용증 | 必須 필수 | 発行 발행 | 手数料 수수료

해설 확인해야 할 사항은 날짜와 신청방법 그리고 금액이다. 먼저 신청방법은 3가지가 있다. 첫째는 창구에 가서 수강료를 지불, 둘째 전화로 예약 후에 일주일 이내에 창구에서 수강료를 납입, 셋째 홈페이지에 접속하여 신청하면 된다. 주의사항은 수강일 2일 전까지 신청이 가능하며, 처음 시민센터를 방문한 유키 씨는 센터 이용증 발행수수료 500엔을 지불해야 한다. 총 지불할 금액은 1,500엔(참가비) + 600엔(재료비) + 500엔(이용증) = 합계 2,600엔임을 알 수 있으므로, 1번과 3번은 오답이다. 그리고 신청 개시 일을 살펴보면, 창구는 10월 17일에 전화와 인터넷은 18일부터 가능하기 때문에 2번이 정답이다.

미도리 시 시민 센터 주최

【겨울방학 특별강좌】부모님과 자녀분이 함께하는 라떼 · 아트 안내

여러분, 요즘 까페에 가면 멋있는 라떼 · 아트를 하여 커피를 내주는 매장이 늘었죠.

언뜻 보면 어려울 것 같은 라떼 · 아트지만, 초등학생도 도전할 수 있습니다!

부디 이번 기회에 자녀와 함께 도전해 보지 않겠습니까?

일시	제 1 회 : 2021년 12월 17일(토) 10:00 ~ 12:00 제 2 회 : 2021년 12월 21일(수) 14:00 ~ 16:00 제 3 회 : 2021년 12월 24일(토) 13:30 ~ 15:30 제 4 회 : 2021년 12월 28일(수) 11:30 ~ 13:30
정원	각 회 부모와 자녀 15팀 (30명)
대상	초등학교 이상의 (부모와) 자녀 2명 그룹 ※ 5학년 이상은 혼자 참여도 가능
강사	동경 바리스타 협회 특급 바리스타 오다미카
강좌내용	라떼 · 아트 기초지식 라떼 · 아트 기초기술(모범) 그려보자 라떼 · 아트(실기)
요금	참가비 : 부모와 자녀 합쳐서 1,500엔 재료비 : 600엔(음료 2잔분) ※ 부모와 자녀 2명(또는 1명)이, 2잔 만듭니다. ※ 음료는 1잔 추가마다 200엔 받겠습니다. (당일 지불) ※ 한 분 참가라도 요금은 바뀌지 않습니다.
접수개시	2021년 10월 17일(월) 오전 9시부터 시민 센터 창구에서 접수 개시! ※ 전화 및 인터넷 예약은 10월 18일 오후 1시부터 접수할 수 있습니다.
신청방법	**창구에서 신청** 미도리 시 시민 센터 1층(와카바 홀)에서 수강료(재료비)를 첨부하여 신청해 주세요. **전화 신청** 예약 후, 1주일 이내에 미도리 시 시민 센터 1층 (와카바 홀)에서 수강료(재료비)를 납입해 주세요. **인터넷 신청** 상세한 사항은 미도리 시 시민 센터 홈페이지(www.midoricity.gr.jp)를 참고해 주세요. ※수강일 2일전까지 신청 받겠습니다. 취소는 수강 3일 전까지. ※정원이 차는 대로 마감하겠습니다. ※시민 센터 이용 증명서 필수 (이용 증명서 발행 수수료 500엔)
문의처	미도리 시 시민 센터 특별 시민 강좌부 (일요일 휴관) TEL : 07-9638-5274　　　E-mail : midoricity@jahoo.co.jp

실전모의테스트 2회

독해

문제 10 다음 문장을 읽고, 질문에 대한 답으로서 가장 적당한 것을 1·2·3·4에서 하나 고르세요.

(1)

　사람은 다양한 생각을 가지고 살고 있습니다. 상식적으로 생각해서 잘못됐다고 느끼는 일이라도, 본인에게 있어서는 조금도 잘못이 아닌 경우도 있습니다. 그럴 때 괜히 정론으로 맞서봤자 문제만 될 뿐입니다.

　표현이 좋지 않습니다만, 도둑에게도 나름의 이유가 있다는 것을 알아야 합니다. 그 나름의 이유를 알지 못하면, 사람은 움직일 수 없습니다. 어떤 사람이라도, OK면 OK 나름의, NO면 NO 나름의 이유가 있습니다.

　(注) 盗人 : 도둑

> **어휘** 常識的 상식적 ㅣ 正論 정론(도리에 합당한 논의) ㅣ ぶつかる 부딪히다 ㅣ 泣き別れ 울며 헤어짐 ㅣ 盗人にも五分
> の理 도둑에게도 할 말은 있다(처녀가 애를 낳아도 할 말은 있다) 즉, 아무리 큰 잘못을 저지른 사람도 그것을 변
> 명하고 이유를 붙일 수 있다는 말 ㅣ なりの 나름의

55 필자에 의하면 사람을 움직이려면 어떻게 하면 좋은가?

1　상대가 잘못됐다고 생각해도, 우선 상대를 이해하려고 한다.
2　상식적인 상대에게는 언제나 양보한다.
3　죄를 범한 사람도 용서할 수 있는 여유를 가진다.
4　다양한 생각을 가진 사람과 교제하도록 한다.

> **정답** 1
>
> **해설** 첫 번째 단락에서 '사람은 다양한 생각을 가지며 살아가고 있으며, 상식에서 벗어난 일도 본인은 그렇게 생각하지 않
> 는 경우가 있다'와 두 번째 단락에서 '어떠한 사람도 나름의 이유가 있고 그 이유를 알지 못하면 사람은 움직일 수가
> 없다'는 부분을 종합해 보면 정답은 1번이다.

---

(2)

　본래 어떠한 것에 관해서도, 타인과의 비교는 불필요합니다. 비교하는 것은 타인이 아닌, 어제의 자신, 그저께의 자신인 것입니다. 거기에는 누구라도 승산이 있습니다. 보통은 노력을 계속하면, 어제의 자신보다는 조금 더 전진할 수 있기 때문입니다. 한편, 자신보다 압도적으로 운동능력이 높은 사람이라든가 선천적으로 음악 센스가 좋은 사람에게 이기는 것은 유감스럽지만 극히 어려운 일입니다.

(피터·플랭크 『피터류 삶에 관한 권유』 이와나미 쇼텐)

> **어휘** 本来 본래 ㅣ 他人 타인 ㅣ 比較 비교 ㅣ 不要 불필요 ㅣ 勝ち目 이길듯한 낌새, 승산 ㅣ 進む 나아가다, 전진하다 ㅣ 一方
> 한편 ㅣ 圧倒的 압도적 ㅣ 運動能力 운동능력 ㅣ 生まれつき 선천적, 천성적 ㅣ センス 센스 ㅣ 勝つ 이기다 ㅣ 残念 유
> 감 ㅣ 極めて 극히, 더없이

56 타인과의 비교는 <u>불필요</u>하다고 했는데, 그것은 어째서인가?

1 비교해야만 하는 것은 타인이 아니고 과거의 자신이기 때문에

2 중요한 것은 노력해서 타인에게 이기는 것이기 때문에

3 자신보다 노력한 사람에게는 이기는 것이 불가능하기 때문에

4 재능이 있는 사람과 비교하는 상황은 일어날 수 없기 때문에

정답 1

해설 「他人との比較は不要とあるが、それはなぜか(타인과의 비교는 불필요하다고 하지만, 그것은 어째서인가)」라는 질문에 비교해야만 하는 것은 타인이 아니고 과거의 자신이며, 『そこには誰でも勝ち目があります。ふつうは、努力しつづければ、きのうの自分よりは、すこしだけ前に進むことができるからです(거기에는 누구라도 승산이 있습니다. 보통은 노력을 계속하면 어제보다 조금 더 전진할 수 있기 때문입니다.)』라고 했으므로, 정답은 1번이다.

---

(3)

인간은 뇌를 사용해서 운동하거나 느끼거나 울거나 웃거나 합니다. 그리고, 앞으로의 삶의 방식을 생각하며 행동해 나갑니다. 그런데 만약 인간에게 기억이란 것이 없었다면, 어떻게 될까요? 전철이 늦어 학교나 회사에 지각할 것 같았을 때도, 출장이나 여행을 할 때도 여기가 어디고, 무엇을 어떻게 하면 무엇이 가능한지는 기억에 의존하고 있습니다. 무엇을 함에 있어서도, 토대가 되는 정보가 없으면 어떻게 할 수가 없습니다. 우리들의 뇌에는 매일의 생활이나 다양한 체험을 통해서 축적된 기억이 있고, 그 전체가 우리들의 행동을 지지하고 있습니다.

어휘 脳(のう) 뇌 | 記憶(きおく) 기억 | 頼(たよ)る 의지하다 | 蓄積(ちくせき)する 축적하다 | 支(ささ)える 받치다, 지탱하다

57 필자는 기억에 대해 어떻게 말하고 있는가?

1 기억이 없으면, 인간은 울거나 웃거나 하는 것밖에 할 수 없다.

2 기억이 없으면, 인간은 모든 행동을 정지해 버린다.

3 기억이 있기 때문에 인간은 뇌의 모든 기능을 지배할 수 있다.

4 기억이 있기 때문에 인간은 그 다음의 행동을 판단할 수 있다.

정답 4

해설 인간은 기억에 의해 행동하고 판단한다고 했으며, 본문 마지막 부분의 『私たちの脳には、日々の生活や様々な体験を通して蓄積された記憶があって、その全体が我々の行動を支(ささ)えています』는 결국 우리들의 행동을 지지하고 있는 것은 '기억'이므로 정답은 4번이다.

---

(4)

낙엽의 아름다움을 느낄 수 있는 것은 인간의 특권이라고 생각한다. 단순히 나무들이 노란색이나 빨간색으로 물들어 가기 때문에 아름다운 것이 아니다. 봄에는 갓 자라 연두색이었던 어린 잎이, 여름에는 진한 초록이 된다. 이 불과 몇 달이 잎의 인생에 있어 절정기이다. 그리고 가을이 되면 자신의 몸을 빨강이나 노란색으로 변화시키면서, 그 짧은 생을 마감하며 지는 것이다. 그 (주1)덧없는 삶에 (주2)형형색색으로 (주3)힘껏 살았구나 생각하니 아름답다고 생각하지 않을 수 없다. 잎의 생명은 그것으로 다하지만, 혹독한 겨울이 지나면 같은 나무에서 다시 새로운 생명이 시작된다. 생명이란, 어쩜 이렇게 덧없고 그러나 강인한 것인가!

(주1) はかない : 덧없다.

(주2) 色(いろ)とりどり : 각양각색, 울긋불긋

(주3) 精一杯(せいいっぱい) : 열심히, 있는 힘껏

落葉 낙엽, 잎이 떨어짐 | 特権 특권 | 単純に 단순히 | 木々 나무들 | 色づく 물들다, 단풍 들다 | 生まれたて 갓 태어난 | 黄緑色 연두색 | 若葉 어린 잎 | ほんの 불과, 겨우 | 最盛期 최성기, 전성기 | 命を終える 목숨을 마치다 | 命が尽きる 목숨이 다하다 | 力強い 힘차다

58 필자에 의하면, 인간은 왜 낙엽을 아름답다고 느끼는 것인가?

1 연두색이나 짙은 녹색이었던 잎이 노랑이나 빨강 등 다양한 색으로 변화하기 때문에

2 낙엽을 통해서 인간 생활에 꼭 필요한 사계를 느낄 수 있기 때문에

3 잎이 피어나고 질 때까지 짧은 생명을 열심히 살았다고 느끼기 때문에

4 잎이 져버려도 봄에는 다시 새로운 잎이 자라나는 것을 알기 때문에

정답 3

해설 본문에서 잎의 절정기인 봄과 여름을 지나 가을이 되면 자신의 몸을 빨강이나 노랑으로 변화시키면서 빛 바랜 낙엽으로 져버리며 짧은 생을 마감한다고 했으며, 「そのはかない命で、色とりどりに精一杯生きたのかと思うと、美しいと思わずにはいられない」라고 했으므로 정답은 3번이다.

---

(5)

반드시 해야 한다는 것을 알면서도, 그 일에 착수하지 않고 다른 행동을 취해버리는 것을 '미루기 행동'이라고 한다. 이 '미루기 행동'을 반복하는 것은 행동의 결과에 리스크 · 위기를 초래할 뿐만 아니라, (주1)우울증이나 불안 신경증에 걸릴 확률을 높인다고 밝혀졌다.

전문가에 따르면, '미루기' 체질의 사람들은 자신의 판단이나 행동이 장래에 자신에게 어떠한 영향을 미치는지 이해하는 능력이 약하다고 한다. 최종 목표가 너무 멀어서 상상이 불가능한 것이다. 그런 사람들은 우선은 달성하기 쉬운 작은 목표를 여러 개 설정해 두는 것이 효과적이다. 목표가 달성될 때마다 커피 브레이크와 같은 작은 (주2)보상을 자신에게 주고, 다시 그 다음의 작은 목표를 향해 간다. 그것을 반복함으로써 최종적인 결승점까지 도달할 수 있는 것이다.

(주1) うつ : 우울증, 의욕 등이 상실되는 병

(주2) 報酬 : 보수, 포상

取り掛かる (일에) 착수하다 | 先延ばし 나중으로 미룸 | 繰り返す 반복하다 | リスクをもたらす 위기나 위험을 초래하다 | 不安神経症 불안 신경증 | 確率 확률 | 専門家 전문가 | 影響を及ぼす 영향을 미치다 | 最終目標 최종 목표 | 設定する 설정하다 | 有効だ 유효하다 | コーヒーブレイク 커피 브레이크(티 타임, 휴식시간) | 目指す 목표로 하다 | たどり着く 간신히 도달하다

59 이 문장에 의하면, '미루기 행동'을 피하기 위해서는 어떻게 하는 것이 좋은가?

1 목표가 달성되었을 때의 보상을 스스로 설정해 둔다.

2 자신의 판단이 장래에 미치는 영향을 이해한다.

3 최종 목표까지의 사이에 작은 목표를 많이 만들어 둔다.

4 최종적인 목표를 너무 크지 않은, 작은 것으로 변경한다.

정답 3

해설 본문에서 '미루기 행동'을 하는 사람들은 「最終目標が遠すぎて、想像が出来ないのである」라고 했고, 그 해결 방안은 「まずは、達成しやすい小さな目標をいくつも設定しておくことが有効だ。目標が達成されるたびに~ また次の小さな目標を目指す。それを繰り返すことで、最終的なゴールまでたどり着くことが出来るのである」라고 했으므로 결과적으로 3번이 정답이다.

문제 11 다음 (1)부터 (3)의 문장을 읽고, 다음 질문에 대한 답으로서 가장 적당한 것을 1·2·3·4에서 하나 고르세요.

(1)

먼 옛날에는 (주1)화분증(꽃가루 알레르기)라는 병은 없었습니다.

공룡이 아직 지구상에 존재했던 2억 년 전, 지구에서 최초의 (주2)포유류가 탄생했습니다. 하지만, 당시의 포유류는 피부에 달라붙어 피를 빨아먹는 흡혈 진드기로 괴로워했다고 합니다. 그것은 흡혈 진드기에 대한 면역 시스템이 없었기 때문입니다.

그러나, 진화의 과정에서 포유류는 흡혈 (주3)진드기에 대항하는 새로운 면역 시스템을 획득했습니다. 여기에도 돌연변이가 있어, 우연히 흡혈 진드기의 면역 시스템을 만든 포유류만이 살아남았다고 합니다.

이 면역 시스템은 흡혈 진드기를 이물질로 판단해서, 그것을 (주4)퇴치하는 물질을 방출합니다. 이렇게 해서 포유류는 흡혈 진드기를 격퇴할 수 있게 된 것입니다.

현재 일본과 같은 청결한 환경에서는 예전만큼 진드기로 고생하는 일은 없습니다. 그렇게 되면 흡혈 진드기와 싸웠던 면역 시스템을 (주5)활용하지 못하게 됩니다. 그 때문에 우연히 외부로부터 들어온 물질을 적으로 오인해서 공격하는 일이 일어나게 되어 버렸습니다. 이때 흡혈 진드기로 오인되는 것이 (주6)삼나무 꽃가루인 것입니다. 삼나무 꽃가루가 들어오면 인간의 면역 시스템이 <u>오작동</u>을 해서, 흡혈 진드기를 퇴치하는 물질을 분출합니다. 그 때문에 눈을 깜빡거리거나 재채기를 하거나 하게 되는 것입니다.

이렇게 보니, 화분증(꽃가루 알레르기)란 병은, 우리들의 환경이 너무 지나치게 청결해진 것으로 인해 (주7)초래된 병이라는 것을 알 수 있습니다.

(이케가미 아키라 『성인의 교양 우리는 어디로부터 와서 어디로 가는가?』)

(주1) 花粉症 : 화분증, 꽃가루로 인해 발생하는 알레르기
(주2) 哺乳類 : 포유류, 새끼를 젖으로 키우는 동물
(주3) ダニ : 작은 벌레(진드기)
(주4) 退治 : 퇴치, 나쁜 것을 박멸하는 것
(주5) 宝の持ち腐れ : 보물이나 재주를 가지고 있으면서도 활용하지 못하고 썩힘
(주6) スギ : 삼나무
(주7) もたらす : 일어나다, 초래하다

> **어휘** 大昔 먼 옛날｜恐竜 공룡｜皮膚 피부｜取りつく 달라붙다｜吸血 흡혈｜苦しめる 괴롭히다｜免疫システム 면역 시스템｜対抗する 대항하다｜獲得する 획득하다｜突然変異 돌연변이｜たまたま 우연히｜生き延びる 살아남다｜異物 이물질｜判断する 판단하다｜放出する 방출하다｜激退する 격퇴하다｜清潔な 청결한｜かつてほど 예전 만큼｜敵 적군｜見誤る 잘못 보다｜攻撃する 공격하다｜勘違いする 착각하다｜退治 퇴치｜目がしょぼしょぼする 눈이 가물거리어 깜빡대다｜くしゃみをする 재채기를 하다

60 이 문장에 의하면, 포유류가 진화하면서 얻은 것은 무엇인가?

1 화분증과 싸우는 면역 시스템
2 흡혈 진드기와 싸우는 면역 시스템
3 오염된 환경에서 살아가기 위한 면역 시스템
4 청결한 환경에서 살아가기 위한 면역 시스템

> **정답** 2

> **해설** 본문에서 「進化の過程で、哺乳類は~免疫システムを獲得しました」라고 한 부분이 문제 해결의 포인트이다.

61 오작동을 해서는 무슨 의미인가?

    1 삼나무 꽃가루를 진드기로 잘못 알고 공격하는 것

    2 삼나무 꽃가루를 진드기로 잘못 알고 거둬들이는 것

    3 진드기를 다른 물질로 착각해서 격퇴하는 것

    4 진드기를 다른 물질로 착각해서 거둬들이는 것

정답 1

해설 본문에서 흡혈 진드기에 대한 면역 시스템이 외부로부터 들어온 물질을 적으로 오인해서 공격하는 일이 발생한다고 했고, 이때 흡혈 진드기로 착각하는 것이 삼나무 꽃가루라고 했으므로 정답은 1번이다.

62 이 문장에 의하면, 화분증은 무엇이라고 말하고 있는가?

    1 과거와 현재의 환경의 차이에 의해, 인간의 면역 시스템이 변화했기 때문에 일어나는 것

    2 현재의 환경이 너무나도 청결하기 때문에, 인간의 면역 시스템이 약해져서 일어나는 것

    3 옛날에는 삼나무 꽃가루가 없었기 때문에, 그것에 대한 인간의 면역 시스템이 없어서 일어나는 것

    4 일본과 같은 지나치게 청결한 환경에서는 인간의 면역 시스템이 잘 작동하지 않아 일어나는 것

정답 1

해설 맨 마지막 단락 「こうして見ると、花粉症という病気は、私たちの環境があまりに清潔になりすぎることでもたらされた病気だということがわかります」가 결론이다. 또한 바로 앞 단락에서 너무 청결해진 환경에서는 인간의 면역 시스템이 오작동하는 경우가 발생한다고 했고 그것이 꽃가루 알레르기라고 했으므로, 종합해 보면 정답은 1번이다.

---

(2)

우선 테마와 관련 있는 참고문헌을 모은다. 모을 수 있을 만큼 모아질 때까지 읽지 않고 둔다. 이것밖에 더 이상은 없다고 할 정도까지 자료가 모아지면, 이것을 책상 옆에 쌓아 올린다.

이것을 한쪽 끝에서부터 읽어가는 것이다. 쓸데없는 일을 하면 다 읽을 수 없다. 메모 정도는 해도, 노트나 카드에는 적지 않는다.

그러면 잊어버리지는 않을까? 하고 걱정이 되는 사람은 카드파이자 노트파이다. 그런 사람은 이 방법은 따라 하지 말 것. 따라 해도 잘 될 리가 없다.

모든 것은 머리 속으로 기록한다. 물론 잊어버린다. 단, 노트 필기를 하거나 카드를 만들 때처럼 깨끗이 잊어버리지는 않는다. ①희한한 일이다.

(중략)

다 읽었으면, ②가급적 빨리 전체 내용을 정리하는 문장을 써야 한다. 그 기세가 (주1)식어버리면 급속히 (주2)망각이 진행되기 때문이다. 정말로 중요한 부분은 잊지 않는다고 해도, 세부적인 것은 그렇게 언제까지나 선명하게 기억된다고는 할 수 없다.

많은 지식이나 사실이 머릿속에서 (주3)소용돌이치고 있을 때, 이것을 정리하는 것은 생각처럼 쉽지 않다. 정리를 꺼리는 (주4)식견이 많기 때문이다. 그러나, 노트도 카드도 없기 때문에 머릿속의 노트가 나중에 하는 기입으로 사라지기 전에 정리를 완료해야 한다.

책을 쌓아두고, 이것을 (주5)독파하는 것이므로, 이것을 ③츤도쿠법(쌓아두고 읽는 방법)이라고 해도 좋다. 보통 츤도쿠라는 것은 책을 겹겹이 쌓아두기만 하고 읽지 않는 것을 의미하지만, 츤도쿠법은 문자 그대로 쌓고 그리고 읽는 공부 법이다. 그리고 이것이 상당히 효과적이다.

(도야마 시게히코 「사고의 정리학」)

(주1) ほとぼりをさます : 열기가 식다
(주2) 忘却 : 망각, 잊어버리는 것
(주3) 渦巻く : 소용돌이치다

(주4) 知見 : 지견, 견식, 듣고 보고 얻은 지식
(주5) 読破 : 독파, 전부 읽는 것

> **어휘** テーマ 테마 | 参考文献 참고문헌 | 脇 옆, 곁 | 積み上げる 쌓아 올리다 | 片端から 닥치는 대로 | よけいな 쓸데없는 | ~派 ~파 | まねをする 흉내 내다 | きれいさっぱり 깨끗이, 시원하게, 말끔히 | なるべく 가급적 | 急速に 급속히 | 細部 세세한 부분 | 鮮明に 선명히 | まとめる 종합하다 | 整理 정리 | 完了する 완료하다 | 名付ける 이름을 짓다 | 文字通り 문자 그대로 | 効果的 효과적

---

63 ①희한한 일이라고 했는데 무엇이 희한한가?

  1 읽은 것을 전부 머릿속에 기억할 수 있는 것
  2 노트나 카드를 적는 것보다 외우는 편이 빠른 것
  3 아무것도 쓰지 않아도 중요한 것은 기억하고 있는 것
  4 방대한 자료를 읽어도 정확하게 기억할 수 있는 것

> **정답** 3

> **해설** 모든 자료를 모아놓고 읽어가는데 중간에 메모나 노트 필기를 하지 않고 머릿속으로 기억하라고 했으며, 물론 내용을 기억하지 못하기도 하지만 노트나 메모를 할 때처럼 완전히 잊어버리지는 않는다고 했으므로 정답은 3번이다.

---

64 ②가급적 빨리 전체 내용을 정리하는 문장을 써야 한다고 했는데 그건 왜인가?

  1 시간이 지나면, 어디에 무엇이 써 있었는지 알지 못하게 되기 때문에
  2 정리에 너무 많은 시간이 걸리면, 중요한 것까지 잊어버리기 때문에
  3 시간이 지나면 세세한 부분의 기억이 조금씩 없어져 버리기 때문에
  4 기억이라는 것은 나중에 들어오는 새로운 기억에 의해 전부 지워져 버리기 때문에

> **정답** 3

> **해설** 밑줄 바로 뒤 문장에서 '급속히 망각이 시작된다'와 '세부적인 것은 그렇게 언제까지나 선명하게 기억된다고는 할 수 없다'라고 말한 부분을 종합하면 정답은 3번이다.

---

65 ③츤도쿠법이란 어떤 방법인가?

  1 테마에 관한 자료를 모으고, 그것을 전부 읽고 나서 정리하는 방법
  2 참고문헌을 훑어보며 메모를 하고, 재빨리 정리를 완성하는 방법
  3 관련 자료는 쌓아두기만 하고, 머릿속으로 지식이나 사실을 정리하는 방법
  4 관련된 책을 갖추기는 하지만, 필요한 부분만을 읽고 정리하는 방법

> **정답** 1

> **해설** 밑줄 바로 앞의 「本を積んで、これを読破するのだから」라고 했으며, 그 이야기는 결국 바로 전 단락까지의 문장의 요지이다. 즉, 모든 자료를 모아두고 한꺼번에 전부 읽고 머릿속의 기억이 사라지기 전에 정리하는 방법을 말하므로 정답은 1번이다.

---

(3)

인간이 만든 로봇이 인간을 공격하기 시작하는 것은 SF 영화의 단골 메뉴이다. 원류의 하나로, 체코의 작가 차페크가 쓴 희곡 '로봇'이 있다. 왜 인간에게 (주1)맞서는 것인가, 그들 자신이 말하는 이유가 ①무섭다. '당신들이 로봇과 같지 않기 때문입니다. ……로봇처럼 유능하지 않기 때문입니다.'

로봇의 두뇌가 될 인공 지능의 진보가 눈부시다. 이 분야에 대한 투자는 세계적인 붐이라고도 한다. 밝은 미래로 이어질 것인가? 한편으로 경계하는 사람도 있다.

'완전한 인공 지능이 개발되면, 인류의 (주2)종언을 초래할지도 모른다.' 유명한 우주물리학자 호킹 박사가 영국 BBC 방송에서 말했다. 지력이 뛰어난 인간은 많은 생물을 압도하고, 절멸시켰다. ②같은 일이 일어나지 않는다고도 할 수 없고.

그렇다고는 해도, 현장의 연구자에게 들으니 걱정할 수준은 아니라고 한다. 학습 능력은 '아직 2세 아동 정도'라는 목소리도 있다. 하지만, 2세 아동과 견줄 만한 지점까지 왔다고 볼 수도 있다.

성인이 되어, 우리들을 뛰어넘기까지 앞으로 어느 정도 걸릴까? 잊지 말아야 할 것은 거대한 기술은 때로는 우리들에게 (주3)적의를 드러낸다는 것이다.

(주1) 刃向かう : 반항하다
(주2) 終焉 : 종언, 멸종
(주3) 牙をむく : 위해를 가하다

어휘 攻撃 공격 | 定番 유행에 관계없는 기본형 상품 | 源流 원류, 기원 | 戯曲 희곡 | 有能 유능 | 頭脳 두뇌 | 人工知能 인공 지능 | 進歩 진보 | めざましい 눈부시다 | 投資 투자 | ~につながる ~(으)로 이어지다 | 警戒する 경계하다 | 完全な 완전한 | 招く 초래하다 | 名高い 고명하다, 유명하다 | 宇宙物理学者 우주 물리학자 | 博士 박사 | 知力 지력, 지혜 | 勝る 뛰어나다, 낫다 | 圧倒 압도 | 絶滅 절멸, 근절 | 水準 수준 | 巨大な 거대한

---

66 ①무섭다고 했는데 왜인가?

1 로봇이 인간에게 반항하기 때문에

2 로봇이 자신들 쪽이 인간보다도 우수하다고 말하기 때문에

3 로봇이 인간과 마찬가지로 자기 주장을 할 수 있기 때문에

4 로봇이 자신들도 인간처럼 되고 싶다고 말하기 때문에

정답 2

해설 바로 뒤 문장에서 이유를 설명하고 있다. 즉「あなたの方がロボットのようではないからです。……ロボットのように有能ではないからです」라고 했으므로 정답은 2번이다.

67 여기서 말하는 ②같은 일이란 무엇인가?

1 지력이 있는 인간이 지구상의 모든 동물을 지배하는 것

2 지력이 있는 로봇이 인간 이외의 동물을 지배하는 것

3 지력이 뛰어난 인간이 그보다 못한 로봇을 지배하는 것

4 지력이 뛰어난 로봇이 그보다 못한 인간을 지배하는 것

정답 4

해설 「知力で勝る人間は多くの生き物を圧倒し、絶滅させた」와 같은 일이라는 것은 이번에는 로봇이 인간을 지배하는 일을 의미하므로, 정답은 4번이다.

68 필자는 인공 지능 기술에 대해 어떻게 느끼고 있는가?

1 인공 지능이 인간의 감정을 느낄 수 있도록 개발해야 한다.

2 언젠가 인간을 뛰어넘는 것을 만들어 낼 가능성이 있어, 주의할 필요가 있다.

3 2세 아동 정도의 인공 지능만으로도 충분하며, 더 이상 개발할 필요는 없다.

4 이대로 개발을 계속해 나가면, 인공 지능은 틀림없이 인간을 지배하는 존재가 된다.

정답 2

해설 마지막 두 단락의 내용을 요약하자면 '인공 지능의 수준이 아직은 2살 먹은 아이 정도라고는 하지만 성인의 수준이 돼서 우리 인간을 뛰어넘을 수도 있다. 잊지 말아야 할 것은 거대한 기술은 때로는 우리들에게 적의를 드러낸다는 것이다'이므로, 정답은 2번이다.

문제 12 다음 A와 B는 각각 앞으로의 대학교육에 대하여 쓰여진 글이다. 두 글을 읽고 질문에 대한 답으로서 가장 적당한 것을 1·2·3·4에서 하나 고르세요.

A

대학 진학률이 50%를 넘은 지금 졸업생 대부분이 진출하는 것은 국내의 서비스 산업을 중심으로 한 세계이다. 그기에 더욱 학생에게는 직업인으로서 필요한 스킬을 대학에서 익혔으면 한다.

지금까지 대학은 학술적인 교양만을 중시해 왔다. 그러나 원래 교양이란 인간이 보다 잘 살아가기 위한 '지식의 기법'을 의미했었다. 현대에서는 그것이 실제 사회를 살아가는데 있어 확실하게 도움이 되는 부기회계 등의 기술이 되었다. 앞으로 일본 대학에서는 학술적 교양만으로 이루어진 '하나의 산' 구조가 아닌, 아카데미즘의 학교와 실천적 직업교육에 중점을 둔 실학을 위한 학교인 '두 개의 산' 구조로 바꿔나갈 필요가 있는 것은 아닐까?

B

대학을 직업훈련 학교처럼 해야 한다는 의견이 있으나, 예를 들면 20년 후 사회에서 필요한 기술은 지금과 같을까? 지금 도움이 되는 것처럼 보이는 기술에 학생들의 관심과 재능을 제한해 버려도 괜찮은 것일까? 나는 지금의 학생들에게는 어떤 미래에도 대응할 수 있는 힘을 기르게 할 필요가 있다고 생각한다.

실제 사회가 요구하는 인재란, 냉정한 판단력을 가진 인간이다. 인터넷이 발달해 정보가 넘쳐나는 지금 무엇이 옳은지, 어떻게 평가하면 좋은지를 다양한 각도에서 생각하고 선택해야 한다. 자신의 머리로 생각하는 힘, 이것이 대학에서 훈련해야만 하는 능력이다. 많은 책을 읽고, 다양한 학설과 마주하고, 시간이 걸려도 귀찮은 과정을 공들여 행한다. 그렇게 해서 익힌 교양은 어떤 분야로 나아가도 유용한 힘이 될 것이다.

어휘 超える 넘다 | ほとんど 거의, 대부분 | スキル 스킬 | 身につける 몸에 익히다 | 学術的 학술적 | 教養 교양 | 重視する 중시하다 | 技法 기법 | 役に立つ 도움이 되다 | 簿記会計 부기회계 | ~から成る ~로 이루어진 | 構造 구조 | アカデミズム 아카데미즘 | 実践的 실천적 | 重点を置く 중점을 두다 | 職業訓練 직업훈련 | 才能 재능 | 制限する 제한하다 | 対応する 대응하다 | 冷静な 냉정한 | 判断力 판단력 | 溢れかえる 넘쳐나다 | 評価する 평가하다 | 角度 각도 | 選択する 선택하다 | 学説 학설 | 向き合う 서로 마주보다 | 面倒臭い 귀찮다 | プロセス 과정 | 丁寧 정중함, 주의 깊고 세심함

69 A와 B의 문장에 모두 쓰여 있는 것은 무엇인가?

1 졸업 후 실제 사회에서 필요한 능력

2 인터넷 사회에서 필요한 교양

3 교양이란 말의 진정한 의미

4 대학생의 증가에 따른 대학생 질의 저하

70 A와 B의 필자는 이후 대학교육에 대해서 어떻게 생각하고 있는가?

1 A도 B도 학생에게는 실제 사회의 현재와 미래에 대응할 수 있도록, 실천적인 교양과 학술적 교양을 동시에 익히게 해야 한다고 생각하고 있다.

2 A도 B도 학생에게는 세계에서 경쟁할 수 있는 고도의 교양을 익히게 해야 한다고 생각하고 있다.

3 A는 아카데믹한 교육과 함께 직업교육도 필요하다고 생각하고, B는 자신의 머리로 생각할 수 있는 인재를 아카데믹한 교육을 통해서 육성하는 것이 필요하다고 생각하고 있다.

4 A는 대학이 학생의 취업률을 높이는 노력을 할 필요가 있다고 생각하고, B는 대학원으로의 진학률을 높이는 노력을 할 필요가 있다고 생각하고 있다.

문제 13 다음 글을 읽고 물음에 대한 답으로서 가장 적당한 것을 1·2·3·4에서 하나 고르세요.

발달 심리학 책 등을 읽으면, 노인에 대해 실감을 만족시켜주는 것은 없다. 대개는 노인이란 발달의 전성기를 지나 손발의 운동성도 머리의 운동성도 (주1)쇠약해져 오는 사람들이라는 인식이 보편적이기 때문이다.

하지만 그렇게 생각하면 조금 잘못된 것일지도 모른다. 노인이 되면, 생각하는 것, 망상하는 것, 상상력을 발휘하는 것, 그런 능력은 더욱 발달을 계속한다. 그러나 그것을 실행에 옮기려고 하면, 몸의 움직임과의 사이에 거리감이 생겨버린다. 그 점이 불편하게 느껴진다. '나는 전에 없을 정도로 잘 생각하고 계획을 세울 수가 있는데, 계획하고 생각한 것을 실행하는 것이 이제는 불가능하다'는 영국의 시인 예이츠의 만년의 (주2)한탄은 <u>그와 같은</u> 마음을 매우 잘 나타내고 있다. 그저 남은 인생이 얼마 없어서 실행할 수 없다고 생각하기보다 계획하는 것과 실행하는 것과의 거리가 커졌기 때문에 못하는 것으로 해석하는 편이 좋을 것 같다고 생각된다.

따라서 노령자의 (주3)정의는 '머리나 상상력으로 생각하고 느낀 것'과 그것을 '정신적이라든가 실제적으로 표현하는 것'과의 사이의 거리가 보통보다 커져 있는 인간이 된다. 그렇게 정의하면 일단 틀리는 일은 없다고 생각한다.

나 자신은 실감상 또는 체험상 그렇게 생각하게 됐지만, 세상의 상식은 달라 노인은 몸도 쇠약해지고 (주4)치매도 진행되고 있다는 것이다. 그래서 치매를 방지하기 위한 거라며, 몸을 움직이라고 말한다. 그런 텔레비전방송을 보고 있으면 그건 큰 착각이라고 말하고 싶어진다. 신체의 운동성이 늘어났다 한들, 그런 것은 (주5)임시방편에 지나지 않는다.

(중략)

내가 보기에는 앞으로 장래를 위해, (중략) 몸을 움직이는 것에 비해 두뇌를 쓰는 일이 많다고 하는 노령자는 분명 늘어 간다. 해석상으로는 '생각하고 있는 것'과 '실제의 운동'과의 거리가 상당히 커져버리는 것이 노령층이라고 하는 편이 장래성이 있는 것처럼 느껴진다. 그러나 지금의 노령자에 대한 의료는 그렇게 되어 있지 않다. 따라서, 이점은 역시 수정해 두는 편이 좋다. 아니, 응당 수정해 두어야 한다고 생각한다.

(주1) 衰えてきている : 약해져 있다
(주2) 嘆き : 깊게 슬퍼하는 것
(주3) 定義 : 정의. 어떤 것을 말로 명확하게 한정하는 것
(주4) ボケ : 치매. 주로 나이를 먹어 발생하는 뇌 기능장애
(주5) 一時しのぎ : 일시적인 해결방법

発達心理学 발달 심리학 | 実感 실감 | 満足 만족 | だいたい 대체로 | 盛り 한창(때) | 認識 인식 | 普遍 보편적 | 妄想 망상 | 想像力をはたらかせる 상상력을 발휘시키다 | なお 더욱, 한층, 또한 | 実行に移す 실행에 옮기다 | 距離 거리 | かつてないほど 전에 없을 정도로 | もはや 이제는 | 晩年 만년, 노년 | 余命 여명, 여생 | 解釈する 해석하다 | 老齢者 노령자, 고령자 | 精神的 정신적 | および 및 | 防ぐ 막다, 방지하다 | 大間違い 큰 잘못 | 増す 늘다, 늘리다, 더하다 | 将来性 장래성 | 医療 의료 | 修正する 수정하다

71 그와 같은 마음이라고 했는데, 필자는 어떤 마음이라고 말하고 있는가?

　1　육체가 쇠약해져 있기 때문에, 생활이 자유롭지 못해 매우 슬프다.

　2　계획을 세워도 옛날부터 실행력이라는 것이 없어서 한심스럽다.

　3　수명이 얼마 남지 않아서, 계획을 실행에 옮기지 못하는 것이 슬프다.

　4　하고 싶은 일이 신체의 쇠약 때문에 생각대로 되지 않는 것이 매우 유감이다.

정답 4

해설 시인 예이츠의 '만년의 한탄'의 내용은 바로 앞부분에 기술한 '노인이 되면 생각하는 것과 그것을 실행에 옮기려고 하면, 몸의 움직임과의 사이에 거리감이 생겨 불편하게 느낀다'는 내용이므로, 정답은 4번이 된다.

72 필자가 생각하는 노령자의 정의는 무엇인가?

　1　몸을 움직이는 것보다도 머리로 생각하거나 상상하는 쪽을 잘하는 사람들

　2　머리나 마음속에 있는 것을 표현하려고 할 때에 커다란 갭(격차)이 발생해버리는 사람들

　3　신체의 기능이 쇠퇴해, 상식이 통하지 않게 되어 버린 사람들

　4　사실이나 현실과는 다른 것을 머릿속으로 생각하거나 상상하거나 하는 사람들

정답 2

해설 세 번째 단락에 필자가 정의한 부분을 찾아 이해하면 된다. 즉 필자는 '머리나 상상력으로 생각하고 느낀 것'과 그것을 '정신적으로나 실제적으로 표현하는 것'과의 거리가 보통보다 커져 있는 인간이라고 정의했으므로, 내용과 일치하는 것은 2번이다.

73 이 문장에서 필자가 가장 말하고 싶은 것은 무엇인가?

　1　노령자는 두뇌의 쇠퇴를 막기 위해 더욱 몸을 움직이는 편이 좋으므로, 노령자에 대한 의료도 신체능력의 회복에 중점을 두어야 한다.

　2　노령자도 장래성이 있는 존재이기 때문에, 노령자에 대한 의료도 이것을 무시해서는 안 된다.

　3　노령자의 신체의 쇠퇴와 두뇌의 쇠퇴는 반드시 일치하지 않으므로, 노령자에 대한 의료는 재검토될 필요가 있다.

　4　노령자에 대한 의료를 개선해서, 노령자가 육체적인 면에 있어서 사회에 공헌할 수 있도록 해야 한다.

정답 3

해설 앞서 말한 고령자에 대한 필자의 정의와 마지막 단락의 '생각하는 것'과 '실제의 운동'과의 거리가 상당히 커져 버리는 것이 노령층이다. 그러나 지금의 노령자에 대한 의료는 그렇게 되어 있지 않다. 따라서, 이 점은 수정해 두어야 한다고 생각된다는 한 부분을 종합해 보면, 정답은 3번이다.

오른쪽 페이지는 어느 시의 자원봉사자 모집 안내이다. 다음 질문에 대한 답으로서 가장 적당한 것을 1·2·3·4에서 하나 고르세요.

74 대학생인 다나카 씨는 처음으로 자원봉사를 해보고 싶다고 생각하고 있다. 집에 차가 있어 다나카 씨는 가끔 차로 대학에 간다. 평일은 수업이 있고, 매주 토요일은 10시부터 아르바이트가 있기 때문에 그 시간은 참가할 수 없다. 다나카 씨가 참가할 수 있는 자원봉사는 몇 개인가?

1 4개 2 3개 3 2개 4 1개

정답 3

해설 대학생인 다나카 씨는 운전면허를 소유하고 있고, 평일은 불가능하고 토요일도 아르바이트로 10시 이후부터 불가능하다. 즉, 일요일만 할 수 있는 자원봉사가 가능하다. ①번은 봉사시간이 토요일 8:00~11:00이라서 불가능하고, ④번은 자격이 65세 이상이라 불가하며, ⑤번도 토, 일, 월 3일간 모두 참석해야 하므로 결국 가능한 자원봉사는 ②번, ③번 두 개뿐이다.

75 사사키 씨(65세)는 이번에 처음으로, 외출 곤란자(거동불편자)의 배웅과 마중 봉사에 참가하려고 한다. 활동 희망일은 10월 15일(목)인데, 아래 중 확실하게 신청할 수 있는 것은 어느 것인가?

1 10월 1일(목)까지 홈페이지에서 등록하고, 8일(목)까지 홈페이지에서 신청한다
2 10월 1일(목)까지 전화로 등록하고, 8일(목)까지 전화로 신청한다
3 10월 6일(목)까지 전화로 등록하고, 13일(화)까지 홈페이지에서 신청한다
4 10월 6일(화)까지 홈페이지에서 등록하고 13일(화)까지 전화로 신청한다

정답 3

어휘 ボランティア 자원봉사자 | ~を機に ~을/를 계기로 | 河岸 강가 | 草取り 풀 뽑기 | 送迎 송영 | 必須 필수 | 付添 곁에서 시중듦 | 古本 헌책 | 書籍類 서적류 | 終了 종료 | 持ち込み 가지고 들어옴, 지참, 반입 | 依頼 의뢰 | 了承 양해 | 用意 준비 | 不明な点 분명치 않은 점, 궁금한 점 | お問い合わせ 문의

해설 활동과 활동 신청 방법을 보면, 일단 자원봉사자 활동원으로 등록 후 활동원 번호를 받아야 한다. 활동원 번호는 일주일 이내로 알려준다고 했고, 그리고 활동 신청은 활동일 일주일 전부터 2일 전까지 자원봉사 센터로 전화나 창구에서 직접 신청 가능하며 이때 활동번호도 필요하다고 했다. 1번과 2번은 활동 신청을 홈페이지에서 한다고 했으므로 안 되고, 4번은 활동번호를 부여 받는데 1주일 정도 걸린다고 했으므로 확실하게 13일까지 활동번호를 받을 수 있을지 불확실하므로 가장 확실한 것은 3번이다.

자원봉사자모집 !

우리 지역 안에는 당신을 필요로 하는 자원봉사가 많이 있습니다.

현재 아래 활동에서 도움을 주실 분을 모집 중입니다.

이번 기회에 자원봉사자로 데뷔해 보시지 않겠습니까?

20XX년 9월 1일

활동명	내용	일시	자격
① 후지강 강가 청소	후지강 강가 쓰레기 줍기 또는 풀 뽑기 등	10월, 11월 둘째, 넷째 주 토요일 8:00~11:00 【본인이 희망하는 날만 참가 가능】	특별히 없음
② 외출 곤란자의 배웅과 마중	어르신이나 몸이 불편한 분의 외출을 자동차로 보내고 맞이하기	본인이 희망하는 날*	운전면허증 필수
③ 외출 곤란자의 동행	어르신이나 몸이 불편한 분의 외출 시 시중듦	본인이 희망하는 날*	특별히 없음
④ '전통 놀이' 교실	지역의 어린이나 외국인에게 예로부터 내려오는 전통 놀이를 가르치기	11월의 일요일 10:00~12:00/14:00~16:00 【오전이나 오후 중 택일 가능】	65세 이상인 분
⑤ 헌책 회수	지역을 돌며 안 읽는 서적류를 회수	10월 24일(토)~26일(월) 10:00~(회수되는 대로 종료) 【3일간 모두 참가 가능할 것】	자동차나 오토바이 반입 필수

* 활동 희망일 일주일 전부터 2일 전까지 신청 가능합니다. 경우에 따라서는 희망 활동일에 의뢰가 없을 가능성도 있으므로 양해바랍니다.

【등록과 활동신청 방법】
· 고등학생 이상인 분이라면 누구라도 신청하실 수 있습니다.
· 자원봉사 활동을 하시기 전에, 후지시 자원봉사 센터에 자원봉사 활동원으로 등록해 주십시오. 등록 후, 희망 활동일 신청을 하실 수 있습니다.
· 자원봉사 활동원 등록은 후지시 자원봉사 센터 접수 창구나 홈페이지에서 등록해 주세요. 활동원 번호를 일주일 이내에 메일로 알려드리겠습니다.
· 활동 신청은 활동 희망일 일주일 전부터 2일 전까지 후지시 자원봉사 센터로 전화로 신청해 주세요. 창구에서도 신청하실 수 있습니다. (활동원 번호를 준비해 주세요.)
· 궁금하신 점은 문의해 주세요.

문의　　　　　소속부서 : 후지시 도시조성과 후지시 자원봉사 센터

　　　　　　　〒123-456 후지시 혼초 3-12 후지시 자원봉사 센터

　　　　　　　전화번호 : 0435-00-7○○○　 /　HP: http://cityfuji.xxx